筑养路机械维护保养实用技术

ZHUYANGLU JIXIE WEIHU BAOYANG SHIYONG JISHU

张宏春 朱一德 主编

耿顺南 主审

江苏大学出版社
JIANGSU UNIVERSITY PRESS
镇 江

图书在版编目(CIP)数据

筑养路机械维护保养实用技术 / 张宏春，朱一德主编. — 镇江 ：江苏大学出版社，2014.4(2020.1 重印)
ISBN 978-7-81130-722-1

Ⅰ.①筑… Ⅱ.①张… ②朱… Ⅲ.①筑路机械—维修②养路机械—维修 Ⅳ.①U415.5②U418.3

中国版本图书馆 CIP 数据核字(2014)第 075048 号

筑养路机械维护保养实用技术

主　　编/张宏春　朱一德
责任编辑/徐　婷
出版发行/江苏大学出版社
地　　址/江苏省镇江市梦溪园巷 30 号(邮编：212003)
电　　话/0511-84446464(传真)
网　　址/http://press.ujs.edu.cn
印　　刷/虎彩印艺股份有限公司
开　　本/787 mm×1 092 mm　1/16
印　　张/16
字　　数/383 千字
版　　次/2014 年 6 月第 1 版　2020 年 1 月第 2 次印刷
书　　号/ISBN 978-7-81130-722-1
定　　价/45.00 元

前　言

本书是江苏交通高级技工学校建设“国家中等职业教育改革发展示范学校”项目的规划教材。在国家中等职业教育改革发展示范学校的建设过程中，编者联合高等院校、工程机械生产企业、公路工程施工与养护企业专家，进行了广泛的调研，建立了基于国家标准和企业需求的课程体系，在此基础上进行了系列教材的开发工作。

本书的编写有以下几个特点：

（1）以国家标准为核心

本书以国家职业标准为依据，涵盖了筑养路机械操作、维修等职业或工种的相关要求，便于双证书制度在人才培养过程中的落实。

（2）以行业和企业的需求为导向

从用人单位的岗位要求入手，分析现代筑养路机械行业对专业技术工人的能力结构要求，明确教学目标，确定教学内容，强化书的针对性和实用性。

（3）以便于自学为目标

本书努力实现教材向学材的转变。在编写过程中，充分考虑了技工学校学生的基础和学习特点，同时考虑到筑养路机械操作使用人员的文化基础普遍较低的这一事实，全书尽力摒弃冗长的理论叙述和复杂的公式，力求做到以图代文、通俗易懂、简明扼要，从而实现便于读者自学的目标。

（4）以常用机械为重点

筑养路机械种类繁多，包括6大类，51个品种。本书仅选取了保有量最大、使用频度最高的机械为示例进行编写，全书内容精炼且具有代表性，避免了大、全、繁，又能触类旁通。

参加本书编写工作的有：江苏大学汽车与交通工程学院张绚玮（编写单元一、二），江苏省交通技师学院张宏春（编写单元三、四、九），江苏省交通技师学院朱一德（编写单元五、六），江苏省镇江市路桥工程总公司严凤超（编写单元七、八）。全书由江苏省交通技师学院张宏春、朱一德担任主编，江苏省交通工程集团有限公司耿顺南担任主审。

本套教材编写过程中得到了江苏大学、南京交通职业技术学院、江苏省交通工程集团有限公司、江苏柳工机械有限公司、江苏省镇江市路桥工程总公司等单位专家和一线技术人员的大力支持和帮助，在此表示感谢！

由于我们的业务水平和教学经验有限，编审人员工作繁忙、时间仓促，书中难免有不妥之处，恳切希望使用本书的教师和读者提出宝贵意见。

编者

2014 年 3 月

目　录

单元一　筑养路机械维护保养基础知识

课题一　筑养路机械使用性能及其变化

一、筑养路机械使用性能的评价指标

1. 牵引性能

机械依靠其行走机构与地面的相互作用所产生的牵引力来完成作业过程(如铲掘土方)的能力,称为机械的牵引性能。牵引性能反映了机械在牵引工况下的工作能力,是筑养路机械最基本的使用性能。

2. 燃料经济性

机械的燃料经济性表示机械在完成作业过程中单位工作量消耗燃料的多少。牵引性能和燃料经济性通常用机械的牵引特性和牵引特性上的一系列特征性数值(如最大牵引功率、额定牵引力、最大牵引效率、最低比油耗等)作为评价的指标。

3. 作业性能

筑养路机械的作业性能是它在单位时间内完成作业量的能力。作业性能的主要指标是机械生产率,亦即在单位时间内所完成的作业量,例如每小时完成的土方量(m^3/h)。

4. 通过性

机械的通过性表示机械在越野条件下(例如在松软潮湿的土地上、泥泞的道路、沼泽地带以及在坡道和多障碍物地段上)的通过能力(运动和工作的能力)。筑养路机械的通过性通常用最小离地间隙、最大爬坡角、行走装置的平均接地压力来评价。

5. 稳定性

筑养路机械的稳定性表示机械在行驶和作业时不发生倾翻和侧滑的能力,反映了筑养路机械的爬坡性能和行驶、工作的安全性。

6. 速度性能

速度性能表示机械高速行驶的能力,它是很多机械或车辆在运输工况下的主要性能。速度性能通常以机械的最高行驶速度和在一定路面条件下的平均行驶速度作为评价指标。

7. 转向性能

转向性能表示机械改变行驶方向的能力,它反映了筑养路机械在地理位置受到限制的情况下转弯和掉头的能力。

二、筑养路机械使用性能变化的原因

在日常生活中我们会接触很多产品,随着使用时间的延长,产品性能会逐渐下降,最终导致无法使用。例如,新的冰箱噪音小、制冷能力强劲,但用了十多年后发现其噪音变大、制冷效果下降;新买的汽车行驶平顺、加速有力,但使用多年后噪音变大、振动加剧、油耗增加。筑养路机械也一样,新的设备操纵方便、工作效率高,几乎没什么故障,但使用多年后功率下降、油耗上升、操纵不灵。这是为什么呢?

我们知道,机械设备是由各个能完成特定功能的总成件(如变速器、制动器、油泵等)组装而成的,而各个总成件又是由若干个零件装配而成的。设备在使用过程中,由于零件的磨损、疲劳、腐蚀等原因,使其原有的几何形状、尺寸、表面粗糙度、硬度、强度以及弹性等发生变化,破坏了零件间的配合特性和合理位置,从而引起总成、部件的技术状况恶化。总成件性能的恶化也必然最终导致机械性能的恶化。

三、筑养路机械使用性能下降的具体表现

1. 发动机功率下降,加速性能变差

发动机技术状况恶化而导致其动力性能下降的原因有许多。例如,燃料系统的故障使发动机在各种工况下空气与燃油的最佳混合比和混合气形成的条件发生了变化;进、排气门的磨损与烧蚀等原因引起发动机压缩终了压力明显降低;供油和点火最佳提前角的改变,使混合气的燃烧状况变差等。

2. 燃料和润滑油的消耗增大

发动机各系统和机构的技术状况发生变化,都会影响混合气的形成条件与燃烧状况,使燃料不能完全燃烧,从而降低了发动机的热效率,使燃料的消耗量增加。

发动机气缸的磨损造成润滑油"上蹿"到活塞顶部的燃烧室内与燃料一起燃烧,使润滑油的消耗量增加。

3. 牵引力和牵引功率降低

发动机有效功率降低是影响机械牵引力的主要因素。除此之外,机械传动系统技术状况的变化也会导致机械牵引力下降,使机械在运行中减小了克服工作阻力的能力,生产效率下降。如离合器滑转、变速器和主传动齿轮严重磨损等原因会使机械传动效率降低,也会使机械的牵引力降低。

行走机构各部零件的磨损(如轨链与链节、轮胎花纹、轮轴和轴承等)使机械运行时滚动阻力增大、附着力减小,同样使机械的牵引力降低。

液压、液力传动系统中发生"内泄"是采用液压、液力传动的机械牵引力降低的主要原因。

4. 机械的操纵性能变差

机械技术状况变化时,机械操纵性能会有相应变化。例如,直线行驶的稳定性变差,转向沉重;制动力减小,制动距离增大;轮式机械或车辆在高速行驶制动时发生横向侧滑;变速困难,发生“脱挡”、“乱挡”等故障;工作装置操纵的灵敏性降低,使工作装置各机件的运动状态、运动速度失控等。

5. 机械的生产效率降低,工作可靠性变差

机械各项技术性能的变化,势必影响机械的生产效率和机械的施工质量。此时机械在运行过程中故障发生的次数也随之增多,有效生产时间相应减少。

有些故障会引起机械的零件损坏,或引发重大生产事故,使机械在生产运行中经常停机维修,不能正常工作。

课题二　筑养路机械维护保养概述

一、筑养路机械维护保养的定义

机械在长期施工过程中,由于零件磨损和腐蚀、润滑油减少或变质、紧固件松动或位移等原因,引起机械的性能下降,甚至因此而产生故障和损伤,使整个机械失去工作能力。针对技术状况的变化规律,在零件尚未达到极限磨损或发生故障前采取相应的预防性措施,以降低零件的磨损速度,消除产生故障的隐患,保证机械正常工作,延长使用寿命。这就是对机械的保养!

然而,不管如何进行保养,随着机械使用时间的延长,机械的技术状况终将不断劣化,并将不可避免地产生这样或那样的故障,导致机械性能明显下降或无法正常工作。为了恢复机械的技术性能,使其能正常工作,必须对机械采取一系列的技术措施,这些为恢复已发生故障机械的技术性能而对其采取的拆卸、检验、修复、更换、组装、调试等一系列的技术措施统称为机械修理。

二、筑养路机械维护保养的作用

(1) 使机械经常处于完好状态,随时可以启动运转或出车;

(2) 在合理运用的条件下,不致因中途损坏而停机;

(3) 在使用过程中不致因机件事故而影响安全;

(4) 机械各总成、零部件的技术状况保持均衡,达到最长的大修间隔期;

(5) 使油料、轮胎及零配件达到最低消耗水平。

三、筑养路机械维护保养的主要内容

现代筑养路机械维护保养的主要内容为:检查、紧固、清洁、润滑、调整、更换及其他附加作业。

1. 检查

检查是指在作业前、作业中、作业后对机械设备的工作状况进行观察，对机械设备的运行材料等进行检查，以便及早发现问题、解决问题。最为常见的检查项目为：检查冷却液和各类油液的液面位置，检查螺栓的联接情况，检查部件的变形和裂纹，检查某操纵杆件或踏板的工作行程等。

2. 紧固

紧固是在检查的基础上进行的。联接件的松散、松动会导致漏油、漏水、漏气、漏电等故障的发生。有些关键部位的螺栓松动，还会改变原设计部件的受力分布情况，轻者使零件变形，重者会出现零件断裂、分离，导致操纵失灵而造成机械事故。

在筑养路机械上，螺栓螺母是最常用的联接件。在很多地方，对于螺栓和螺母都有特定的拧紧力矩要求，但要求都写在说明书上，而在实际工作中，将使用保养说明书带在身边是不现实的。因此，在没有注明力矩要求或者无法查找到具体数值时，可以参考表1-1、表1-2中的数据进行拧紧。

表1-1　未注明拧紧力矩要求时(普通螺栓拧紧力矩)

螺栓强度级	屈服强度 N/mm^2	螺栓公称直径 d/mm							
		6	8	10	12	14	16	18	20
		拧紧力矩 M/(N·m)							
4.6	240	4~5	10~12	20~25	36~45	55~70	90~110	120~150	170~210
5.6	300	5~7	12~15	25~32	45~55	70~90	110~140	150~190	210~270
6.8	480	7~9	17~23	33~45	58~78	93~124	145~193	199~264	282~376
8.8	640	9~12	22~30	45~59	78~104	124~165	193~257	264~354	376~502
10.9	900	13~16	30~36	65~78	110~130	180~201	280~330	380~450	540~650
12.9	1 080	16~21	38~51	75~100	131~175	209~278	326~434	448~597	635~847

螺栓强度级	屈服强度 N/mm^2	螺栓公称直径 d/mm						
		22	24	27	30	33	36	39
		拧紧力矩 M/(N·m)						
4.6	240	230~290	300~377	450~530	540~680	670~880	900~1 100	928~1 237
5.6	300	290~350	370~450	550~700	680~850	825~1 100	1 120~1 400	1 160~1 546
6.8	480	384~512	488~650	714~952	969~1 293	1 319~1 759	1 694~2 259	1 559~2 079
8.8	640	512~683	651~868	952~1269	1 293~1 723	1 759~2 345	2 259~3 012	2 923~3 898
10.9	900	740~880	940~1 120	1 400~1 650	1 700~2 000	2 473~3 298	2 800~3 350	4 111~5 481
12.9	1 080	864~1 152	1 098~1 464	1 606~2 142	2 181~2 908	2 968~3 958	3 812~5 082	4 933~6 577

表 1-2 M6～M24 螺钉或螺母的拧紧力矩(操作者参考)

螺纹公称直径尺寸 d/mm	施加在扳手上的拧紧力矩 M/(N·m)	施力操作要领	螺纹公称直径尺寸 d/mm	施加在扳手上的拧紧力矩 M/(N·m)	施力操作要领
M6	3.5	只加腕力	M16	71	加全身力
M8	8.3	加腕力、肘力	M20	137	压上全身重量
M10	16.4	加全身臂力	M24	235	压上全身重量
M12	28.5	加上半身力			

3. 清洁

清洁是指及时清洁机械设备重要部位的污垢、尘土等,防止杂质进入机械内部。此外,清洁还包括及时清洗滤清器、放出油水分离器(或油箱)中的杂质。

4. 润滑

按照规定要求选用并定期加注或更换润滑油。例如,加注或更换发动机润滑油(机油)、对轴承加注润滑脂等。润滑是机械保养中极为重要的作业内容,很多故障都是由于润滑不及时或不正确引起的。

5. 调整

调整就是对机械众多零件的相对关系和工作参数及时进行检查调整,以保证机械的正常运行。常见的有调整风扇皮带张紧度、调整气门间隙、调整制动踏板行程等。

6. 更换

更换是指更换机械设备上的易损件。最常见的是更换滤清器的滤芯、更换燃油软管等。

7. 附加作业项目

附加作业项目是指为了满足一些特殊要求而附加的、超过定期保养项目之外的作业项目,如机械设备将要进行长距离自行转场,在之前应进行制动性能的检查和调整,还有诸如为了防止机械设备零件的腐蚀而采取的一些防护作业等。

四、筑养路机械维护保养的类型

筑养路机械的生产厂家和使用企业通常将筑养路机械的维护保养分为定期保养和特殊保养两大类。

1. 定期保养

筑养路机械的保养周期划分通常有如下情况:

一种是按工作小时划分,如日常保养(每工作 8～10 小时)、每工作 50 小时保养、每工作 250 小时保养、每工作 500 小时保养、每工作 1 000 小时保养、每工作 2 000 小时保养等。但工作小时的划分也有不同,有的保养周期则为日常保养、每工作 50 小时保养、每工作 100 小时保养、每工作 200 小时保养、每工作 500 小时保养等。

另外一种是有工作小时也有日历时间,如每工作 50 小时或 1 周、每工作 250 小时或

1 个月、每工作 500 小时或 3 个月、每工作 1 000 小时或 6 个月、每工作 2 000 小时或 1 年，这里以先到的时间为基准间隔来实施保养。但是，各个不同的厂家所认定的工作小时与日历周期匹配却不相同，如有的则是每工作 50 小时或 3 个月、每工作 500 小时或 6 个月、每工作 1 000 小时或 1 年、每工作 2 000 小时或 2 年等。

在实际工作中多以工作小时为基准来实施保养内容。到了说明书所规定的最长时间后，再从头开始，循环往复。

2. 特殊保养

特殊保养包括走合保养、换季保养、转场前保养、停用保养和封存保养。

走合保养是指新机或大修后的机械在走合期内进行的一种磨合性保养工作，一般是首次运转起 30 ~ 50 小时后进行的保养（也有定为最初 80 小时或 250 小时的）。换季保养是指在用机械每年入夏或入冬前进行的一种适应性的保养工作。转场前保养是为了保证机械能顺利地转入下一个施工工地，并且能迅速投入新的施工生产而进行的保养工作。停用保养、封存保养是为机械停放或封存而采取的防护措施。

特殊保养可以单独进行，当与定期保养时间接近时，也可以与定期保养一并进行。

单元二　发动机维护保养技术

课题一　柴油机冷却系统维护保养技术

一、柴油机冷却系统概述

1. 冷却系统的功用

发动机工作时,由于燃料的燃烧(气缸内气体温度高达 1 170 ~ 2 270 K)和运动零件的摩擦而产生大量的热量,使发动机零部件温度升高。特别是直接与高温气体接触的零件,若不及时和适当的冷却,将不能保证发动机正常工作。冷却系统的功用是保持发动机在最适宜的温度范围内工作。

2. 冷却方式

根据所用冷却介质的不同,冷却系统可分为水冷却系和风冷却系。

水冷却系以水为冷却介质,热量先由机件传给水,依靠水的循环流动把热量带走而后散入大气中,散热后的水再重新流回到受热机件处。适当调节水路和冷却强度,便能保持发动机的正常工作温度。目前,多数筑养路机械用柴油机采用水冷却方式,也有不少采用风冷却。风冷却系是利用空气流动将高温零件的热量直接散入大气中,所以也称空气冷却。

3. 水冷却系统组成与类型

目前在筑养路机械柴油机上应用最普遍的是强制循环式水冷却系,如图 2-1 所示。它由水泵、节温器、水箱(散热器)、风扇等组成。

现代不少筑养路机械和车辆的冷却系统都带有暖风装置和膨胀水箱。暖风装置是利用发动机冷却液的热量给驾驶室取暖,膨胀水箱的主要用途是使压力保持稳定状态,同时收集蒸发出来的水蒸气,如图 2-2 所示。有些发动机采用除气式上水室,如图 2-3、图 2-4 所示。

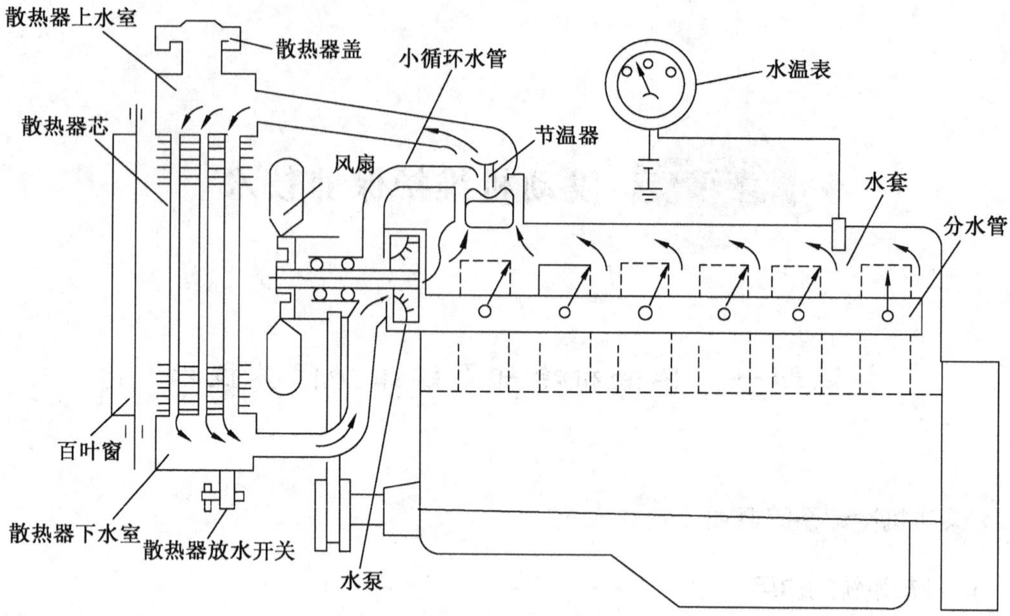

图 2-1　常用强制循环式水冷却系

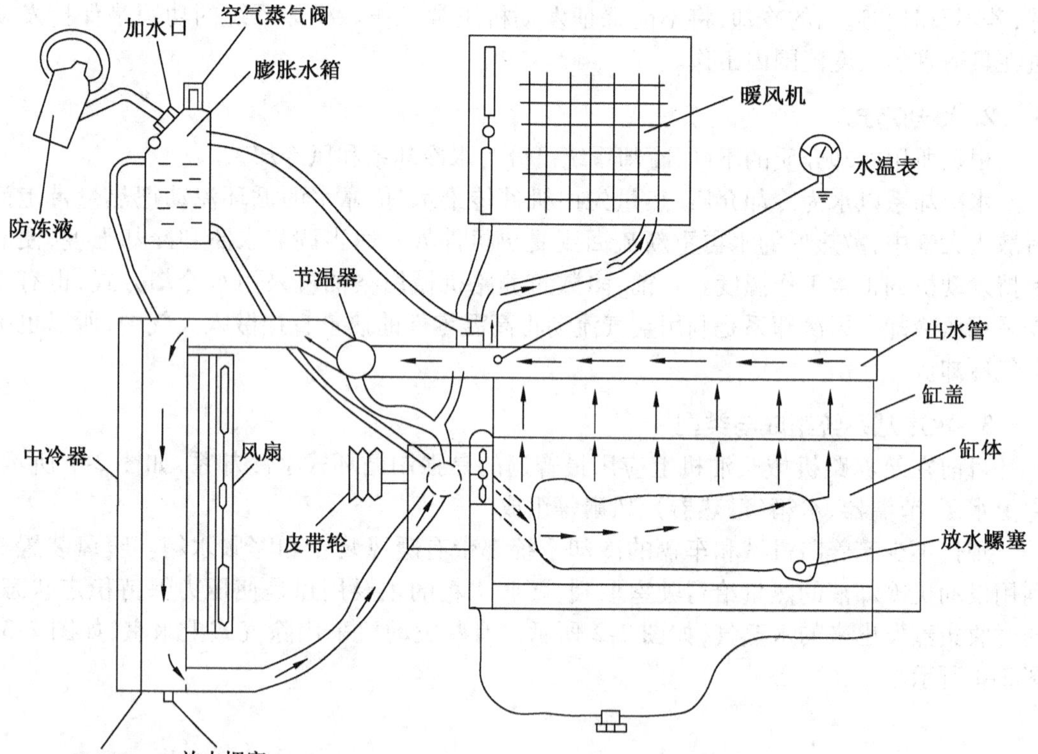

图 2-2　带独立膨胀水箱的冷却系统

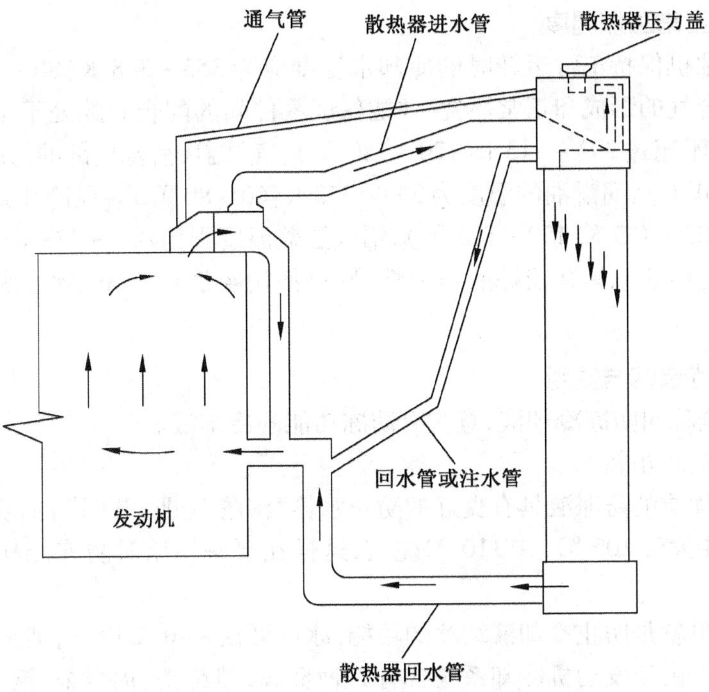

图 2-3　康明斯冷却系统原理图

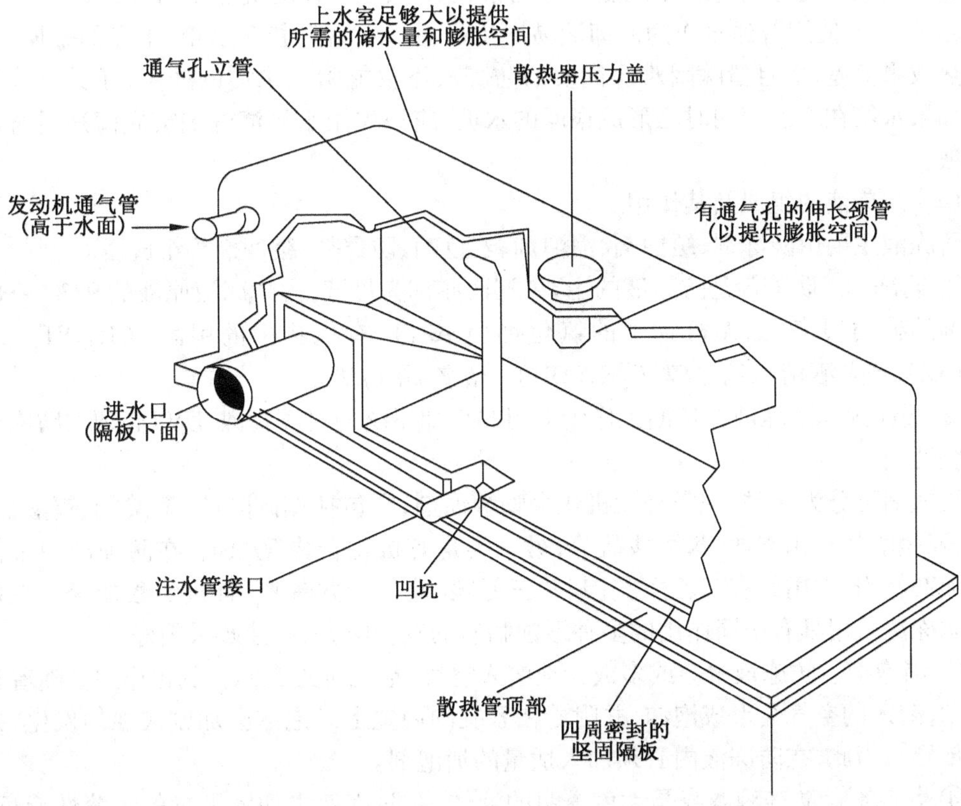

图 2-4　康明斯水箱结构图

4. 柴油机正常工作温度

水冷式柴油机保持正常运转时的冷却水温度应为353～368 K(80～95 ℃),这样才能保证可燃混合气的形成和正常燃烧,并能保证零件间的配合间隙处于正常范围内。此时,气缸壁温度不超过393～413 K(120～140 ℃),气缸盖、活塞顶部的温度不超过573～673 K(300～400 ℃),润滑油的温度为333～353 K(60～80 ℃)。风冷却式柴油机气缸壁的温度允许为423～453 K(150～180 ℃),铝气缸盖温度则为433～473 K(160～200 ℃)。上述温度能保证柴油机具有较好的动力性、燃料使用经济性和净化性,使零件的运动和磨损正常。

5. 防冻液的选购与使用

防冻液的全称叫防冻冷却液,意为有防冻功能的冷却液。

(1) 防冻液的功能

① 防沸。优质的防冻液具有良好的防止水箱"沸腾"(即"开锅")的功能。现在防冻液的沸点一般要大于105 ℃,在110 ℃左右,这样在夏季使用时防冻冷却液就比水更难"开锅"。

② 防冻。也就是防止冷却液结冰的功能,冰点可在－40 ℃以下,甚至更低。

③ 防腐蚀。由于发动机冷却系统含有5种金属,即铸铁、铝合金、钢、铜及水箱焊接时用的焊锡。防冻液每时每刻都与这些金属相接触,因此必须要有防止这些材料被腐蚀的功能。优质的防冻液与水相比能更好地保护水箱,延长发动机的使用寿命。

④ 防垢。使用普通水作为冷却液易产生水垢。水垢附着在水箱、水套的金属表面,使散热效果变差,而且清除困难。优质的防冻液不仅能阻止水垢的产生,还具有除垢功能。如果水箱在之前使用时已形成很厚的水垢,应该先用水箱清洗剂彻底清洗后再添加防冻液。

(2) 防冻液的组成及其作用

防冻液主要由防冻剂、缓蚀剂、消泡剂、着色剂、防霉剂、缓冲剂等组成。

① 防冻剂。防冻剂是防冻液的主要成分,亦称为母液,占防冻液原液的92%～98%。防冻剂的种类很多,如无机物中的氯化钙($CaCl_2$),有机物中的甲醇(CH_3OH)、乙醇(C_2H_5OH,俗名酒精)、乙二醇($C_2H_4(OH)_2$,俗名甜醇)等。

② 缓蚀剂。防冻液在长期工作中会引起冷却系统的材质腐蚀,所以必须在防冻液中添加缓蚀剂。

缓蚀剂可分为两类:一类是无机化合物缓蚀剂,它包括偏硅酸盐、磷酸盐、钨酸盐、硼酸盐、亚硝酸盐和钼酸盐、苯甲酸盐等;另一类是有机化合物缓蚀剂,在防冻液中常作防锈添加剂使用,常用的有三乙醇胺、苯并三氮唑、巯基苯并噻唑、有机磷酸盐等。现在的市售防冻液采用具有协同作用的多种缓蚀物质的复合配方,缓蚀效果很好。

③ 消泡剂。防冻液中会或多或少地溶入空气,空气对乙二醇有氧化作用。随着车身的振动,溶入的空气会形成泡沫,并附着在系统的内壁上。泡沫会加剧穴蚀的发生,并影响热传导。为此,在防冻液内必须加入适量的消泡剂。

④ 着色剂。防冻液本身是无色透明的液体,在防冻液中加入无毒的水溶性着色剂,以区别于一般的冷却水,这就便于观察发动机冷却系统中的防冻液是否泄露。同时它还

具有指示剂的作用:指示酸碱度的变化,提醒使用者添加原液或进行清洗更换。另外,着色剂还有防止误食的作用。

现在市场上的防冻液有很多种颜色。例如,长城多效防冻液为荧光绿色,加德士特级防冻液为橙色,蓝星防冻液为蓝色,统力防冻液为红色。

⑤ 防霉剂。防冻液在工作状态下由于温度较高,微生物难以繁殖,但在贮存过程中可能引起微生物滋长,使防冻液发霉变质。因此,需要加入微量的杀菌防霉剂,以保证防冻液在 1 ~ 2 年贮存期内不变质。

⑥ 缓冲剂。防冻液中所加的缓蚀剂在中性介质中效果较好,但是防冻液在工作过程中,介质会酸化,pH 值下降,使缓蚀剂效果降低,甚至完全失效。因此,防冻液中需要添加缓冲剂,可以在一定程度上使防冻液的 pH 值稳定在 7.5 ~ 10。

(3) 防冻液的类型

如前面所述,根据防冻剂的类型防冻液可分为有机型和无机型。以无机物(如前述的 $CaCl_2$)作为防冻剂的防冻液就是传统的无机型防冻液,无机型防冻液绝对不可以兑水使用!无机型防冻液已很少使用,在此不多介绍。以有机物(如前述的乙二醇 $C_2H_4(OH)_2$)作为防冻剂的防冻液就是有机型防冻液。由于乙二醇是一种无色、透明、稍有甜味和具有吸湿性的黏稠液体,它能以任何比例与水相溶,并且它具有冰点低、沸点高的特点,因此应用非常广泛。现国内外 95% 以上的发动机使用乙二醇的水基型防冻液。

根据浓度的不同,市场销售的产品有两大类:一类标明是发动机冷却液,可直接加入发动机冷却系统中,在产品的容器上一般都会注明“请勿稀释”或“严禁加水”字样。使用中如非紧急情况,严禁加入自来水。另一类标明是浓缩液,购买回来后要用蒸馏水进行勾兑,这种产品较少。

(4) 防冻液选购原则

① 根据环境温度条件选择防冻液的冰点。根据当地冬季最低气温选用适当冰点牌号的防冻液,冰点至少应低于最低气温 10 ℃。如果是浓缩液,应按产品说明书规定的比例加水稀释。例如,当地最低气温为 -30 ℃,则防冻液的冰点应选择在 -40 ℃以下。

② 选购多用途长效防冻液。这类产品往往是有机型环保产品,具有冬天防冻、夏天防沸和长年防腐蚀、防水垢的功能。

③ 选择经国家指定的检测站检测合格的正规知名企业生产的产品。

④ 在购买防冻液时要找信誉好的商家,查看包装上的厂名、厂址、电话、生产日期、冰点、沸点等项目,向商家索要检测报告、质量保证书、保险以及使用说明书等资料。切勿贪便宜购买杂牌劣质防冻液(包括假冒伪劣产品),虽然这些防冻液占一定的市场份额,且价格相对便宜,但质量难以保证。

⑤ 国外最新研制出了丙二醇型防冻液,它在热传导、冰点及橡胶相容性方面的性能与乙二醇型防冻液相当,但是在抗腐蚀、毒性及生物降解方面则比乙二醇型防冻液性能更佳。环保无水型丙二醇防冻液的冰点低至 -68 ℃,沸点高达 187 ℃,具有优良的抗沸、抗冻性能,但价格昂贵。

(5) 防冻液的使用注意事项

① 加注防冻液前,要对发动机冷却系进行全面彻底检查,如有渗漏现象,应及时排除后才能加注防冻液。另外,还应随车携带一些防冻液,以备短缺时补加。

② 不同厂家、不同牌号的防冻液不能混合使用。如果发动机冷却系换用另一牌号防冻液，在加入新的防冻液之前，应把原防冻液放净，并使用水箱清洗剂对冷却系统彻底清洗。

③ 禁止直接加注浓缩液。直接加注防冻液浓缩液不但不能满足防冻液对冰点的要求，反而会出现一些意想不到的现象，如浓度大、密度大、低温黏度增大以及发动机温度高等现象。因此，在使用防冻液浓缩液时要按要求进行调制，禁止直接使用。

④ 乙二醇的吸水性强，贮存的容器应密封，以防吸水后溢出。用剩的防冻液应在容器上注明名称以免混淆，并置于安全场所。

⑤ 应保持常年使用防冻液。要注意防冻液使用的连续性。那种只在冬季使用防冻液，而到开春需要补加时则加入普通水，一直到入冬才更换防冻液的做法是错误的。忽视了防冻液的防腐、防沸、防垢等作用，容易造成发动机冷却系机件损坏，金属部件会产生氧化腐蚀。

⑥ 定期检查防冻液的技术指标。

⑦ 不要把正常现象看作异常。在 760 mmHg 环境条件下，水的沸点为 100 ℃，乙二醇型防冻液沸点在 106 ℃以上。使用防冻液与使用软化水相比发动机的水温要高出 6 ℃左右。使用防冻液后，温度虽然高，却不易“开锅”，这有利于提高发动机热效率、节省燃料。所以不应把正常现象看作异常，人为地降低发动机温度。

二、柴油机冷却系统维护保养技术

1. 冷却液的检查与更换

(1) 冷却液液位检查

液位检查应在发动机非运转的冷态进行，以在机械工作之前为宜。

柴油机的水冷却系统有两种类型，一种带副水箱（学名称膨胀水箱），另一种不带副水箱。

对于不带副水箱的柴油机，需打开水箱盖检查。切勿在高温时打开水箱盖（见图 2-5）！柴油机正常工作时冷却液的温度为 80 ~ 90 ℃，有时可能要超过 90 ℃。一定要等到温度降到 50 ℃以下，也是就人手感觉散热器盖（见图 2-6）不烫为宜，否则高温的冷却液或蒸气会猛烈喷出（见图 2-7），造成人身伤害！

图 2-5　水箱盖及其危险标志

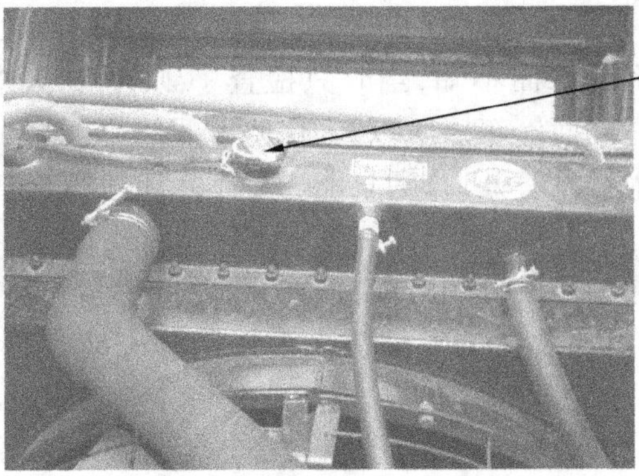

图 2-6　散热器盖

图 2-7　正常水温和水温过高喷出危险标志

打开水箱盖后应能看到冷却液,如图 2-8 所示。

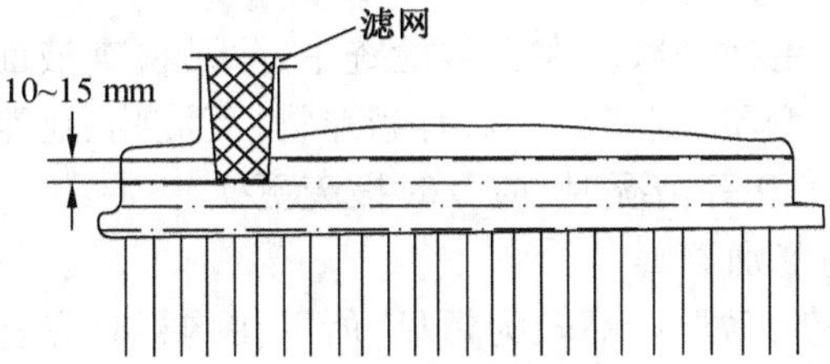

图 2-8　主水箱正常液位

对于带有副水箱的,同时还要检查副水箱的液面,应在 MAX(HIGH)到 MIN(LOW)之间,如图 2-9 所示。

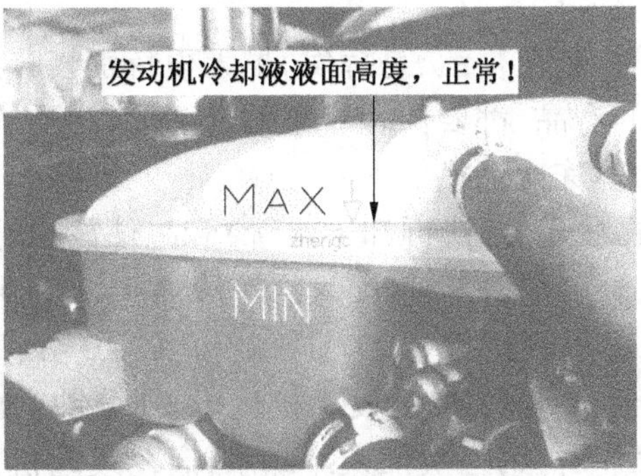

图 2-9　副水箱正常液位

有不少书上都说只要检查副水箱就行了，其实不然。曾经有台设备在工作过程中发生小碰撞，发动机主水箱下部漏水而不知，当时只检查了副水箱，其中液位并不低，但继续作业后不久，发动机就因高温而停车。所以，为保险起见，一定要同时检查副水箱和主水箱。当然，有的发动机主水箱没有开口，则只能通过副水箱进行检查。

(2) 冷却液补充

如果液面不够，则应补加相同成分的冷却液；如果使用的是普通的冷却水，则用清洁的自来水、雨水、雪水补充即可。现在的发动机大多使用防冻液，应补充同一厂家、相同牌号的防冻液。

加液一般多从主水箱口加入，也可从副水箱口加入。在冷却液快加满的时候，可将发动机启动 2 ~3 分钟，使冷却液循环，冷却液循环时会把冷却系内的空气排出，并使冷却液液面降低，然后按标准补足。若无膨胀水箱，由于防冻液的膨胀率一般比水大，防冻液只能加到冷却系容积的 95%，以免防冻液溢出。

注意：防冻液一般都有毒性，加注时不要弄到皮肤上，也不要洒到发动机的其他零件上。如果皮肤接触到防冻液，应立刻用大量的清水冲洗干净。

在野外工地或路途中，检查发现冷却液已低于规定液面，发动机水温已过高，但没有携带相同的冷却液，而又不能长时间停机等待，应如何处理？无机型防冻液不可加水使用，加水后可能使温度更高；有机型可加少量水。当现场无法判断防冻液的类型和牌号时，保险的做法是：放出剩余的防冻液（注意收集好），以软水加满，然后在尽量短的时间内重新换上防冻液。

(3) 冷却液的质量检查

① 对已用防冻液的质量检查

防冻液通常 2 ~3 年更换一次。在日常检查中，除了检查液面外，还要检查防冻液的质量。发现防冻液变蚀、变质、变味、发泡、有悬浮物、沉淀物、比重增大、变稠、冰点上升、pH 值低于 7.5 或高于 11.0 等情况时，应及时报废更换。

② 对新购防冻液的鉴别

防冻液市场鱼龙混杂，劣质产品较为常见，所以在购买时应进行以下鉴别。

价格：价格较为低廉的产品往往是以无机盐加水调至符合要求的冰点而成，而无其他添加剂，还有的甚至是以无机型防冻液假冒有机型防冻液。

闻味：质量好的防冻液一般没有太大的气味，有各种刺鼻难闻气味的多是假冒伪劣产品。

手感：如果手感不润滑，甚至很涩、易挥发，虽无很特别气味的，也为假冒防冻液。

浊度：无论何种颜色的产品，都要保持一定的透明度，浑浊的产品不是好产品。

(4) 冷却系统清洗与防冻液更换

① 打开水箱下部的放水开关（或拆卸下水管）和缸体放水开关，放尽原来的冷却液。

② 装上下水管，注入清水至 2/3 时，加入水箱清洁剂，然后将水注满。

③ 启动发动机，使水温上升到 85 ~90 ℃，保持运转 10 分钟左右。

④ 放尽清洁剂，然后加入清水，启动发动机运行 10 分钟，放尽。第二次加入清水，启动发动机运行 5 分钟，放尽。再第三次加入冷却水，启动发动机运行 5 分钟，放尽。

⑤ 经三次反复清洗，若放出的冷却水仍然浑浊，则需要再次加入清水进行清洗，直到

放出的水清澈为止。注:久未清洗或污垢严重的水箱,可能需要更长的清洗时间。

⑥ 加入专用防冻液(发动机的使用说明书中通常指定),运转发动机,检查有无泄漏。

⑦ 在被保养设备上的显著位置(如仪表板)贴上专用识别标签,记录好更换的时间和防冻液和牌号等信息。

注意:① 为了保护环境,应做好放出防冻液的回收工作。② 一些专业厂家或维修点有专用的冷却系统清洗及冷却液更新设备,请根据说明书操作使用。

2. 水滤清器滤芯更换

水滤清器又被称为防腐器。水滤清器过滤冷却液中的杂质,防止水垢的生成,保证发动机冷却系统的正常工作。水滤清器滤芯的更换步骤如下:

① 关闭水阀门。

② 使用专门的扳手卸下滤芯。

③ 清洁滤芯座,安装一个新的滤芯。

④ 安装结束后,打开阀门。

⑤ 启动发动机,检查是否漏水。

3. 冷却系统管路与水箱检查

(1) 静态检查

① 检查冷却系统管路是否破损和变形。

② 检查散热器片有无倒伏、破损,散热器的安装脚有无摩擦和破损。

③ 检查冷却系统管路连接卡箍是否松动。

④ 晃动冷却系统管路,检查连接是否可靠。

⑤ 查看散热器及上下水管,特别是接头处是否有漏水痕迹。

(2) 发动后检查

① 在发动机运转状态下检查各处,特别是卡箍接头等连接处是否存在漏水现象。

② 在启动设备后,将设备驶离原位后停下,到原停机位,查看地面有无冷却液痕迹。

4. 散热器盖压力检测

使用专门的压力测试器,检测散热器盖的真空阀和限压阀的开闭压力,详见具体压力测试器的说明书。

5. 水泵检查及润滑

(1) 水泵检查

典型水泵结构如图 2-10 所示。检查步骤如下:

① 用手轴向拉动带轮,检查带轮是否窜动。

② 用手径向晃动带轮,检查水泵轴是否有明显摆动。

③ 检查润滑油是否泄漏。

④ 检查、疏通泄水孔。

⑤ 检查是否漏水。

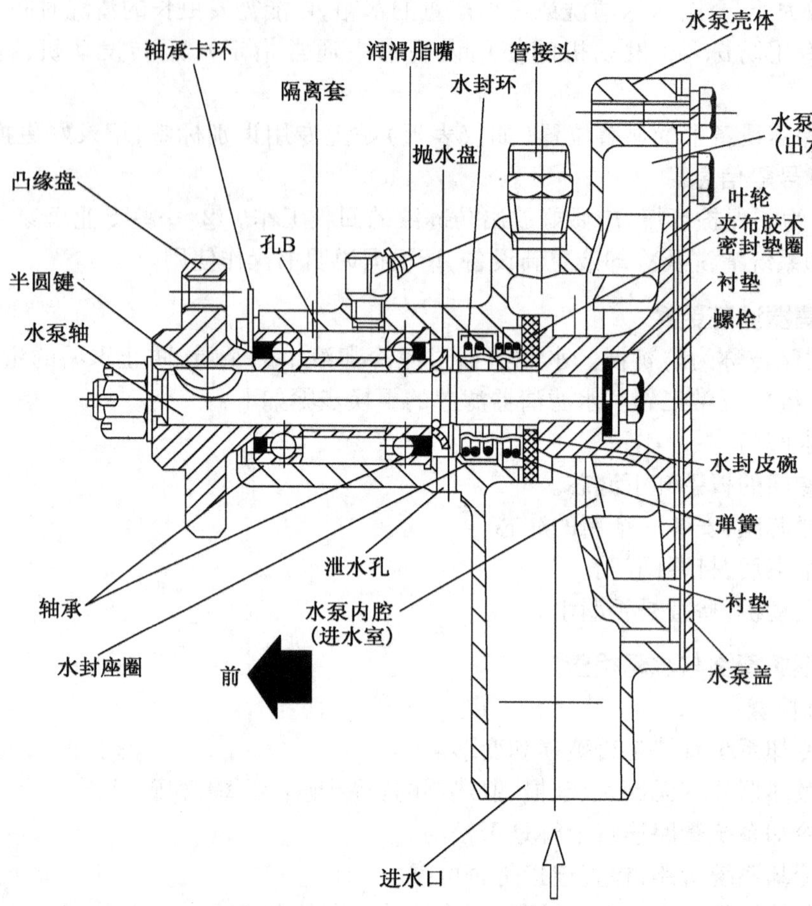

图 2-10　典型水泵结构

（2）水泵润滑

柴油机水冷却系统水泵轴承的结构各有不同：

① 有些轴承是封闭式的，中途不需要添加润滑剂，发生故障或到了规定运转时限才进行更换。

② 有些轴承是采用与发动机同品种的机油润滑，补充的机油只能加到总容积的一半。

③ 有的轴承采用润滑脂润滑，用手压式滑脂枪注入 4 ~ 5 下即可，不要过多。

④ 水泵通常运转 2 000 小时以上需要解体，对内部进行清洗并更换润滑剂。

6．检查、调整风扇皮带张紧度

（1）察听皮带运转时声音

察听皮带运转时的声音，如果出现滑摩声，有两种可能情况：一是皮带松动，二是皮带因损坏而即将断裂。

（2）检查皮带外观状况

检查皮带表面有无裂纹、磨损、剥落等现象。如出现上述现象应及时更换皮带。

(3) 检查风扇皮带张紧度

风扇皮带过松会引起充电不足和发动机过热故障,风扇皮带过紧会加快风扇皮带和相关轴承的磨损。

用拇指以5~10 kg的力(成年人手指能承受的力量)按压皮带中间部位时,挠度应为10 mm左右。如果不符合要求,应进行调整。

(4) 调整风扇皮带张紧度

调整风扇皮带张紧度时,用调整螺栓将整个交流发电机向里或向外移位,调整皮带的张紧度,如图2-11所示。调整后应可靠地拧紧固定螺栓。操作时应注意避免皮带被油脂污染,否则会引起滑磨而缩短其使用寿命。

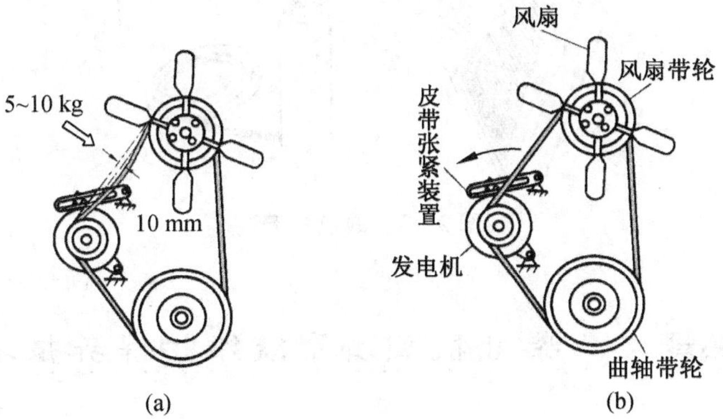

图2-11 检查调整风扇皮带张紧度

7. 节温器检查

节温器的寿命通常为3~5年,对于使用时间较久的发动机,如果发现温度异常,则应检查节温器。

检查时应将节温器浸入水容器中,并逐步加热提高水温,检查阀门的开启温度和阀门的提升情况,如图2-12所示。节温器有低温型和高温型两种:低温型在80~84 ℃时,阀门开始开启,在95 ℃时升程应大于8 mm;高温型在86~90 ℃时,阀门开始开启,在100 ℃时升程应大于8 mm。当升程衰减到8 mm以下时就不能继续使用,应予更换。

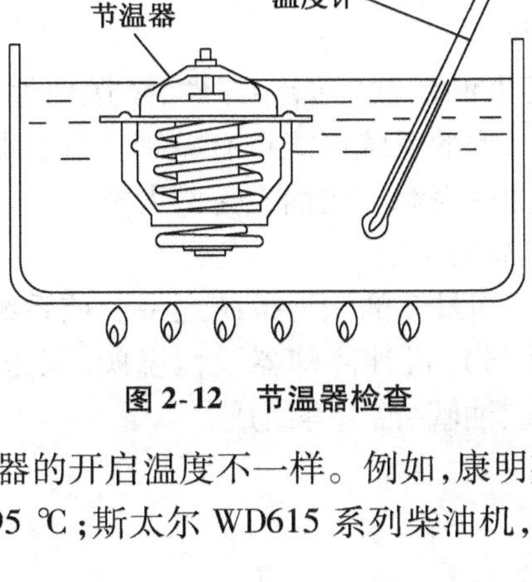

图2-12 节温器检查

注意:各种发动机节温器的开启温度不一样。例如,康明斯B系列柴油机,节温器开启温度为83 ℃,全开温度95 ℃;斯太尔WD615系列柴油机,节温器在(80±2) ℃时,开启行程为 1 mm,95 ℃达到全开,升程为 10 mm。

8. 散热器清洗

散热器俗称水箱。每日都应检查散热器翼片有无被污染(特别是在灰尘多的环境中)。必要时,向散热器翼片喷洒适当的溶液,浸泡翼片,然后用清水清洗干净,如图 2-13 所示。

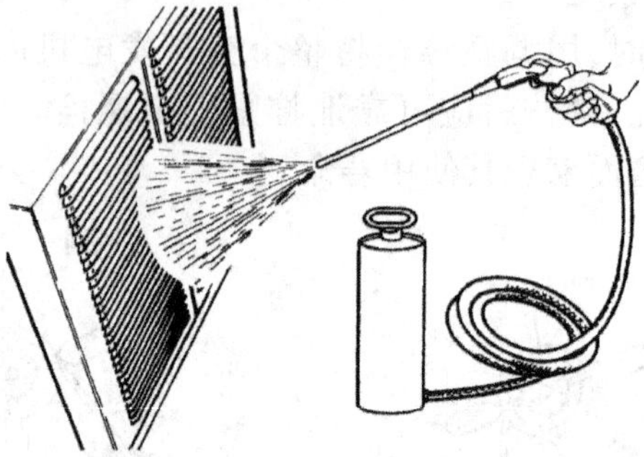

图 2-13　散热器清洗

课题二　柴油机润滑系统维护保养技术

一、柴油机润滑系统概述

1. 润滑系的功用

润滑系的功用就是连续不断地将润滑油以一定的压力和流量输送到各个需要润滑的摩擦表面,维持润滑油的正常工作温度,并保证润滑油的循环。

2. 润滑方式

由于发动机各运动副的工作条件不同,因此对润滑强度的要求也不同,它取决于工作环境的好坏、承受载荷的大小和相对运动速度的大小。发动机各部件的润滑方式主要有压力润滑、飞溅润滑、喷油润滑、定期润滑(定期定量加注润滑脂)。

3. 润滑系统组成与类型

发动机的润滑系统主要由润滑油的储存部件、泵送部件、滤清部件、冷却部件、压力温度检测部件等组成,不同机型的系统可能稍有差别。现代柴油机根据其润滑油大量贮存的位置不同,可分为湿式油底壳和干式油底壳两大类。

(1) 湿式油底壳柴油机润滑系统

图 2-14 为柴油发动机采用最多的润滑系统之一。该系统主要由油底壳、机油泵、滤清器(集滤器、细滤器和粗滤器)、机油冷却器及恒温阀、限压阀(调压阀)、安全阀(旁通阀)、溢流阀、油压表、油温表、油管、油道等组成。

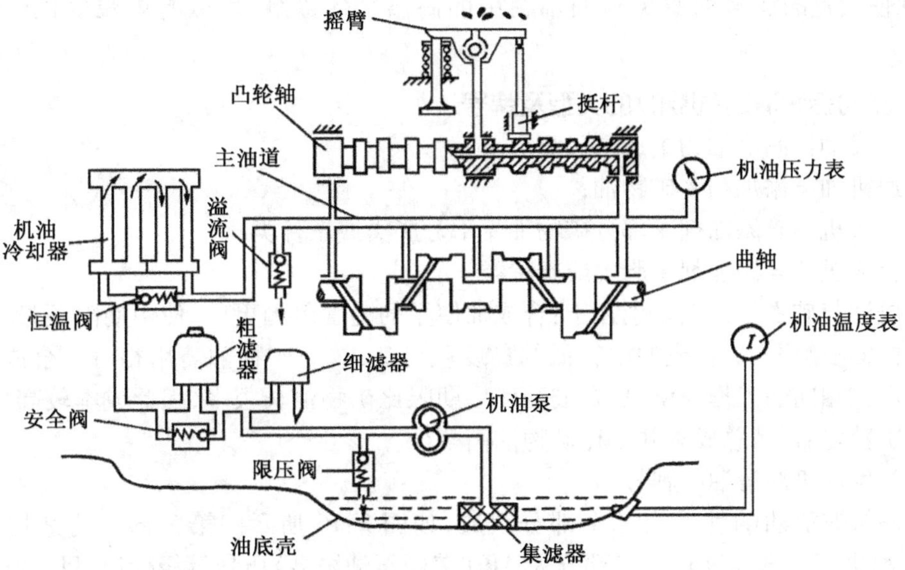

图 2-14　湿式油底壳柴油机润滑系统

（2）干式油底壳柴油机润滑系统

干式油底壳润滑系统的特点：回流到油底壳内的润滑油不断被一只或两只吸油泵抽出，并输送到位于发动机外边的蓄油箱中，然后由压油泵将润滑油输送到发动机内部的润滑系统中去（见图 2-15）。

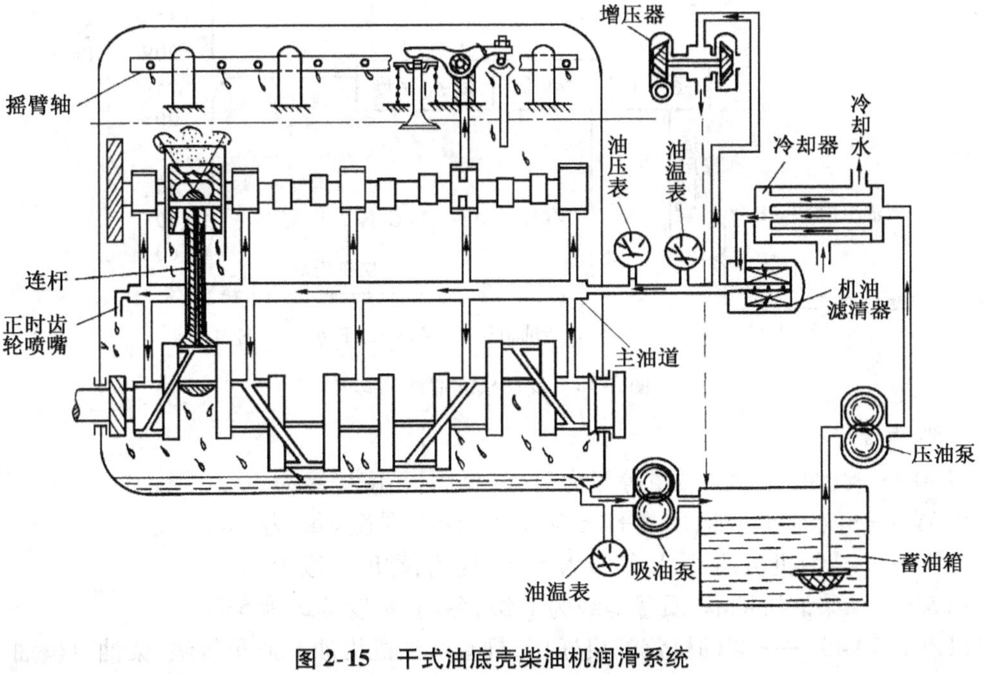

图 2-15　干式油底壳柴油机润滑系统

采用干式油底壳的目的：

① 使发动机适于在纵向和横向大倾斜度条件下工作，防止供油间断。

② 使大量的润滑油避免与曲轴箱中的高温气体接触，可以有效减少机油的氧化变质。

4. 发动机润滑油(机油)的类型及牌号

(1) 发动机润滑油的组成与类型

普通机油 = 添加剂 + 矿物油;

半合成机油 = 添加剂 + 部分矿物油 + 部分脂类或聚稀类;

全合成机油 = 添加剂 + 脂类或聚稀类。

合成油与矿物油最大差别在于:合成油使用的温度范围更广，使用期限更长，成本更高。同样的油膜要求，合成油用较低的黏度就可达成，而矿物油需用相对于合成油较大的黏度。在相同的工作环境里，合成油使用期限比矿物油长很多，因此成本较高，但是比较换油次数之后，其总成本并不比矿物油高多少。

(2) 发动机润滑油的牌号

发动机润滑油的牌号由三个部分组成，如图 2-16 所示。第一部分为适用的机型(C—柴油机、S—汽油机);第二部分为 API(美国石油协会)质量等级标识，目前汽油机常用的有 F,G,H,J,L,M,N 等几个等级，柴油机常用的有 F,F-2,F-4,G-4,H-4,I-4 等几个等级;第三部分为 SAE(美国汽车工程师协会)黏度等级标识，常用的有 0W,5W,10W,15W,20W,25W,20,30,40,50,60 几个等级。

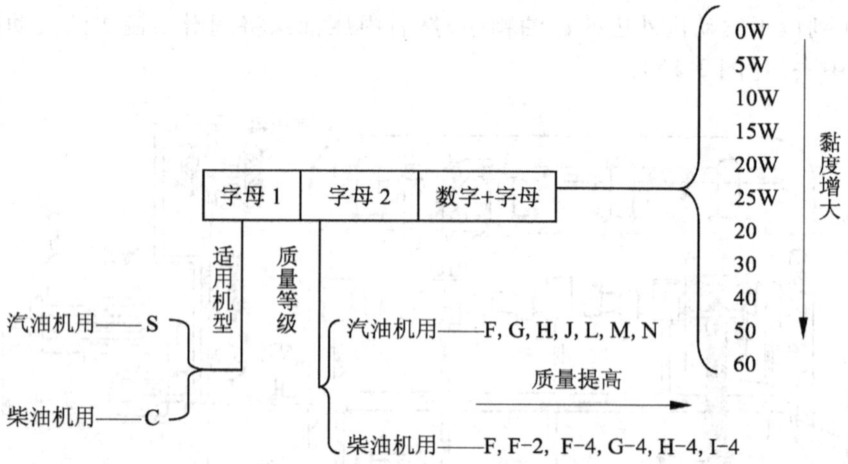

图 2-16　发动机润滑油的牌号

润滑油牌号举例:

SL40——汽油机机油，质量等级为 L 级，夏用，黏度等级为 40。

SL5W——汽油机机油，质量等级为 L 级，冬用，黏度等级为 5W。

CF40——柴油机机油，质量等级为 F 级，夏用，黏度等级为 40。

CF5W——柴油机机油，质量等级为 F 级，冬用，黏度等级为 5W。

SL/CF 5W40 ——柴油机汽油机通用，具有汽油机机油 L 质量等级，柴油机机油 F 质量等级，冬夏两用，低温时具备 5W 的黏度等级，高温时具备 40 的黏度等级。

5. 机油过多过少的危害

机油量过少时，由于机油泵时常吸空，机油泵的出口压力下降，导致发动机部件润滑不良，使得发动机动力性和经济性下降、零件磨损变形，严重时会导致拉缸。

机油量也不可加的过多。由于机油在使用过程中会有损耗，有的机驾人员或修理工图省事，在发动机中加入过多机油，认为这样用的时间更长，但这种做法会损伤发动机！因为机油过多，发动机在运转过程中就会有过多的机油被带入气缸上部燃烧室，导致发动机烧机油。一方面烧机油会形成积炭，积炭会加快气缺、活塞、活塞环的磨损；另一方面，机油燃烧会产生大量的污染物排放到大气中，加重空气的污染。汽油机烧机油还会导致三元催化器中毒。

二、柴油机润滑系统维护保养技术

1. 检查、添加、更换发动机润滑油

(1) 发动机机油压力显示与报警

目前，在筑养路机械发动机上一般都没有压力报警装置，柴油机机油压力通常为 2 ~ 4 bar。有些机械的机油压力表上没有数字，发动机正常工作时油压应随着转速的变化而在绿色范围内变化。超过这个范围，就必须停机查明原因。常用的压力表如图 2-17 所示。

图 2-17 机油压力表

(2) 发动机机油液面检查

发动机的润滑油消耗是正常且不可避免的。常用的筑养路机械一般都没有机油的液位指示装置，使用维护人员必须经常检查发动机机油液面高度。如果发现机油液面高度已经低于规定的最低水平，就应该及时添加机油；要是等到机油压力报警时，就必须马上停机了。

检查方法：

将机械停在水平路面上，关闭发动机等待 5 ~ 10 分钟，待机油全部流回油底壳后，再进行检查。机油尺和加机油口的常见位置如图 2-18、图 2-19、图 2-20 所示。

图 2-18　机油尺位置

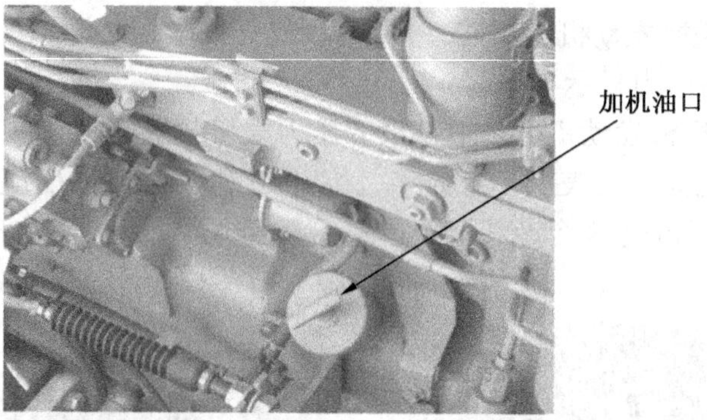

图 2-19　加机油口位置

F—加机油口；G—油尺

图 2-20　位于同一侧面的加机油口和油尺

拔出机油尺（见图 2-21），用干净的布擦去油迹，重新插入机油尺到底部，几秒钟后再次拔出即可测得准确的油面高度。油面高度应在两刻线中间为合适，接近或低于下刻线时，必须停机加油。

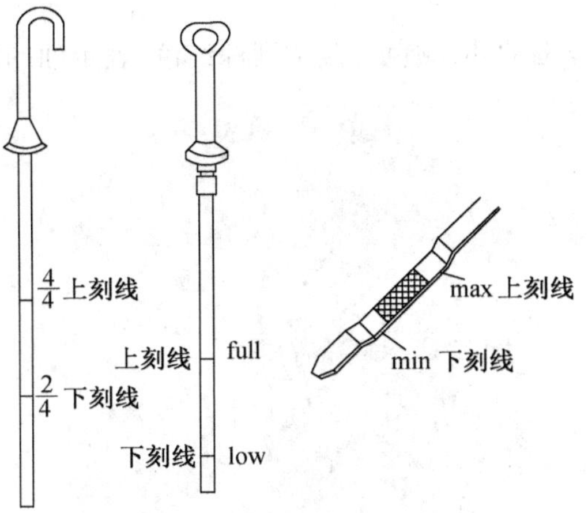

图 2-21　几种机油尺

（3）机油质量检查

机油使用一定时间后，质量会有所下降。机油质量下降不严重时只需要补充即可；若质量下降严重，则必须更换。

判断机油质量变化的方法：

① 人工检查法

a. 观察机油颜色。如果机油中呈现白色乳化油膜，说明机油中已混有大量水分，添加剂遭到了破坏，黏度已经降低，机油已经不能继续使用。

b. 查看机油中的杂质。用油尺沾少量机油放入食指与拇指之间，捻动机油，查看是否有亮点或其他杂质。有亮点则证明有机件磨损，亮点过多则需要更换机油并查明磨损情况。

② 试纸法（又称斑点法）

试纸法是判断机油使用质量最简单易行的方法。将擦净后的机油标尺插入发动机后再取出，将少许机油点滴到试纸上，观察扩散圆和颜色的变化，以判定机油中所含杂质状况，并判断机油是否已经严重氧化或老化。

a. 检查方法

要求油温与室温基本一致。现场测试应在发动机熄火几分钟后，油温下降到与环境温度相近时滴试。冬季取样后最好在室内滴试。

在上述条件下，把试纸水平放置，取出机油尺，在试纸上滴一滴机油尺上的机油，20分钟左右就会有大致判断；如果能静等 24 小时，则判断会更加准确。机油滴到试纸中心后，油内各种杂质便随着油的浸润向四周扩散。杂质的粒度不同，扩散的远近也不同，因而在试纸上形成颜色深浅不同的环形斑点，从内到外依次为：沉积环、扩散环、油环（见图 2-22）。

沉积环：斑点的中心是油内粗颗粒杂质沉积集中的地方，根据沉积环颜色的深浅可粗略判断油被污染的程度。

扩散环：在沉积环外围的环带叫扩散环，它是悬浮在油内的细颗粒杂质向外扩散留下的痕迹。颗粒愈细，扩散的愈远。扩散环的宽窄和颜色的均匀程度表示油内添加剂对污染杂质的分散能力。

油环：在扩散环的外围油环，颜色由浅黄到棕红色，表示油的氧化程度。

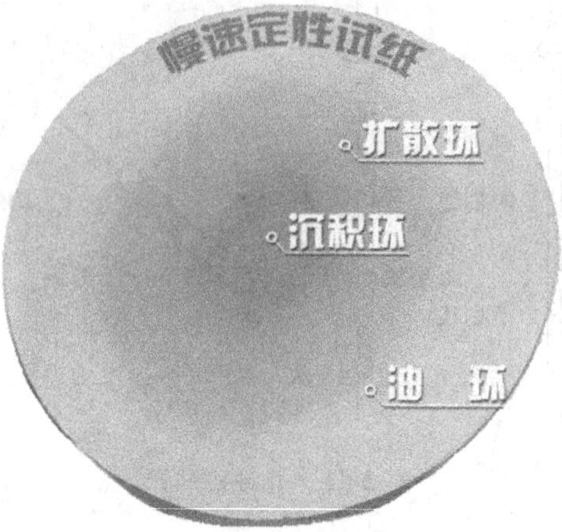

图 2-22　试纸检验方法

b. 质量判断

一级（见图 2-23）：油斑的沉积环区和扩散环区之间无明显界限，整个油斑颜色均匀，油环淡而明亮。油质量良好。

二级（见图 2-24）：沉积环色深，扩散环较宽，有明显分界线，油环为不同深度的黄色。油质已污染，机油尚可使用。

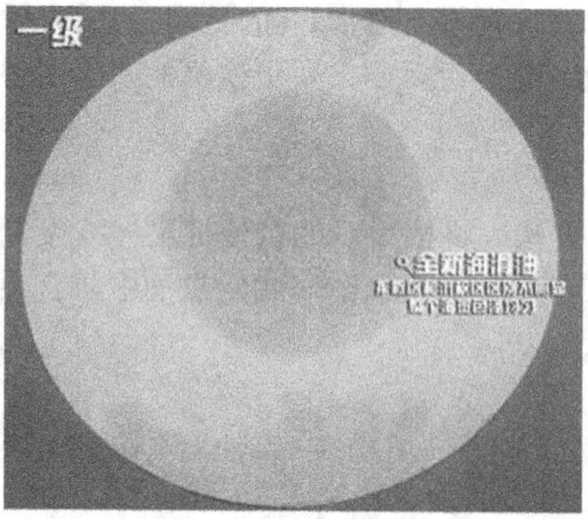

图 2-23　质量一级

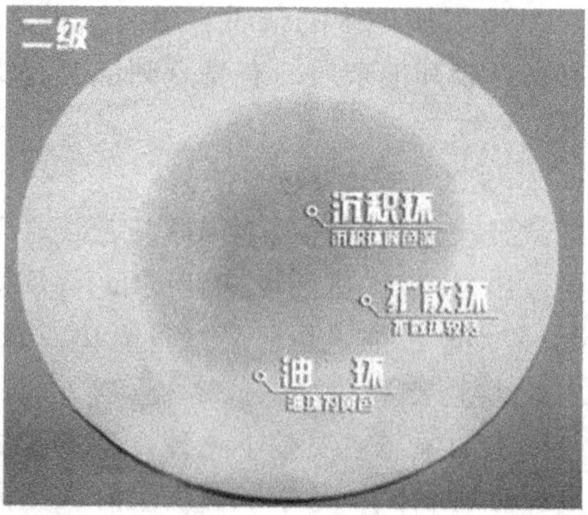

图 2-24　质量二级

三级（见图 2-25）：沉积环呈深黑色，沉积物密集，扩散环窄，油环颜色变深。油质已经劣化。一般来说，当斑点扩散达到三级就需更换了。

四级（见图 2-26）：只有中心沉积环和油环，没有扩散环，沉积环乌黑，沉积物密而厚稠，不易干燥，油环成深黄色和浅褐色。油质已经氧化变质。

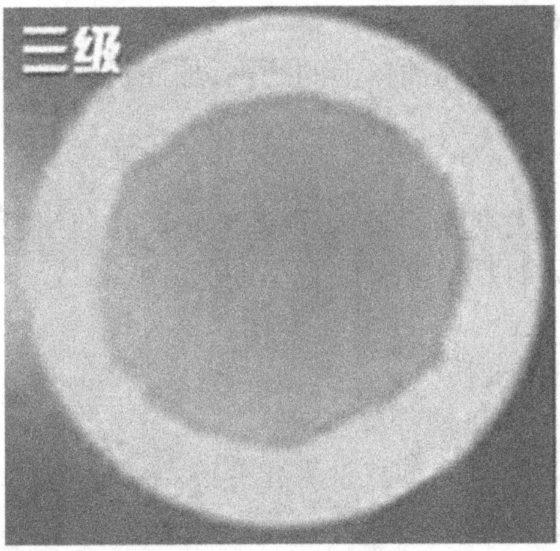

图 2-25　质量三级

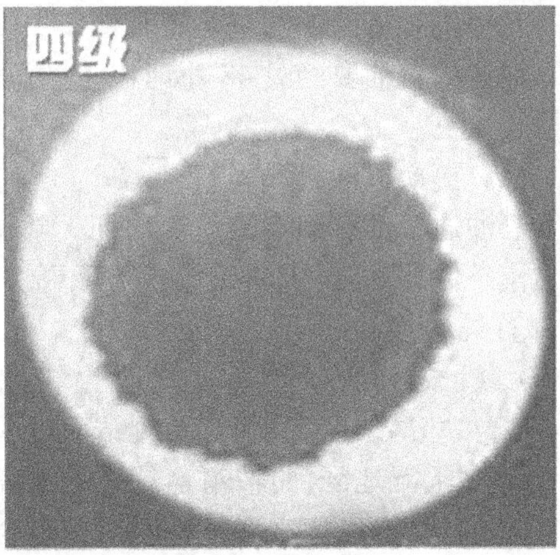

图 2-26　质量四级

补充：若扩散斑点周围存在环形圈，这是机油含水的特征。环圈数越多，含水量越严重，含水量极高时，标尺上取样的油滴呈乳浊状并有泡沫或含黄白色乳化油膜。若滤纸上油斑核心部分的颜色很深，甚至呈褐黑色或墨黑色，这是机油含粘渣的特征。一般说来机油已氧化变质，颜色越深氧化程度越高。

若试纸上的油滴表面颜色逐渐变得暗淡，甚至完全失去光泽，则说明机油内的抗氧添加剂失效，机油的抗氧化能力下降也就在所难免了。

③ 油品分析仪（又称为油液质量检测仪）检查

请参考有关产品说明书。

（3）补充机油

① 选择机油

在决定补充机油时，第一是要选择机油。补加机油应与发动机中正在使用的机油一致，避免不同品牌、不同品种的机油混加，防止机油中不同种类的添加剂发生反应。

② 添加机油

机油的加油口因机型不同而有不同的位置和外部形状。

图 2-27 所示为最常见的加机油口盖及其上面的“小机油壶”形状的标记。

图 2-27　加机油口盖及标记

发动机常见的加油口位置见图 2-19、图 2-20。

加注的机油要经过 48 小时以上的沉淀，不得去掉加油口上的滤网，加注过程中要及时检查油位。

（4）更换机油

机油通常都有规定的换油周期。常见的换油周期是运转 250 ~ 500 小时。但当发动机工作条件恶劣时，机油质量会下降更快，换油周期要相应缩短。

① 缩短换油周期的情况

a. 机械经常在灰尘多的场地上作业，机油容易变质。

b. 在寒冷地区，柴油容易凝结而进入机油中，使机油稀释变质。

c. 在潮湿地区，曲轴箱容易凝结水滴而进入机油中，使机油乳化变质。

d. 新车或经过大修的发动机，在走合期满后应换油。

② 换油方法与步骤

a. 将机械停放在平坦场地上，发动机停止运转但应处于热状态下。注意防止烫伤。

b. 拧下油底壳上的放油螺塞，放出油底壳内的全部机油。同时放掉机油滤清器、机油冷却器的机油。

c. 清洁曲轴箱通风装置，拆下通风管和阀门，清洗后用压缩空气吹净，安装后确保接头不漏气。

d. 清理机油滤清器周围区域，拆下滤清器总成（有些不需要），清洗滤器壳体，装上新滤芯，结合面要进行清理，密封圈安装平服，组装时在结合面涂上机油，确保密封不漏。

e. 检查和清洁放油螺塞，安装好放油螺塞。

f. 将准备好的洁净机油注入发动机至适当油面。

g. 启动发动机进行怠速运转，检查滤清器、放油螺塞等处有无泄漏。

h. 停止发动机，大约等待 15 分钟再次检查油面，根据需要添加到规定油面。

2. 机油集滤器检查

机油集滤器（见图 2-28）的检查和清洗一般都在更换机油时进行。

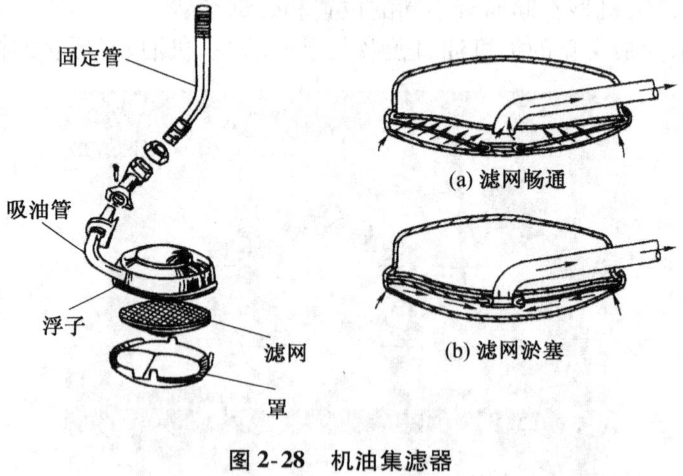

图 2-28　机油集滤器

具体步骤如下：

(1) 在放尽机油后，拆下油底壳。

(2) 小心拆下集滤器。

(3) 检查集滤器的滤网和罩夹是否损坏，吸油管和固定管是否损坏，接头部位是否牢固。

(4) 晃动浮子，察听浮子内是否有油液；若有则需要更换浮子。

(5) 清洗并装复好集滤器。

3. 油底壳清洗和装复

(1) 用柴油对油底壳进行清洗，然后清理干净残余柴油。

(2) 安装前，清理气缸体和油底壳的衬垫密封面。

(3) 将油底壳衬垫装到油底壳上并用硅密封胶加以固定。

(4) 装上油底壳，并将固定螺栓拧紧至规定力矩。

4. 机油粗滤器维护保养

常用的纸质机油粗滤器如图 2-29 所示。

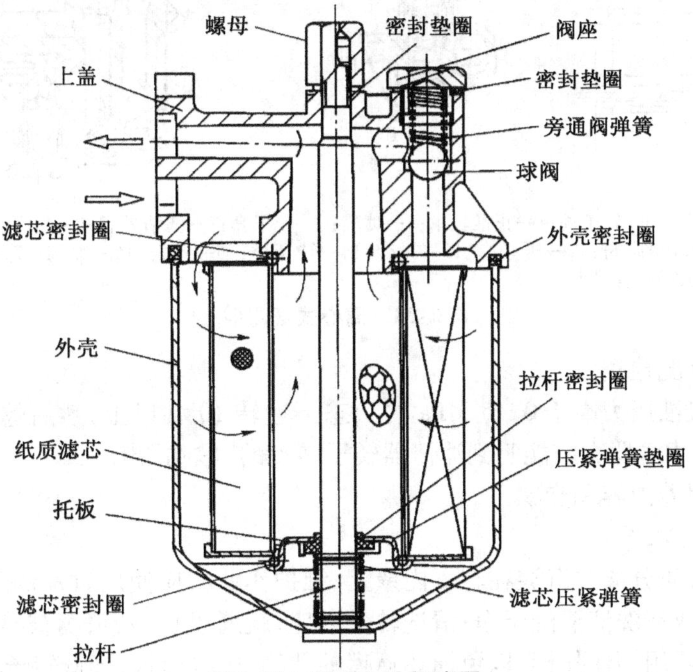

图 2-29　纸质机油粗滤器

维护保养内容和步骤如下：

(1) 松开滤清器中心螺母或卡箍固定螺母，取下粗滤器壳及滤芯。

(2) 用竹片（或木条、塑料板）将滤清器外壳内的杂质刮去，并加入柴油或清洗剂清洗。

(3) 疏通滤清器内的各油道，检查旁通阀钢球及弹簧是否完好。

(4) 检查滤芯两端的耐油橡胶垫圈和底座密封圈是否老化或损坏。

(5) 更换滤芯，装复机油粗滤器。

5. 离心式机油细滤器维护保养

离心式细滤器结构如图 2-30 所示。拆解滤清器总成后，清理、清洗并检查滤清器各部件。

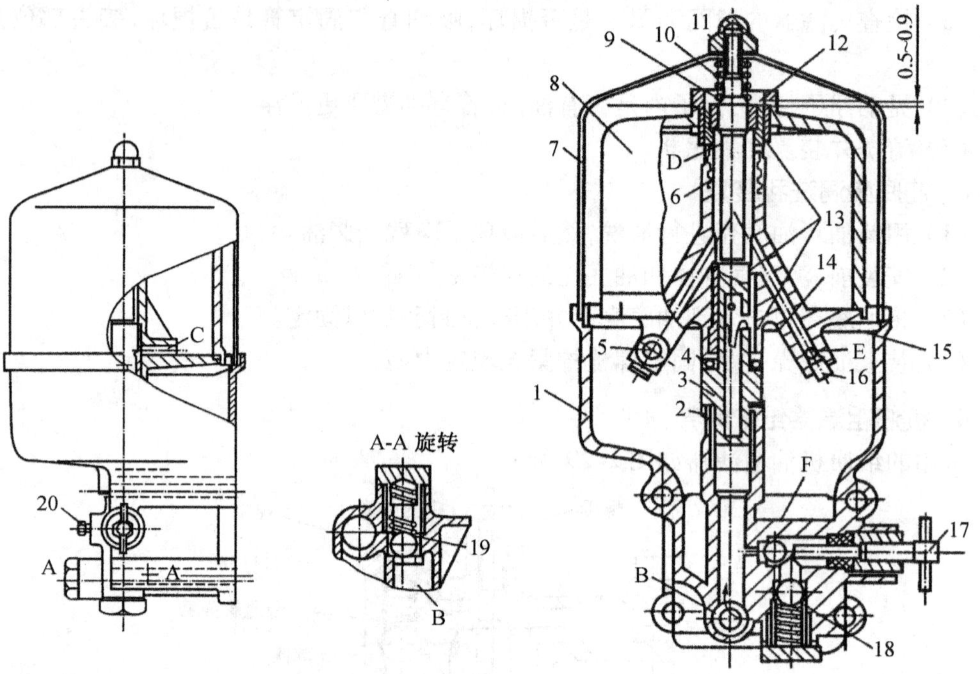

1—壳体；2—锁片；3—转子轴；4—止推轴承；5—喷嘴；6—转子套；7—滤清器盖；8—转子盖；9—支承座；10—弹簧；11—压紧螺母；12—压紧套；13—衬套；14—转子体；15—挡板；16—螺塞；17—散热器开关；18,19—限压阀；20—管接头

图 2-30 离心式细滤器

(1) 工作状况检查

发动机在机油压力高于 0.15 MPa 的状态下运转 10 秒以上，然后熄火，在熄火后的 2 ~ 3 分钟内，在滤清器旁应能听到滤清器转子转动的“嗡嗡”声。

(2) 维护保养内容和步骤

① 检查清洗转子

机油中的杂质分离并沉淀在转子内壁上，维护作业时应使用竹片刮除外壳内壁上的杂质，并用柴油或清洗液清洗干净；清洗转子底座，疏通喷嘴，若喷嘴被异物堵塞，应用压缩空气疏通，不可用钢丝扎捅，以免损坏喷嘴的孔径、边缘形状，降低转子转速。

② 清洗检查限压阀

清洗限压阀的安装孔，清洗检查弹簧和垫圈。限压阀限定压力依靠弹簧本身及压装螺帽下面的垫圈调整，若系统压力正常，则应维持弹簧长度和垫片的厚度不变。

③ 检查其他部件

检查转子轴是否松动、止推垫片是否已磨损、密封垫片是否损坏等。

④ 组装转子

装合转子盖和转子体之前，应先检查密封垫是否完好、清洁，检查转子体的止口内有无污物，然后平整地将密封垫放在转子体的止口内。

装合转子盖与转子体时，应对准原箭头标记，否则会破坏原转子总成的平衡。在拧紧转子盖上的压紧螺母时，要注意转子体是否均匀准确地落入转子盖的止口内，做到上下兼顾，防止歪斜。压紧螺母的旋紧力矩不能过大，以免受力变形。

将转子总成装合后套入转子轴上，装入止推垫片和间隙调整螺母，调整好转子轴的轴向间隙，检查转子的灵活性。

⑤ 滤器清盖与壳体装合

装滤器清盖前，要检查壳体的止口内是否有异物，密封垫必须完好无损、清洁，装滤器清盖的下沿应无缺口、碰伤。安装时要放正，否则易使转子轴变形，造成转子旋转阻力过大。

6．一次性整体旋装式滤清器更换

现在有很多发动机使用一次性整体旋装式滤清器，更换周期与普通机油粗滤器更换滤芯的周期相同。

更换方法如下：

（1）使用滤清器拆装专用工具拆下机油滤清器，如图 2-31 所示。

（2）检查并清洁机油滤清器的安装面。

（3）在新滤清器的密封表面涂上一层新机油。

（4）用手将滤清器拧到橡胶密封垫与底座紧密接触后，再用专用工具将滤清器拧紧 3/4 ~1 圈。

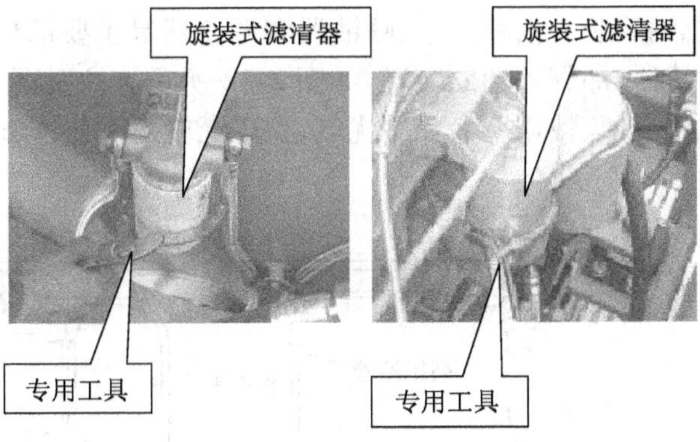

图 2-31　整体旋装式滤清器拆装

7．机油冷却器维护保养

（1）检查冷却器体、盖和支架有无裂纹、损坏和腐蚀，如有应更换。

（2）用高压水枪冲洗冷却器外部污物。

（3）机油冷却器拆卸后，冷却器芯和冷却器体要用专用的溶剂（清洗润滑油道和清洗水道用）浸泡和清洗。

（4）检查冷却器芯有无损坏或渗漏。一般情况下，如果冷却器中管子变形或损坏不超 5% 时，可以进行修理；如果超过则应更换芯子。

8．维护保养后的检查

柴油机润滑系统主要元件维护保养后，按前述方法加注机油，启动发动机，检查各元件的安装面、与管路的连接点是否有机油渗漏。从发动机启动直至升到正常工作温度的全程,查看润滑系统的工作压力。

课题三 柴油机燃料系统维护保养技术

一、柴油机燃料系统概述

1. 柴油机燃油系统的功用

(1) 在适当的时刻将一定数量的洁净柴油增压后以适当的规律喷入燃烧室。

(2) 按照发动机各缸工作次序供油。

(3) 根据柴油机负荷的变化自动调节循环供油量,以保证柴油机稳定运转。

(4) 储存一定数量的柴油,保证机械或车辆的最大连续工作时间。

2. 柴油机燃油系统的类型

按照结构不同,柴油机燃油系统可分为柱塞泵系统、分配泵系统、PT 泵系统、电控喷射系统。虽然电控喷射系统具有很多优点,但由于其价格较高,所以在四冲程柴油机上以前三种的应用较为广泛,而柱塞泵系统则最为多见。

3. 柴油机柱塞泵燃油系统组成

柴油机柱塞泵燃油系统包括喷油泵、喷油器和调速器等主要部件及柴油箱、输油泵、油水分离器、柴油滤清器、油管等辅助装置,如图 2-32 所示。柱塞泵系统具有结构成熟、工作可靠、维修与调整方便、使用寿命长等优点,被广泛应用在各种形式的柴油机上。

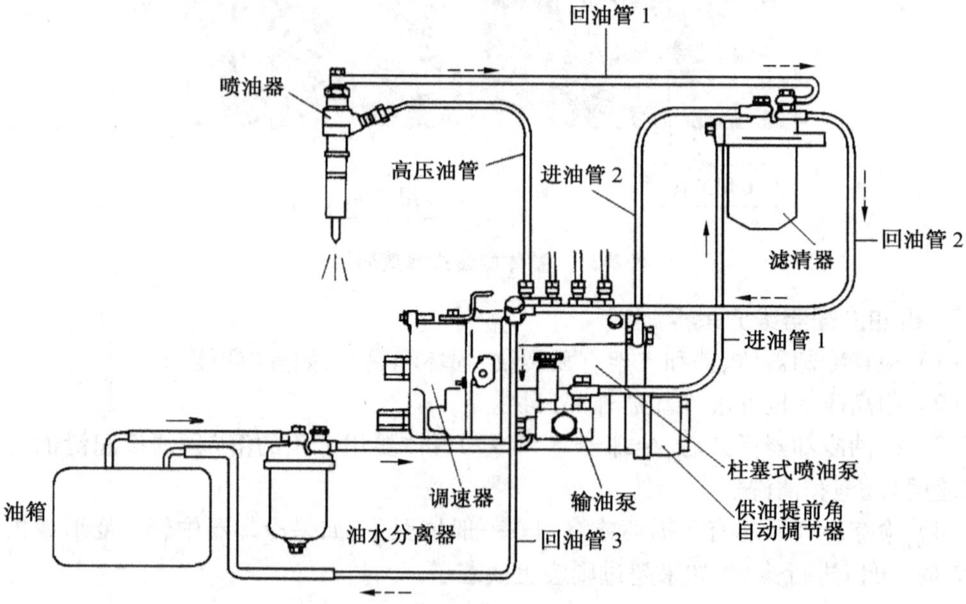

图 2-32 柱塞式燃油系统示意图

柱塞式喷油泵一般由柴油机曲轴的正时齿轮驱动。固定在喷油泵体上的输油泵由喷油泵的凸轮轴驱动。输油泵从油箱中吸油经管路压入高压泵,高压泵提高压力后送入喷油器,喷油器将油喷入气缸。

4. 柴油的主要性能指标及牌号

柴油分轻柴油和重柴油两类。轻柴油适用于全负荷转速不低于1 000 r/min的高速柴油机;重柴油则是中、低速(即转速低于1 000 r/min)柴油机的燃料。筑养路机械上配置的发动机多数为高速柴油机,因而使用轻柴油(以下简称柴油)。

柴油的主要性能指标有低温流动性(包括凝点、浊点、冷滤点等)、燃烧性(发火性)、雾化和蒸发性。

我国柴油的牌号是按凝点划分的。国家标准中,轻柴油按照凝点分为10号、5号、0号、-10号、-20号、-35号和-50号七个牌号,其冷滤点分别为12 ℃,8 ℃,4 ℃,-5 ℃,-14 ℃,-29 ℃,-44 ℃。一般来说,柴油的冷滤点相当于最低使用温度,如-50号柴油的冷滤点为-44 ℃,可在最低气温为-44 ℃以上地区使用。

二、柴油机燃料系统维护保养技术

1. 检查、添加柴油

(1) 检查

筑养路机械发动机燃油指示有三种方式:第一种在油箱中安装了一根油位尺,抽出即可查看油量;第二种在油箱的外部安装了油位指示器,从外部即可看清油箱中贮存的油量;第三种在驾驶室的仪表板上有油量指示表,有的还配有油量报警灯。

(2) 添加

发现油料不足应予以添加。在添加油料前应清洁加油口,防止杂物和灰尘被带入油箱中。油料的添加有两种途径:一是用加油机加油;二是用自备小油桶加油。用自备小油桶加油时应注意盛油容器的清洁。作业中注意事项:

① 柴油在加入油箱之前应沉淀48小时以上。

② 加油时应使发动机熄火,严禁烟火及使用手机。

③ 严禁在加油时去掉加油口的滤网。

④ 作业中注意掌握油箱中的存油量,以免存油用尽而使空气进入燃油系统,影响机器正常工作。

⑤ 每天收工后应加满柴油,以免空油箱内壁因冷凝产生的水珠沉入柴油内,使燃油系统的精密偶件过早锈蚀。

⑥ 油箱盖通气孔要经常疏通,以免油箱内产生负压,降低输油压力,减少供油量,导致机器功率下降或运转不稳。

2. 燃油箱维护

(1) 燃油箱排污

由于作业环境恶劣,燃油箱中很容易混入尘土或雨雪,使柴油受到污染。另外,油箱中的柴油和空气与油箱内壁长期接触,会逐渐生成一些污垢沉入箱底或附着在箱壁上。燃油箱的底部一般都带有排污阀,通常要求每天打开排污阀,放出沉积在油箱底部的水及其他杂质。

（2）清洁燃油箱

仅仅通过排污阀排污并不能放出黏附在油箱内壁的污物，因此要求柴油机每工作500小时左右清洗一次油箱。

筑养路机械上的油箱高大笨重，不可能经常拆下来清洗；还有些机械的油箱与机械上某结构件焊接成一体，根本无法拆卸。许多操作维修人员只好采取放净油箱中的存油，另加清洁柴油后再打开放油开关，直到流出的柴油中不带污物为止。这样清洗油箱既浪费，又不能把油箱内壁的附着物清洗干净。

图2-33　柴油箱清洗机

方法1：清洗机清洗（见图2-33）。清洗机适用于清洗各种机型的柴油箱，能够有效清除油箱中的杂质和水。其工作原理是：由抽油管将油箱中的柴油抽出，进入粗滤罐进行初级过滤，将大颗粒的杂质和水滤出，再由齿轮泵加压后，打入细滤罐，将细小颗粒的杂质滤出。经过两级过滤的清洁柴油以0.1 MPa的压力由高压喷头喷向油箱的侧腔和死角，将油箱内的杂质和油一起搅浑，再行吸入，循环过滤，最终使油箱内的柴油达到洁净。

方法2：自制一根利用压缩空气清洗油箱的喷管。喷管为一根长1 m的细钢管，直径10 mm左右为宜，底部用端头堵死，下端周围钻几个直径1 mm的小孔。

① 打开油箱的排污阀（放水开关）放完存油后，同时关闭放油开关和供油开关，卸下油箱盖、滤油网和量油尺，向油箱内注入20～40 L干净柴油作为清洗用油（视油箱容量大小而定）。

② 将气泵软管与喷管连接，并将喷管下部深入油箱底部。当气泵贮气筒的气压升至0.6～0.7 MPa时，打开闸阀，让高速气流从喷孔冲入油箱的底部油层，使柴油激荡和飞溅起来，从而把油箱内部冲刷干净。在清洗过程中，贮气筒气压应保持在0.4～0.5 MPa。为防止油雾喷出油箱，要用纱布堵住油箱口，以不影响喷管左右摆动为宜。

③ 关闭贮气筒闸阀，取出喷管，放净油箱内清洗用油，另加15～30 L干净柴油，按照上述方法再清洗一次。清洗结束后放出清洗用油，装上滤油网、量油尺和油箱盖，至此完成油箱清洗工作。放出的清洗用油经沉淀后可用于其他油箱或机件的清洗。

注意：上述清洗方法只可用于柴油箱，不得用于汽油箱。因为压缩空气与箱壁摩擦可产生静电，而汽油又易燃易爆，即使在－30 ℃的严寒条件下，微小的火花也会点燃汽油，引发安全事故。

3．燃油滤清器维护

（1）油水分离器维护

油水分离器也是滤清器的一种。很多柴油机在燃油箱和输油泵之间装设油水分离器，目的是为了除去柴油中的水分。

常见的油水分离器（见图 2-34）由手压膜片泵、液面传感器、浮子、分离器壳体和分离器盖等组成。有些油水分离器中装有滤芯，从而兼有滤清水分和杂质的双重功能。

目前在用的油水分离器的结构有多种，其放水的方式也有不同：第一种每天要检查油水分离器中的水位，拧开放水开关放水；第二种具有报警功能，当水位达到一定位置时，仪表板上的报警灯发出放水信号，这时应拧松放水螺塞放水或压动手压泵放水；第三种具有自动放水功能，当水位达到一定位置时，自动开启放水开关放水。

无论是哪种结构，都应经常检查油水分离器的存水情况，注意检查和判断油水分离器是否能正常工作，发现异常情况应及时检修或更换。

油水分离器精滤器一体式外形如图 2-35 所示，其结构分解如图 2-36 所示。

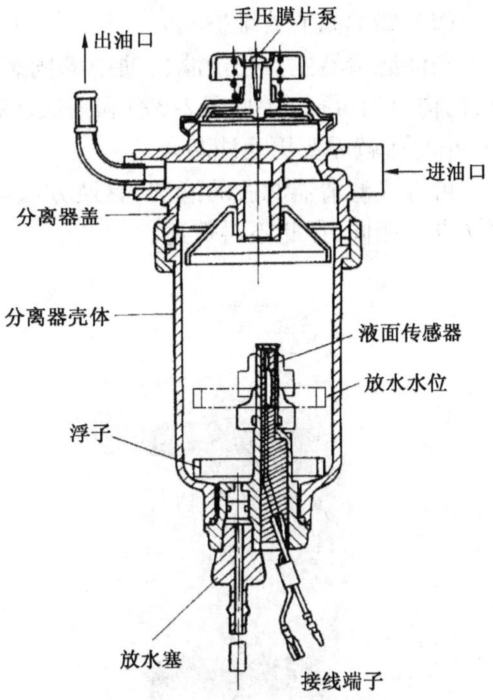

图 2-34 油水分离器结构

图 2-35 油水分离器精滤器一体式外形

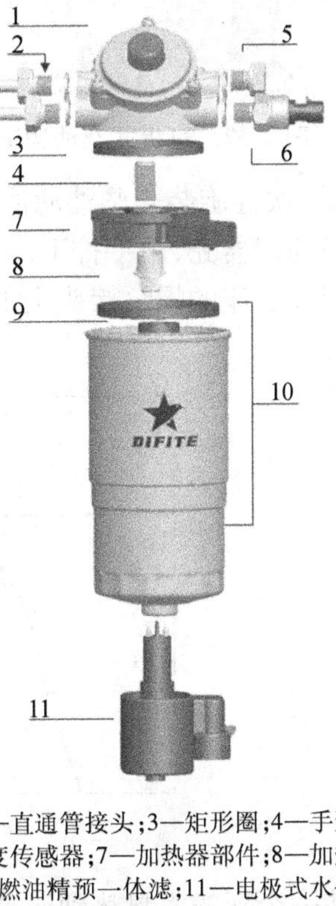

1—手泵部件；2—直通管接头；3—矩形圈；4—手泵连接轴；5—堵头；6—温度传感器；7—加热器部件；8—加热器连接轴；9—矩形圈；10—燃油精预一体滤；11—电极式水位传感器

图 2-36 油水分离器精滤器一体式结构分解

（2）柴油滤清器维护

柴油滤清器主要用于滤去油中的固态杂质或胶质等。滤清器滤芯有纸质和毛毡之分，结构分为可拆式（见图2-37）和一次性旋装式（见图2-38）。通常在发动机运行250～500小时后就需要更换滤芯。

可拆式滤清器滤芯的清洗、更换方法与柴油机润滑系统中纸质机油粗滤器的清洗、更换方法相同，在此不再赘述。

图2-37　可拆式柴油滤清器

图2-38　一次性旋装式滤清器

常用的一次性旋装式柴油滤清器的滤芯更换方法如下：

① 擦净滤清器壳，用手拧下。如果打滑或过紧，也可使用专用工具拧下。

② 取掉安装座的螺纹接头上的密封垫（见图2-39），用无纤维布清理干净安装座的密封面。

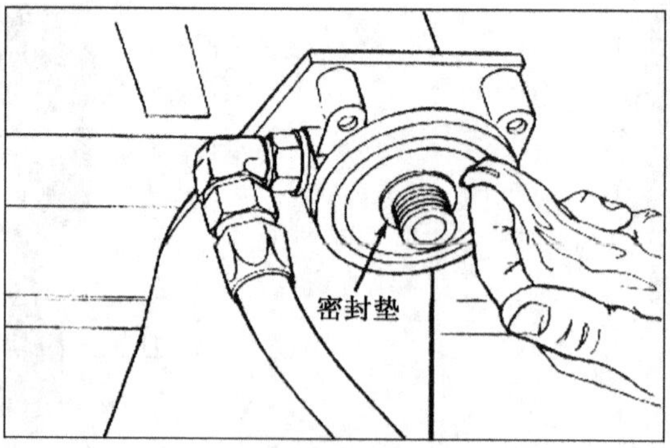

图2-39　清理安装座

③ 安装一个新的密封垫到滤清器安装座的螺纹接头上，在滤清器的密封面涂上一层发动机机油，将滤清器充满干净的柴油，如图2-40所示。

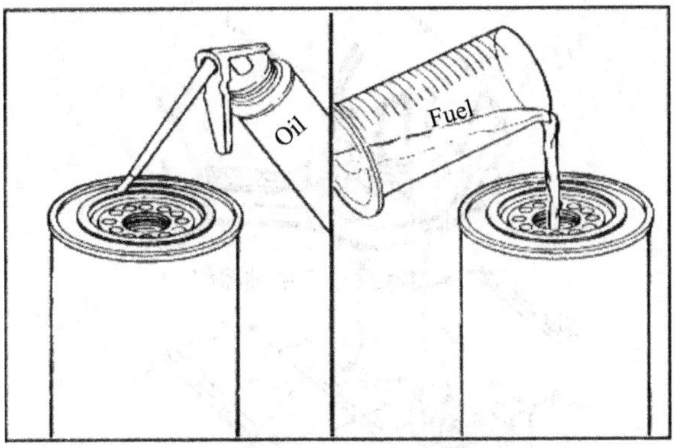

图 2-40　涂机油、充柴油

④ 用手把滤清器拧到安装座上，在滤清器的密封垫刚接触到安装座后，再拧紧 1/2 ~ 3/4 圈即可，如图 2-41 所示。不可用机械方法过分拧紧，以免损坏滤清器。

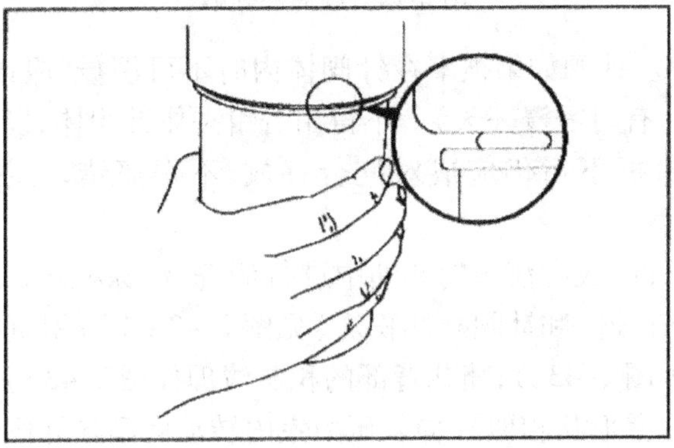

图 2-41　安装

4. 喷油器维护

(1) 喷油器的就机试验

在不具备试验条件的情况下（如施工现场），如怀疑某喷油器工作不良，可以利用本机的喷油泵进行简易试验。

拆下待检查的喷油器并松开高压油管，将喷油器转向空中喷油的方向，然后联接上高压油管，用起动机带动发动机，观察喷油器喷油状况，看是否喷油和雾化良好。

如果仍无法判断，还可以进行对比试验。对比的办法是让需要检查的喷油器装到别的缸上再喷一下，或者让两个缸喷油器同时喷，以此对比喷雾质量。

(2) 喷油器的分解（见图 2-42）与清洗

① 首先将喷油器放在油盆中将外表面刷洗干净，操作时注意保护针阀偶件头部，并应用软毛刷刷洗。特别要注意轴针式喷油器，轴针伸出在针阀体外面，注意不要碰坏。

② 将喷油器夹在有铜钳口的台钳上，旋下针阀偶件紧帽，拆下针阀偶件。应注意不要碰伤喷油器体下端的研磨平面，所以在拆下针阀偶件后应旋上针阀偶件紧帽，以保护该平面。

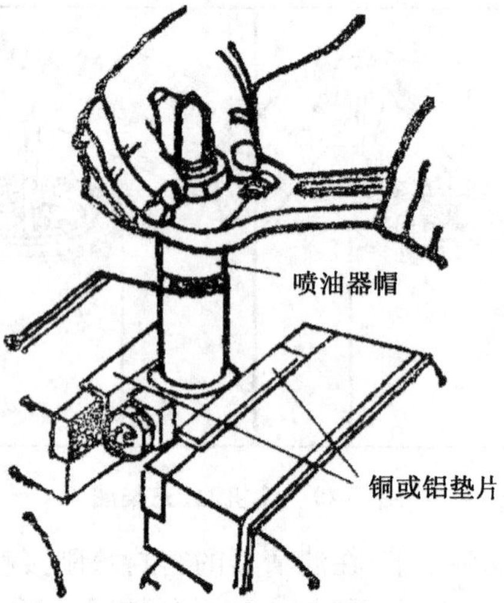

图 2-42　喷油器分解

③ 分解针阀偶件。针阀如果被卡在针阀体内时不可硬拔，应该浸在干净的煤油中，经过相当长时间再拔（有时需浸一天）。不得用台钳夹住针阀体，以免针阀体变形。针阀与针阀体是精密偶件，拆下后仍应成对配合存放，不得搞错，并注意保护精密加工的表面。

分解后的针阀偶件应放在清洁的柴油中进行清洗，清除积炭，如图 2-43 所示。用软毛刷或细铜丝刷清除针阀体和针阀外部积炭（见图 2-43a，b）；用直径比喷孔小的探针清理针阀体喷孔积炭（见图 2-43c）；喷孔背部的积炭清理如图 2-43d 所示；用黄铜制的弯头刮刀（刀头形状与压力室形状相似），伸入压力室内转动而刮除针阀体内压力室中的积炭（见图 2-43e）；用铜针清理针阀体油路（见图 2-43f）；最后将针阀偶件放在专用工具内用柴油清洗（见图 2-43g）。

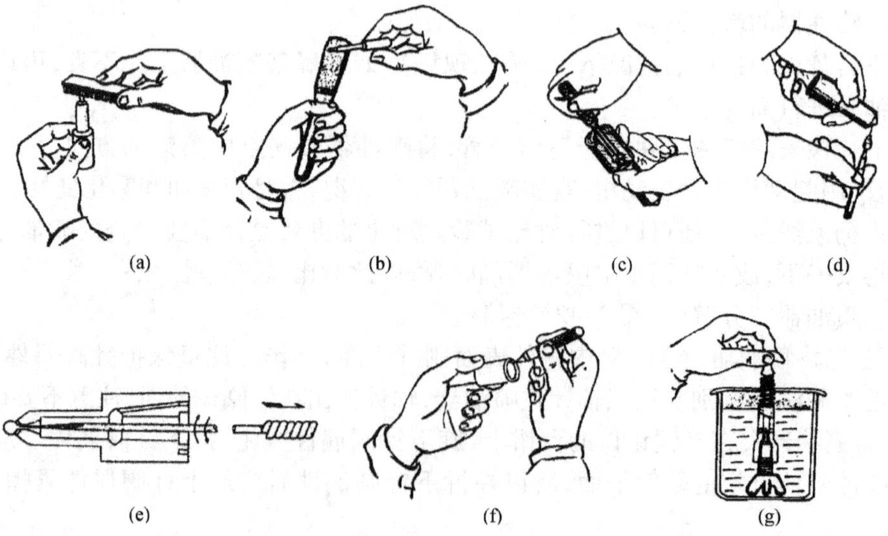

图 2-43　针阀偶件的清洗与积炭清除

④ 将喷油器体夹在台虎钳上，拆下喷油器体上的调压螺钉、调压弹簧、弹簧座以及顶杆等零件，并在清洁柴油中仔细清洗，除去污物。

(3) 喷油器的徒手检验

① 目测检查

观察针阀和阀座的配合表面，不得有烧伤或腐蚀等现象。针阀的轴针不得有变形和其他损伤。

② 滑动性试验

滑动性检查如图2-44所示，须将针阀体倾斜60°左右，针阀拉出1/3行程后放开，针阀应能靠其自重平稳地滑入针阀座中；重复进行上述动作，每次转动针阀在不同位置检验。如果针阀在某位置不能平稳下滑，则说明针阀座变形或表面损伤；如果下落速度太快，则说明其配合间隙因磨损而过大。出现以上两种现象时，应更换针阀偶件。

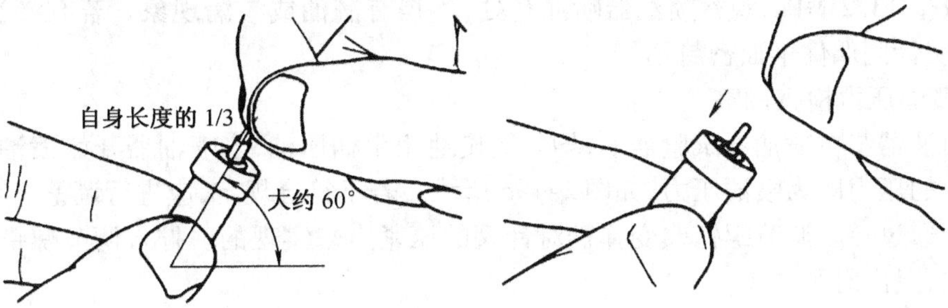

图2-44 针阀滑动性试验

③ 密封性检查

简单的办法是：用食指盖住柱塞顶部，使柱塞处于最大供油位置，将柱塞由最上位置往下拉，拉下的距离以柱塞上沿不露出柱塞套油孔为限，若感到有真空吸力，迅速松开，柱塞能迅速回原位，则可继续使用。这个试验也应在几个不同的相对位置上进行，如图2-45所示。

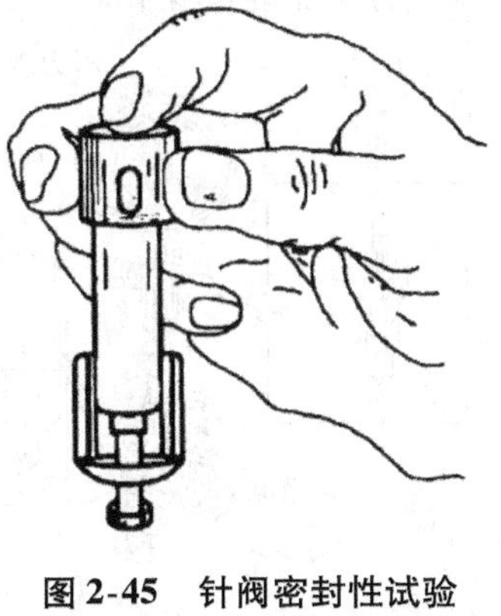

图2-45 针阀密封性试验

(4) 喷油器装配

将所有零部件仔细清洗干净，检验合格后方可进行装配。其操作步骤如下：将喷油器体夹在装有紫铜钳口的台虎钳上，装入顶杆、弹簧座、调压弹簧，放入调压弹簧支承螺母，再旋入调压螺钉和螺母；倒转夹住喷油器体外壳，并洗净配合平面，将清洗干净的针阀与针阀体装合并放在喷油器体的平面上，必须使针阀柄部准确地装入顶杆孔中，装上针阀偶件护帽并旋紧，装上油管接头和螺母等其他零件。

注意：对于一些起密封作用的紫铜垫圈，应予以更新。如果要继续使用旧件，应将紫铜垫圈退火软化并将两面磨平后再装入，否则密封作用不良，容易漏油。

（5）在试验器上检查和调整喷油器

① 密封性检查

a. 以长型孔式喷油器为例。将喷油器装在喷油器试验器上，均匀缓慢地用手柄压油，同时增加弹簧预紧力，直到油压在 23 ~ 25 MPa 压力下喷油为止，压力自 20 MPa 降到 18 MPa 所经历的时间应为 9 ~ 20 秒。如果所经历时间少于 9 秒，可能是接头处漏油、针阀体与喷油器体平面配合不严、密封锥面封闭不严或导向部分磨损等原因引起。

b. 以轴针式喷油器为例。按动手柄至表压力数值达 12 MPa，继续缓慢按动手柄，将表压力升至 13.2 MPa，观察喷油器喷油孔处，不得有滴油或渗漏现象。若有滴油或渗漏现象，说明针阀偶件锥面密封不严。

② 喷油压力检查调整

将喷油器装在喷油器试验器上，均匀缓慢地用手柄压油，当喷油器开始喷油时，压力表所指示的压力即为喷油压力，如图 2-46c 所示。若不符合规定，应进行调整。喷油压力的调整是通过转动调节螺钉改变弹簧对针阀的压紧力来实现的。拧入调节螺钉时，喷油压力增加，退出时则减少。

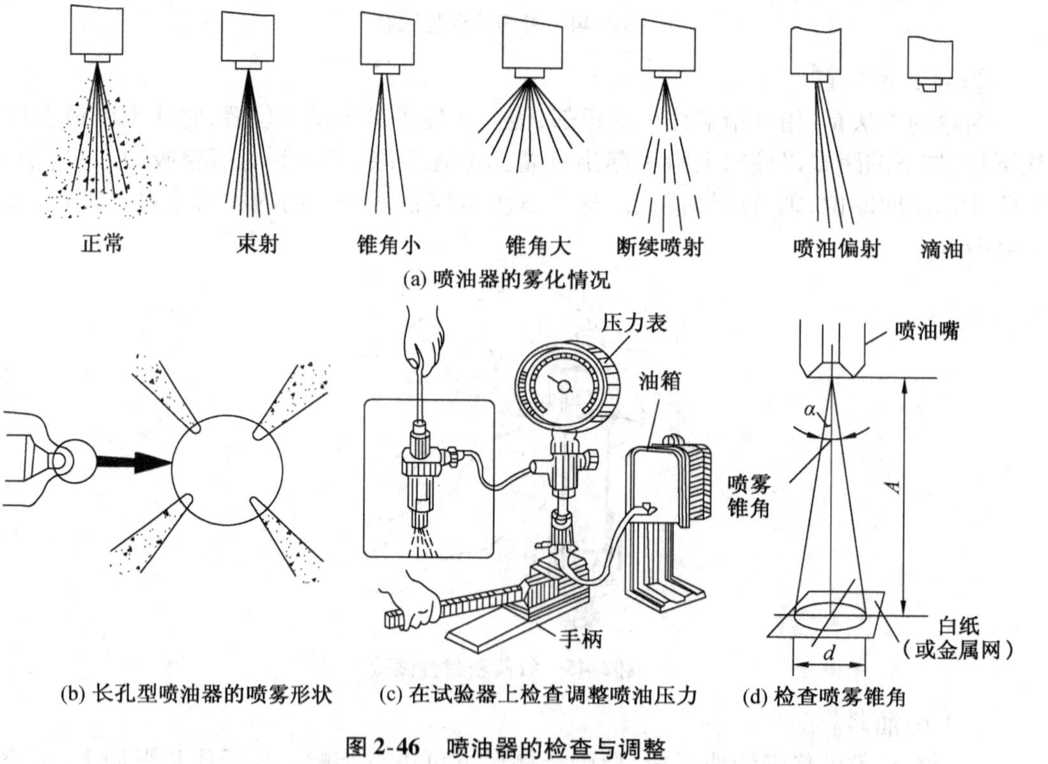

(b) 长孔型喷油器的喷雾形状　(c) 在试验器上检查调整喷油压力　(d) 检查喷雾锥角

图 2-46　喷油器的检查与调整

③ 喷雾质量检查

常见的几种喷雾情况如图 2-46a 所示。

检查方法：在试验器上，以每分钟 60～80 次的速度压动手柄，使喷油器喷油。

喷雾质量应符合如下要求：喷出的燃油应呈喷雾状，油雾应细碎均匀，没有明显可见的束射、油滴、断续喷油、浓淡不均现象；断油应干脆；喷射时应伴有清脆的响声；喷射前后不允许有滴油现象；经多次喷油后，喷孔口附近应干燥或稍有湿润。

④ 喷雾锥角检查

喷油器喷雾不应偏斜，其锥角应符合规定。检查方法是：在距喷油嘴 100～200 mm 处放一张白纸作一次喷射，量出在纸上所得到的油迹直径 d 和喷孔到纸面的距离 A，如图 2-46d 所示。计算公式如下：$\tan\alpha = d/2A$，从三角函数表查出 α 角，2 倍 α 角就是喷雾锥角。

5．输油泵维护

(1) 输油泵的就机检查与清洗

常用的活（柱）塞式输油泵的外形及结构如图 2-47、图 2-48 所示。

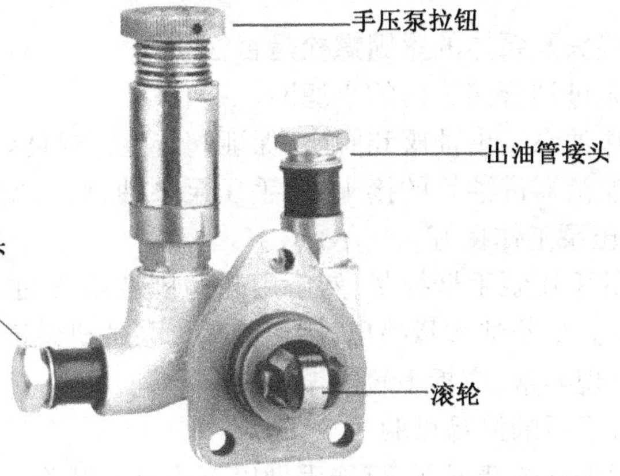

图 2-47 活塞式输油泵外形

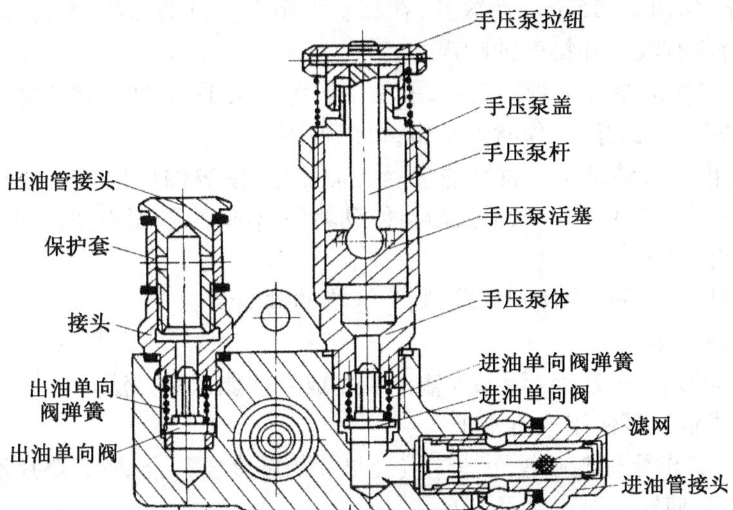

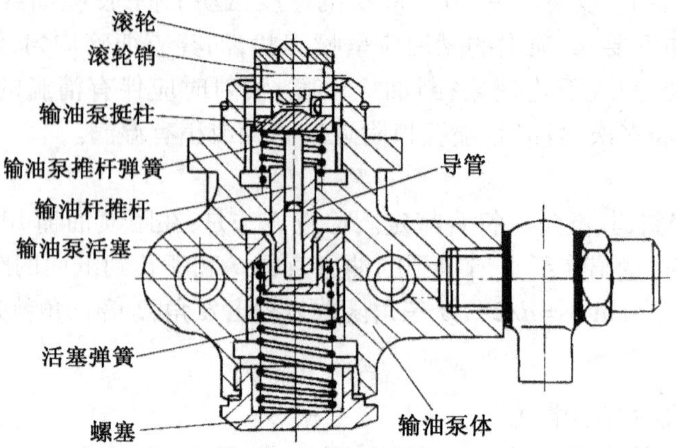

图 2-48　活塞式输油泵结构组成

① 检查油管接头及泵体的紧固螺栓是否松动。

② 清洗输油泵进油管接头内的小滤网。

③ 定期清洗输油泵进出油阀和阀座,保证阀与座密封良好。

④ 松开柴油滤清器进油管的接头,用手压泵泵油,观察此处的出油情况。如柴油大量喷出,则说明手压泵工作良好。

⑤ 将输油泵的手压泵手柄拧紧,然后用起动机带动柴油机运转,观察已松开柴油滤清器进油管的接头。如柴油大量喷出,则说明输油泵的机泵部分工作正常。

如上述检查发现异常,应拆下输油泵进一步检查。

(2) 输油泵拆下后的简易试验

在施工现场无条件的情况下,可徒手做以下检查与试验:

① 抽出推杆检查,其表面应光洁乌亮,如同柱塞表面一样。

② 将推杆拉出 10 ~ 15 mm 后放开,在真空作用下会自动回位;推杆压入后放开能弹回原位,压动时应有吸气和排气的响声。

③ 用手掌堵住油泵进油管接头孔,上拉下压手压泵手柄,如果掌心感到有较大吸力,则说明手压泵密封性良好,工作状态正常,可以使用。

④ 在油盆内作吸油试验。将输油泵浸在油盆里,使进油口保持在油平面以下,一只手按动滚轮(见图 2-47),另一只手大拇指使劲堵住出油口,若压不住而向外喷油,则说明输油泵工作状态良好。

以上四项试验与检查均达到要求,则为合格的输油泵。

(3) 输油泵性能试验

详见 JB/T 6291.2—2004《活塞式输油泵总成　性能试验方法》。

(4) 柱塞式输油泵使用注意事项

① 安装时,输油泵体与喷油泵体连接处垫片的厚度要符合要求,垫片不能过厚,否则会减少活塞行程,使输油泵供油量不足。

② 当不用手压泵时,应将手柄拧紧,防止空气被吸入油路而产生“气阻”。

③ 活塞式输油泵开有泄油孔,目的是使从推杆与导管间隙中渗漏的少量柴油排出来。因此,注意不要使泄油孔有堵塞现象,否则柴油会顺着顶杆渗漏到喷油泵中去而稀

释机油。

④ 在正常情况下，泄油孔的滴油量每分钟应小于 3 滴，使用一段时间后也不应超过 6 滴。如果滴油数量增加，则说明推杆与导管磨损严重，应及时修理或更换。

⑤ 在柴油机运转的情况下，不能同时用手压泵泵油，否则会影响输油泵的正常工作。

6. 喷油泵及调速器润滑

(1) 检查和添加润滑油

喷油泵和调速器的润滑方式有独立润滑和压力润滑两种。压力润滑如图 2-49 所示，喷油泵的润滑与柴油机本身的润滑系统是联系在一起的，不需要另外加油。

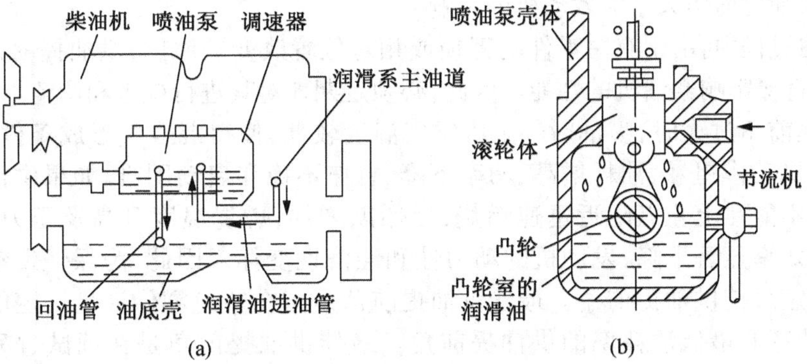

图 2-49 喷油泵和调速器的压力润滑方式

独立润滑方式较为常见，如图 2-50 所示。独立润滑是单独的向喷油泵壳体和调速器壳体中加注润滑油，此种方式需经常检查、添加和更换润滑油。根据泵结构的不同，检查方法也有所差别：

第一种泵是在其泵体上设有机油尺，检查方法与发动机润滑油的检查方法一样，油面应位于两刻线之间即为合适，不足时应予添加。

第二种在泵体的侧面有个玻璃检视小窗，油面应位于中间位置为合适，不足时应予以添加。

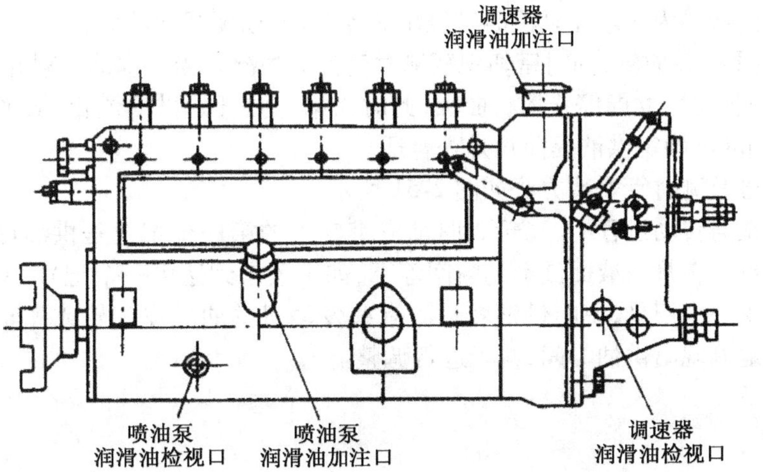

图 2-50 常见喷油泵的润滑油检查口和加注口

第三种是螺丝孔，加油时以油从孔中流出为合适。在喷油泵和调整器的底部，均有放油螺塞。

（2）更换润滑油

喷油泵及调速器润滑油的更换应与发动机换油同时进行。

① 在发动机停机后的热态下，拧下喷油泵和调速器的放油螺塞，放干净旧的润滑油，检查放油螺塞及其垫圈后装上放油螺塞，确保此处不会有泄漏。

② 加注与发动机相同的润滑油到规定的液位。

7. 供油提前角检查与调整

（1）供油提前角大小对发动机的影响

在使用过程中，由于有关零件的磨损或相对位置改变等原因，供油提前角会发生改变，此时会直接影响柴油机的性能。因此，必须定期地对其进行检查和调整。

供油提前角过大时，喷油时气缸内空气温度较低，使得混合气形成条件差、滞燃期较长、柴油机工作粗暴、油耗增高、功率下降、怠速不稳和启动困难；如果供油提前角过小，则燃油不能在上止点附近迅速燃烧，后燃期增加，燃烧温度升高及压力下降，发动机过热，热效率显著下降，发动机的动力性和经济性变坏。因此，为保证发动机性能良好，必须选定最佳供油提前角。最佳供油提前角是指在转速和供油量一定的条件下能获得最大功率和最低油耗率的供油提前角。最佳供油提前角是在调试过程中由试验确定的。

（2）供油提前角的检查

供油提前角检查具体步骤如下：

① 为便于准确地观察到供油的脉动，先自制一条测时管。其方法是找一根旧高压油管，把与喷油器联接的接头锯掉，套上一小段直径合适的透明塑料胶管。若不自制测时管，也可直接观察油泵出油管接头的油面，但不够清楚，也不准确。

② 拆下第一缸高压油管，换装上自制的测时管，并使测时管管口向上。用手压泵泵油，排除喷油泵内的空气，使之充满柴油。

③ 将油门置于最大供油位置，在减压状态下按工作转向摇转曲轴，直到测时管内充满不带气泡的柴油为止。晃动测时管倾出一点柴油，以便观察油面。

④ 再缓慢摇转曲轴，同时密切观察测时管油面情况。当看到油面刚开始上升的瞬间（即油面刚一脉动），立即停止摇转曲轴，此时为第一缸开始供油位置，从飞轮上（或带轮上）指示的刻度可确定供油提前角是否合适。

止点记号及测时管安装方法如图 2-51 所示。

在曲轴正向转动过程中，飞轮或曲轴皮带轮上的第一个记号是供油提前角，第二个记号是上止点。在管内液面波动的瞬间停下，如果还未到达第一个记号，说明供油太早；如果已过了第一个记号，说明供油较迟。有些发动机的曲轴皮带轮或飞轮刻有度数，可以较为精确地显现出供油时间，便于进行调整。

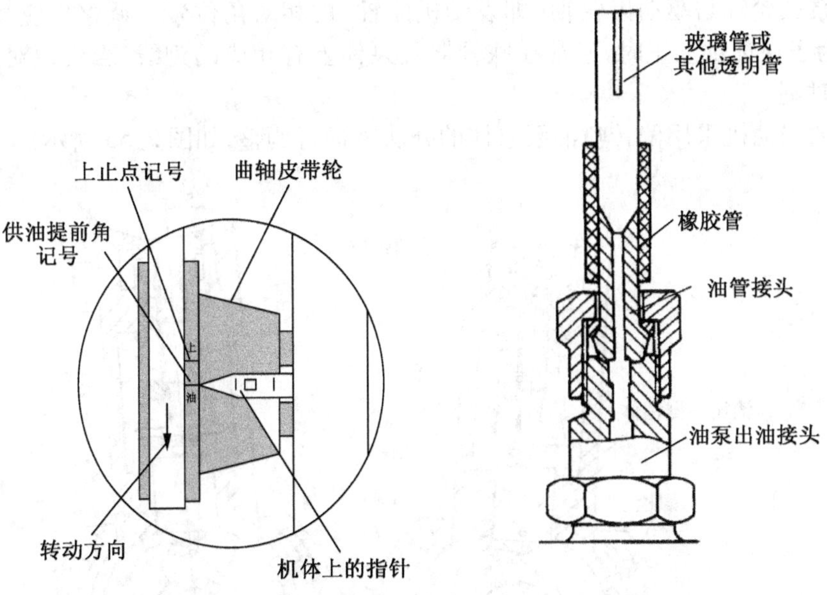

(a) 某柴油机曲轴皮带轮上的记号　　(b) 测时管的安装

图 2-51　止点记号及测时管安装方法

(3) 供油提前角的调整

柴油机高压泵的驱动方式不同,调整方法也不一样。目前,较多的柴油机采用类似图 2-52 所示的联轴器方法,这种方法调整较为方便,只要改变油泵轴和其驱动轴的相对角度即可实现。

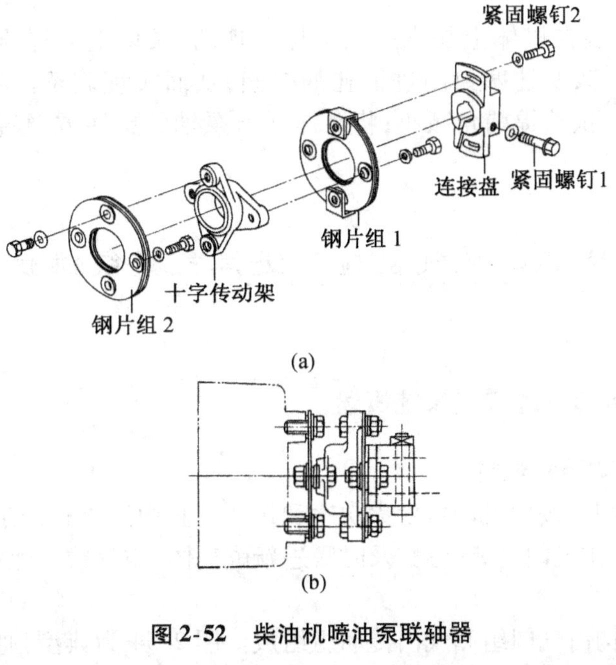

(a)

(b)

图 2-52　柴油机喷油泵联轴器

调整供油提前角时,松开连接盘与钢片组 1 的紧固螺钉 2,由于连接盘上开有周向槽孔,因此联轴器连接喷油泵的一端可相对连接盘转动一定角度,轻轻转动十字传动架即可改变油泵凸轮轴与驱动齿轮轴(即发动机曲轴)的相对角位置。调整后应将紧固螺钉2拧紧。为了保证供油正时,通常在联轴器及泵体上有相应的刻线,当刻线对齐时,为第一缸供油时刻。

还有的柴油机采用偏转喷油泵泵体的办法来进行调整,如图2-53所示。

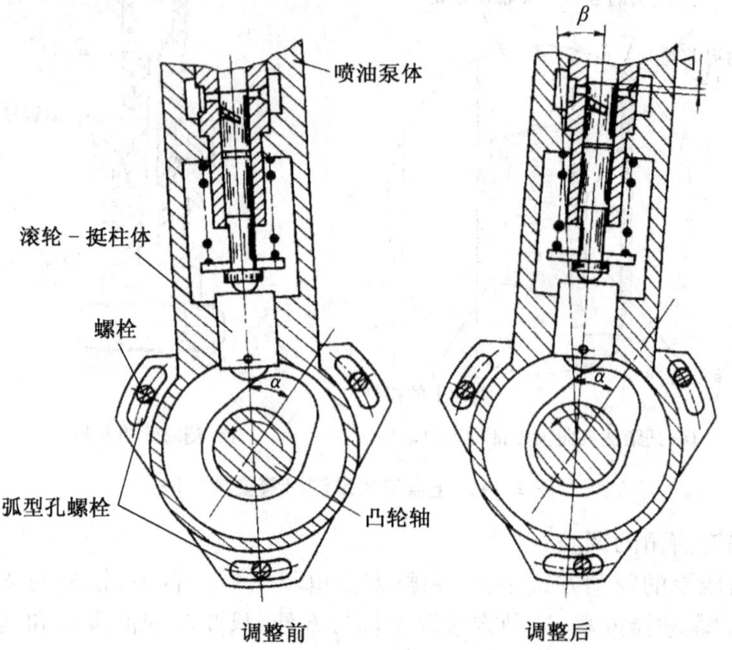

图2-53　偏转泵体的调整方法

这种喷油泵安装在机体上是靠三根螺栓实现的,泵体上的螺栓孔呈弧形,在进行调整时可偏转泵体,改变柱塞封闭进油孔的时间,从而实现调整。将泵体顺着泵轴的旋转方向转动泵体,供油提前角减小;将泵体逆着泵轴的旋转方向转动泵,则供油提前角增大。

课题四　柴油机配气机构及进排气系统维护保养技术

一、柴油机配气机构及进排气系统概述

1. 配气机构的功用和组成

配气机构的功用是按照发动机发火次序和每一气缸内所进行的工作循环,定时开启和关闭各气缸的进、排气门,保证各缸及时吸进新鲜气体(空气或可燃混合气),并及时排除废气。

气门式配气机构由气门组和气门传动组组成。图2-54为典型顶置气门式配气机构简图,其进、排气门均布置在气缸盖上。气门组由气门、气门导管、气门弹簧、弹簧座和锁片等组成。气门传动组由摇臂轴、摇臂、推杆、挺柱(杆)、凸轮轴和正时齿轮等组成。

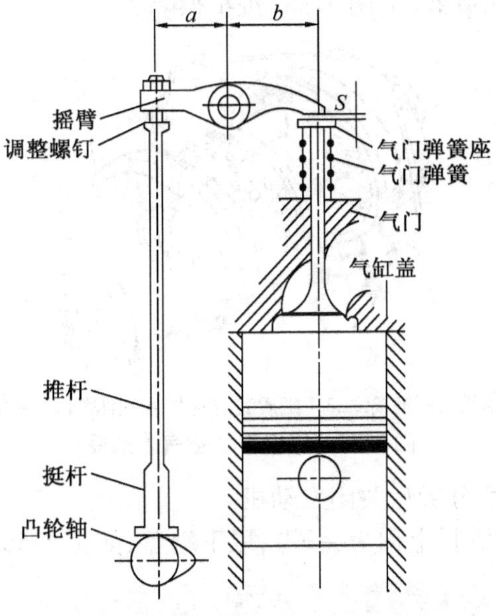

图 2-54 顶置气门式配气机构

发动机工作时，凸轮轴由曲轴通过正时齿轮驱动。当凸轮轴上的凸起部分顶起挺柱(杆)时，通过推杆、调整螺钉使摇臂摆动，在消除气门间隙 S 后，压缩气门弹簧，使气门开启。应当指出，由于摇臂的两臂不等长($a<b$)，摇臂绕着摇臂轴摆动时，左右两侧升程不同。当凸轮的凸起部分离开挺杆后，气门便在弹簧张力的作用下压紧在气门座上，这时气门关闭。

四行程发动机每完成一个工作循环，曲轴转两周，各缸的进、排气门各开启一次，即凸轮轴只需转一周。因此，曲轴与凸轮轴的转速比为 2∶1。

2. 进排气系统的功用和组成

发动机进、排气系统由进气管、排气管和空气滤清器等组成，若是增压发动机，还包括增压器、空气冷却器等。进、排气系统的作用是向气缸内提供充足、清洁的空气，同时尽可能干净地排出气缸中燃烧膨胀后的废气。若采用废气涡轮增压器增压，还应尽可能多地利用废气中的能量来增加进气量。

二、柴油机配气机构及进排气系统维护保养技术

1. 空气滤清器维护保养

柴油机上所用的空气滤清器有干式、湿式、复合式等类型，每种类型又有多种结构，但每种类型的结构差别不大，其维护保养的方法与要求基本一致。这里仅以两种最常用的为例，其他的结构形式可参照具体的说明书进行维护保养工作。

(1) 双级干式空气滤清器(见图 2-55)维护保养

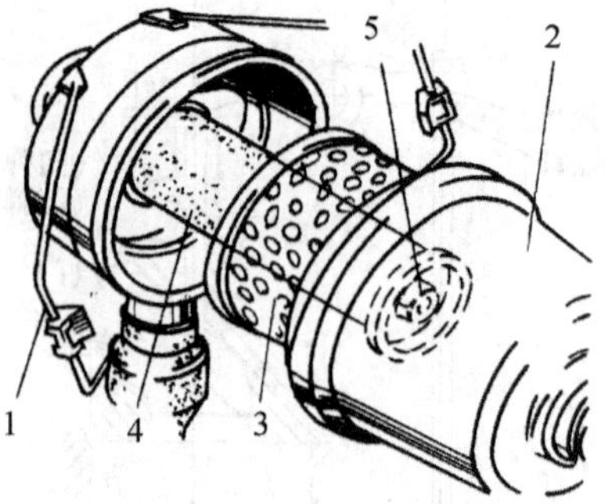

1—卡箍;2—滤筒罩;3—纸质滤清器芯;4—细滤芯;5—螺母

图 2-55　双级干式空气滤清器

① 以低速空载运转 5 分钟后关闭发动机。

② 松开卡箍 1(有些资料上称为夹子),取下端盖,如图 2-56 所示。

图 2-56　滤清器卡箍位置

③ 拆下外部滤芯 3(见图 2-57)。

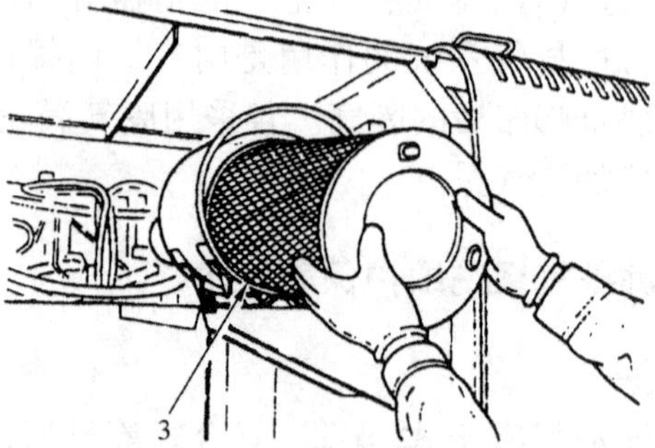

图 2-57　取出滤芯

④ 用手轻轻拍打外部滤芯,切不可在硬物上敲打。

⑤ 用压缩空气由滤芯的里面向外面吹气,以去除灰尘。

⑥ 清扫滤清器内部。

⑦ 装上外滤芯。

⑧ 装上端盖,锁上卡箍。

⑨ 检查空气滤清器的堵塞指示器，如果显示仍然堵塞，应立即关闭发动机并更换内、外部滤芯。

（2）油浴与纸毡复合式滤清器保养

图2-58为最常用的油浴与纸毡复合式滤清器的内部结构图。

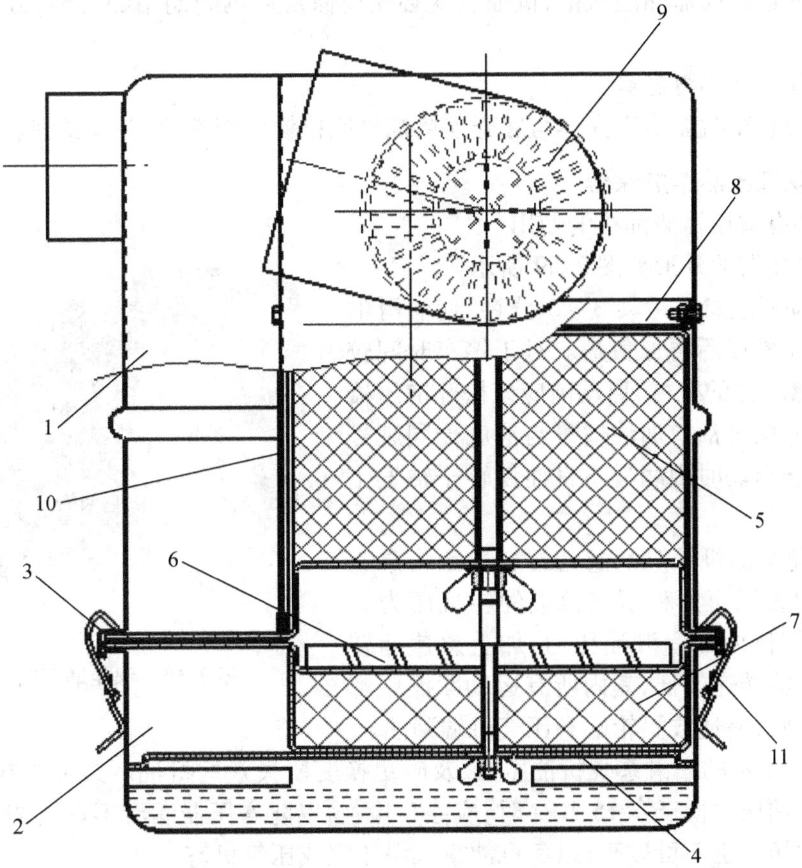

1—上壳体；2—下壳体；3—橡胶密封圈；4—挡油板；5—滤芯1；6—涡流风扇1；7—滤芯2；8—固定架；9—涡流风扇2；10—导流板；11—拉钩

图2-58　油浴与纸毡复合式滤清器

① 清洁滤清器外部。

② 打开上、下壳体锁紧装置（拉钩11），小心卸下下壳体，防止跌落。

③ 检查下壳体中的机油质量。晃动底壳，机油不易流动时，需清洗滤芯、更换机油。机油质量的其他鉴定方法见前述润滑系统保养内容。

④ 检查下壳体中的机油液位。在质量鉴定没有问题的情况下，如果液位不足，应添加相同的机油。

⑤ 清洗下滤芯总成7。用柴油清洗风扇叶面及滤芯，直到目测滤芯和风扇叶没有油泥为止。

⑥ 清洗上滤芯总成5。方法同清洗下滤芯7。

⑦ 装配滤芯总成。先安上滤芯5，然后再安下滤芯7，最后用橡胶垫、平垫及蝶形螺

母紧固。

⑧ 装配下壳体。把加完油的下壳体用拉钩固定牢固。

注意事项:

① 新车出厂前未加注机油。

② 投入运营前需加注机油,机油黏度必须类似发动机同期用的机油,方能发挥滤清器的功能。

③ 加注机油不得过量。

④ 每天收车时需检查壳体与底壳连接螺栓或拉钩是否松动,并且紧固。

2. 涡轮增压器维护保养

(1) 装有增压器柴油机的使用

常用增压器的外形如图 2-59 所示。

图 2-59 涡轮增压器外形

① 启动后应怠速运转 3 ~5 分钟,使润滑油压力、温度正常以后再加负荷。对于停车时间较长(如超过数天)的机械,启动前应该松开增压器进油管接头,向进油口加注适量与油底壳同牌号的机油,以防启动时因润滑不良而使转子轴发生烧蚀。

② 避免柴油机长时间怠速运转。因为怠速时涡轮端的废气压力和压气机端的空气压力较低,低于其间体内的润滑油压力,加上怠速运转时涡轮增压器转速较低,其内所有运动摩擦副都难以形成油膜,易造成涡轮端和压气机端漏油。

③ 保持正常的润滑系统机油压力,及时更换变质失效的机油。柴油机在运转中,当润滑系统机油压力低于 0.15 MPa 时,应停车检查,以防增压器润滑不良而烧蚀转子轴与轴承。机油压力也不可过高,以免机油窜入涡轮室或压气机室。

④ 保持增压器的正常工作温度。增压器工作时,涡轮壳正常温度为 400 ℃左右,压气机壳的温度以不烫手为合适。若在使用中柴油机供油量过大,供油时间过晚,长时间超负荷运转或经常轰油门,都会因排气温度过高而使增压器过热,磨损加剧。若涡轮端油封失效,增压器内的机油窜入涡轮壳,随着排出气缸的高温废气一起排出,会造成机油过度消耗,排气管也出现冒烟。若压气机端油封失效,增压器内的机油便窜入压气机壳,随着进气被吸入气缸内燃烧,同样造成机油过度消耗,排气冒烟,还造成气缸内积炭增多。

⑤ 正确熄火。正在高速运转的柴油机,如果突然熄火,废气涡轮增压器内的机油会因机油泵停转而马上停止循环流动,但增压器的转子轴在惯性作用下仍在高速旋转,这就容易因断油而使其与轴承烧死。另外,带负荷运转的柴油机,其排气歧管温度很高,若突然停转,该处热量便传至增压器壳体上,把已经停止流动的机油熬煎成积炭。当积炭越积越多时,还会阻塞进油口,导致轴承缺油;即使进油口不堵塞,积炭也会加速轴承磨损。为此,熄火前务必让柴油机逐渐减少负荷,最后怠速运转适当时间,待增压器转子轴

转速降低和机油温度有所下降后再熄火停车。

（2）增压器的检查和维护

常用的涡轮增压器的结构如图 2-60 所示。

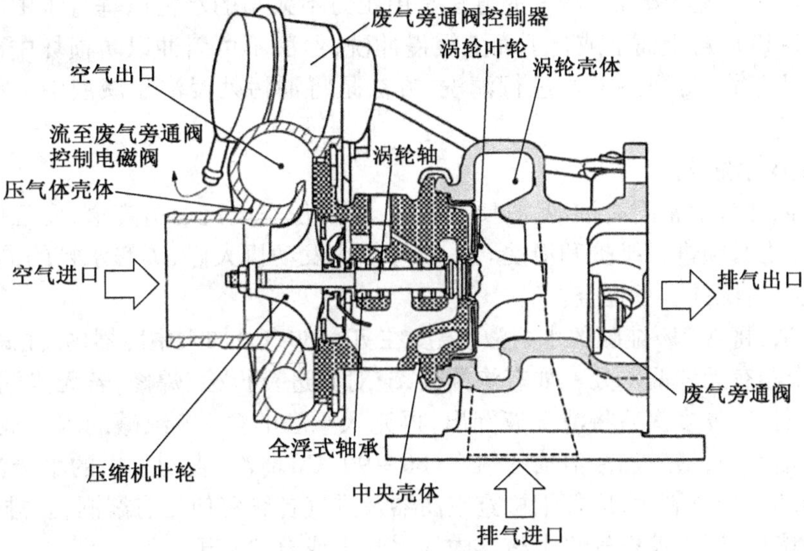

图 2-60 涡轮增压器结构

① 就机检查维护

a. 按照使用说明书要求，经常检查外部各接头的紧固情况，防止漏气、漏油。

b. 新的或经过维修后的增压器，在使用前必须用手拨动或用压缩空气吹动转子，检查转子有无卡滞现象或异常杂声。正常情况下转子转动应灵活轻快，并且没有任何杂声。

c. 在增压器运转过程中，可以用金属棒或其他专用工具轻击增压器外壳，检查是否出现裂纹；同时细心倾听增压器的响声，检查增压器运转是否正常。如果增压器出现叶片断裂或严重积炭，增压器的运转就会失去平衡而产生振动，发出沉重的“嗡嗡”声。

d. 当柴油机刚刚停机后监听增压器转子惯性持续运转时间，正常情况下一般应在 1 分钟以上，有时可听到轻微的“嗡嗡”声。借助听诊器，可以更加清楚地听诊转子的转动情况。

② 增压器拆卸后检查

增压器每运转 1 000 小时左右，应拆下增压器进行检查。拆卸增压器时，由于涡轮壳和压气机壳均为薄壁铸件，切忌使用铁器，应用木锤轻敲，以防击破。

a. 清洗转子和叶片，清除进、回油口积炭。

b. 检查叶轮有无损伤，检查转子是否旋转灵活。

c. 检查压气机叶轮与机壳之间间隙，最小间隙应大于 0.1 mm，否则应拆检轴承，必要时予以更换。

d. 检查转子轴轴承径向间隙、转子轴轴向窜动量、压气机端径向间隙、涡轮端径向间隙。详细的检查方法和数据请参见具体的涡轮增压器检修说明书。

3. 中冷器维护保养

(1) 外部清洁

由于中冷器安装在最前方，其散热片通道常被树叶、油泥及其他污物堵塞，散热受阻，因此应定期对该处清洗。清洗的方法是用压力不太高的水枪以垂直于中冷器平面的角度（见图2-13），自上而下或自下而上缓慢冲洗，但决不可斜冲以防损坏中冷器。如中冷器外部沾上油污，亦可用碱水进行清洗，方法是将油污处浸泡于碱液中，用毛刷清除，直到干净为止。

(2) 内部清洗、检查

中冷器内部管道常附有油泥、胶质等脏物，不仅使空气流通道变窄，而且使热交换能力降低，为此也必须进行维护和清洗。一般每年或发动机大修、焊修水箱的同时，应对中冷器内部进行清洗并进行检查。

清洗方法：将含2%纯碱的水溶液（温度在70～80 ℃）加入中冷器内，注满等待15分钟，检查中冷器有无渗漏水处。如有渗漏处，应对其进行拆检、焊修；若无渗漏处，则应前后晃动中冷器，反复多次后将清洗液倒出，再充入干净的含2%纯碱的水溶液进行冲洗，直到较为清洁为止，最后加注清洁的热水（80～90 ℃）清洗，直到放出的水清洁为止。若发现中冷器芯内严重脏污，应仔细检查空滤器及进气各管路何处有漏洞，并排除故障。

清洗完毕后，用压缩空气将中冷器内的水吹干或自然晾干。

4. 进、排气歧管及消声器维护保养

(1) 检查及紧固进、排气歧管固定螺栓、螺母。

(2) 检查进、排气歧管有无破裂、变形。

(3) 检查歧管垫片是否烧穿或损坏。

(4) 检查消除进、排气管垫片处的漏气情况。

发动机的进气管垫片处漏气一般多不为人们所重视，而且此处的气压不高，所以也往往不易被发现。对于非增压柴油机，可以用薄塑料片（类似于饮料瓶材料）在进气管与缸体接合处试探，看是否有吸入现象，此处漏气会有灰尘经此处直接进入气缸。对于增压柴油机，由于气是向外吹的，所以一旦漏气，会在漏气部位留下明显痕迹。增压柴油机的进气管垫处发生漏气会影响发动机的功率。发动机的排气管垫漏气则会产生强烈的噪音。

消除漏气的方法是拧紧接合处的螺母。若此法不能奏效，则应更换垫片，甚至要检修接合面的平整度。

(5) 检查消声器外壳是否破裂、安装是否牢固。若消声器有破裂漏气现象，应更换新件。检查消声器内部的胶质、积炭是否过多。消声器内部的积炭可用木锤轻轻敲击清除一部分，较好的方法是使用积炭清洗剂浸泡2～3小时，然后冲洗清除。

5. 调整气门间隙

(1) 气门间隙的位置及大小

气门间隙是指气门处于关闭位置时，摇臂头与气门杆尾部之间的间隙"Δ"，如图2-61所示。

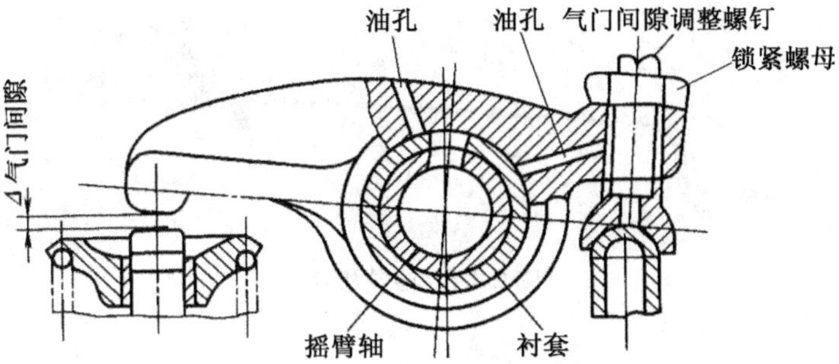

图 2-61　气门间隙位置

各个发动机的气门间隙数值略有不同。通常情况下，柴油机冷态气门间隙一般为：进气门间隙 0.25～0.30 mm，排气门间隙 0.30～0.35 mm；热态一般比冷态间隙小 0.05 mm 左右。

（2）气门间隙大小对发动机的影响

发动机工作时，配气机构零件（特别是排气门）受热而伸长。如果传动件之间没有间隙或间隙过小，受热后，气门被传动件顶住，使气门与气门座不能紧密贴合，这样便会造成气门漏气，发动机功率下降，并造成气门烧损；反之，如果气门间隙过大，传动件之间会产生互相冲击，造成气门弹簧振动甚至断裂，并使各接触面磨损加剧，使气门开启高度和开启延续时间缩短，降低充气效率。合理的间隙应该是在保证气门关闭严密的情况下尽可能小些。由于排气门的工作温度较高，通常排气门间隙要比进气门间隙大。

（3）气门间隙的检查与调整

① 所用工具

气门间隙的检查工具如图 2-62、图 2-63 和图 2-64 所示。

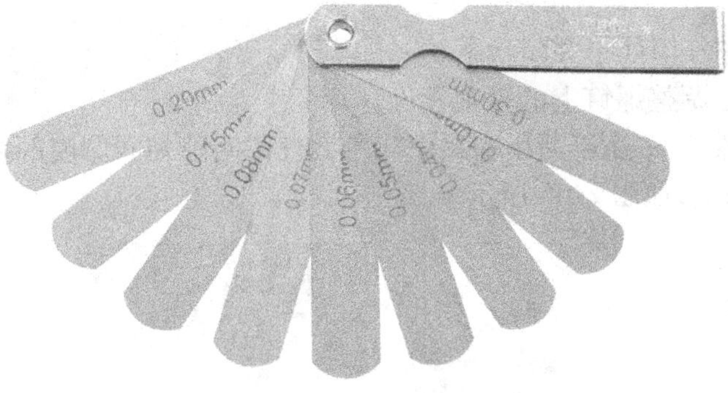

图 2-62　塞尺

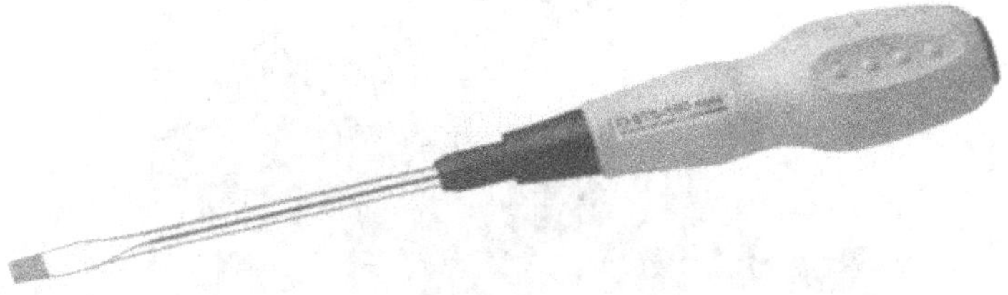

图 2-63　"一"字起子

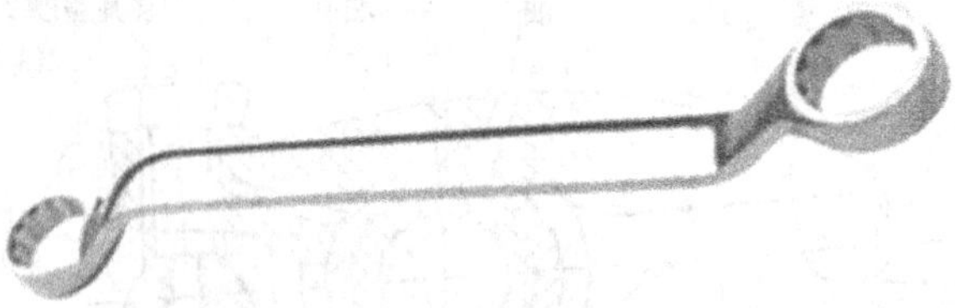

图 2-64　梅花扳手

② 检查

应在确认气门处于完全关闭状态下检查。气门间隙用塞尺检查(见图 2-65),将塞尺中与所调气门间隙相同厚度的塞尺片插入摇臂头与气门杆尾部(俗称气门脚)之间来回拉动,当感到拉动塞尺略有阻力而不松旷时,间隙即为适当。间隙不符合要求时应进行调整。

图 2-65　检查气门间隙

③ 调整步骤

a. 确认需调整气门处于关闭状态。

b. 松开摇臂上调整螺钉上的锁紧锁母。

c. 拧动调整螺钉,中途不断用塞尺中与所调气门间隙相同厚度的塞尺片插入摇臂压头与气门脚之间测量,如图 2-66 所示。

图 2-66　调整气门间隙

d. 间隙合适后，拧紧锁紧螺母，如图 2-67 所示。

图 2-67 拧紧锁紧螺母

④ 注意事项

a. 实际工作发现，在拧紧锁紧螺母以后，间隙会有所减小，所以要注意以下几点：一是要放出适当余量；二是在拧紧锁紧螺母时，起子要向反方向用力，以防调整螺钉随着锁紧螺母的转动而过多转动。拧紧锁紧螺母后还要进行测量，不合适时要反复调整。

b. 很多人会将塞尺置于间隙中然后拧紧锁紧螺母，这是不可取的作业方法。导致的后果是塞尺受到挤压而变形，从而厚度发生变化，影响以后测量数据的准确性。

⑤ 使气门处于关闭状态的方法

气门间隙必须在气门完全关闭状态才允许调整。查找关闭状态的气门并予以调整的方法有逐缸法和两次法。

a. 逐缸法

对于四行程的发动机，当某缸活塞处于压缩上止点时，该缸的进、排气门都在关门状态，即进、排气门均可以调整。因此，根据发动机的工作顺序，依次找到各缸的压缩上止点，并将气门间隙调整到规定的要求，这种方法称为气门间隙的逐缸检查调整法。

查找压缩上止点时，转动曲轴，使飞轮上的刻度“0”对准壳体上的记号，此时表示第一缸、第六缸（六缸发动机）或第一缸、第四缸（四缸发动机）活塞处于上止点。但究竟是第一缸还是第六缸（或第四缸）处于压缩上止点，则须进一步判断：

摆动飞轮，如果第一缸的进、排气门摇臂不动，而第六缸（或第四缸）的进、排气门摇臂都动，则表明第一缸活塞处于压缩上止点，该缸的进、排气门均关闭，所以气门摇臂不动；而第六缸（或第四缸）处于排气上止点，排气未结束，进气门已开启，进、排气门叠开，所以进、排气门摇臂都动，相反则为第六缸（或第四缸）处于压缩上止点。如果确认找到的是第一缸处于压缩上止点，如发动机的工作顺序为 1—5—3—6—2—4（六缸）、1—3—4—2（四缸），则将曲轴转动 120°（六缸）、180°（四缸）后，对下一缸（第五缸、第三缸）的进、排气门进行检查调整。依次类推，直至将所有的气门检查调整完毕。

逐缸调整，方法简单、作业质量可靠，一般多为采用，但曲轴的转动次数多，生产效率低。

b. 两次法

曲轴只需转动两次就可将全部气门检查调整完毕，这种方法叫两次检查调整法，简称两次法。

采用两次法时，通常根据发动机的做功顺序、各缸做功间隔相对应的曲轴转角，制成如表2-1所示的表格，从而判定每缸气门的状态，准确地确定每次可以调整的气门。

表2-1　四缸柴油机和六缸柴油机气门间隙两次调整法

机　型	四　缸				六　缸					
工作次序	1—3—4—2				1—5—3—6—2—4					
缸　序	1	2	3	4	1	2	3	4	5	6
0°时各缸工作状态	压缩终了	做功终了	进气终了	排气终了	压缩终了	排气开始	进气接近终了	做功接近终了	压缩开始	排气终了
一次可调气门	进、排	进	排		进、排	进	排	进	排	
360°时各缸工作状态	排气终了	进气终了	做功终了	压缩终了	排气终了	压缩开始	做功接近终了	进气接近终了	排气开始	压缩终了
二次可调气门		排	进	进、排		排	进	排	进	进、排

课题五　发动机整机维护保养技术

一、发动机外部清洁

1. 发动机外部清洁的必要性和注意事项

发动机室为发动机工作的空间，除安置发动机主机外，还有起动机、发电机、油路、电路等众多的部件，这些部件拥挤且易受如防冻液、电解液及各种油类等液体的污染。除此之外，发动机因其通风冷却需要，并未与外界完全隔离密封。在工作中，外界的雨水、灰尘、污泥等物也会进入发动机室，污染物积满发动机及其他附件的表面，影响机件的散热，甚至进入机件内部，从而造成故障或损坏。所以，发动机室应及时清洗。在清洗发动机或发动机室时，应先将发动机熄火，切断电源，使所有电器不通电，并使发动机室温度下降，千万不可在高温下清洗。

2. 发动机外部清洗方法

发动机外部清洗最常用的方法是使用发动机外部清洗剂进行清洗。

(1) 清洗前，用塑料薄膜或塑料袋包扎电器元件，以防进水。拆下蓄电池一头的接线，并保证不会意外接通。

(2) 用高压水清洗表面的泥沙和灰土。

(3) 喷洒发动机外部清洗剂。细小部位可配用毛刷刷拭。

(4) 停留3~5分钟，使污垢尽可能溶解并吸附到泡沫(清洗剂喷洒后形成)中。

(5) 当机器表面的泡沫开始消失时,用高压水进行仔细冲洗。

(6) 拆下电器上的塑料薄膜,用毛巾蘸湿专用清洗剂清洁。

(7) 利用高压空气将发动机及其他机件(包括缝隙)吹干。

(8) 将发动机保护液均匀喷洒在发动机外部。

(9) 将橡胶护理剂喷洒在橡胶件表面。

(10) 稍后用干净的软布或海绵擦拭一遍。

(11) 接上蓄电池接线,启动发动机,使其表面水分蒸发干。

二、检查和消除气缸盖与机体间漏气现象

发动机的缸盖与机体结合面长期漏气会冲坏气缸垫,甚至会导致气缸盖严重变形。因此,每天要对其进行检查。检查方法如下:

将发动机启动,使水温达正常工作温度(80～90 ℃)。查看缸盖与机体结合面(气缸垫安装位置),看有没有水汽吹出,这种情况类似于用铝锅烧开水,水开后,水汽从锅盖与锅体间吹出。发生漏气时,一般会在漏气部位留下痕迹。

漏气的原因是两者间密封不严。消除的简单方法是拧紧缸盖螺栓,达到规定的扭矩。有些发动机要求热态拧紧,则应在发动机处于正常水温时停机,并拆下缸盖上的零件(注意防止烫伤!),然后先中间再四周对称地拧紧螺栓;而有些发动机提供的是冷态的扭矩值,则要等发动机冷却到常温时给予拧紧。拧紧的扭矩根据发动机的不同而不同,请参看说明书。如果上述方法不能奏效,则需要拆下缸盖,对气缸垫、缸盖、机体等进行检查。

三、检查各零部件的紧固情况

发动机上的各个零部件都须安装在其规定的安装位置,并且应牢固可靠。在振动的工作环境下,一些部件会因其连接件的自行松动而使安装位置发生变化,可能导致工作可靠性下降,甚至损坏,在日常工作中应注意检查。

(1) 用手轻轻摇动安装件,看是否有总体松动迹象。

(2) 检查紧固件是否松动。

零件在安装时都要注意防松,主要措施有弹簧垫圈、锁止片、带翅垫片、开口销及镀铜等。

在检查时应注意检查各个防松措施是否有效,如弹簧垫圈的口是否张开,锁止片是否有效,开口销是否有效,螺母与被紧固件之间是否有间隙等。

(3) 检查电器线路和管路是否有连接松动情况。特别要注意检查线路、管路与其他部件间是否有接触且会产生相对运动。如有松动,应设法消除。因为接触且产生相对运动会带来摩擦与磨损,导致线路损坏。

重点注意:检查空压机锁紧螺栓及螺母是否松动和制动系统是否泄漏,检查并紧固柴油机外露螺栓、螺母,排除漏油、漏水、漏气现象。

四、察听发现发动机运转异响

发动机正常响声是一种平稳而有节奏、协调的声音。在机械的工作过程中，要随时注意超出正常范围的响声。发现异响要及时停止作业，进行进一步的检查和诊断。发动机异响的诊断方法详见李鹏飞主编的《发动机检测与故障诊断》一书。

五、观察发现发动机排气烟色

1. 排气烟色的检查方法

柴油机处于完好的技术状态中工作，空载时排气管排出的烟通常接近于无色，几乎是透明的；带负荷运转时排气烟色一般为淡灰色；负荷略重时排出的废气则可为深灰色；若柴油机排出黑烟、白烟和蓝烟均属于不正常的工作状况。因此，在光线充足的环境下，可以通过观察柴油机排出废气的颜色，来判断柴油机的燃烧状况和故障的大致部位。

对柴油机排烟的精确判断可以借助柴油机尾气分析仪来进行。

2. 异常烟色及其故障原因

（1）柴油机排气冒黑烟

柴油机冒黑烟是因为柴油燃烧不完全。冒黑烟可分为连续冒黑烟和断续冒黑烟。

① 连续冒黑烟。故障原因是：空气滤清器被杂质堵塞或排气管道积炭堵塞；气缸或气门漏气严重；气门间隙过大或配气相位不对；喷油器喷油压力低、雾化不良或滴油；喷油泵供油时间不对或供油量过大；超负荷作业时间太长。

② 断续冒黑烟。多缸柴油机有个别气缸柴油燃烧不完全，故障原因是：个别缸的喷油器喷射质量差、不雾化；个别缸的活塞环与气缸壁磨损严重或气门漏气；个别缸供油时间过迟；喷油泵中有个别出油阀磨损严重，引起喷油器喷油延续角大，喷油后滴油。

根据上述原因进一步检查，判定故障准确部位，及时维修、保养和调整，并更换有关磨损零件，使柴油机恢复正常的工作状态。

（2）柴油机排气冒白烟

柴油机冒白烟是由于未燃烧的燃油和水分形成的，白烟可分为灰白烟和水汽白烟两种。

① 冒灰白烟。主要原因是：供油时间过迟；喷油器滴油；喷油压力过低或喷油针阀卡滞；柴油机温度过低，或环境温度低。

② 冒水汽白烟。主要原因是：柴油中渗有水分；缸套、缸盖有裂纹或缸垫损坏密封不严，冷却水进入气缸内。

针对上述情况，检查气缸垫是否完好，缸盖、缸套是否有裂纹，燃油是否含有水分；检查调整喷油器、供油时间。

（3）柴油机排气冒蓝烟

柴油机冒蓝烟通常是机油窜入燃烧室燃烧引起的。故障原因是：① 添加的机油过满或空气滤清器的油盘机油位太高；② 活塞环磨损、装反、弹力弱、胶结在槽内或者是开口间隙、边间隙、漏光度太大；③ 缸套锥度和椭圆度超限，活塞和缸套配合间隙过大；④ 气门杆与导管间隙过大，曲轴箱废气压力过高；⑤ 连杆轴瓦配合间隙过大，机油压力过高。

针对上述情况，应按规定添加机油，并对缸套活塞组、曲轴连杆组和气门组等主要运动件的磨损进行检查，如不符合标准要求，应更换零件及重新按技术要求安装，以消除隐患。

课题六 发动机维护保养周期

各个不同的发动机生产厂家在说明书中都列出了发动机保养的周期和内容，虽然彼此有一定的差异，但总体上相同。本书对多种型号的发动机说明书的相关内容进行了梳理，整合了最常用的维护保养周期及内容，供读者参考。

一、日常保养

（1）检查柴油机机油油面。

（2）检查柴油机冷却液液面。

（3）检查柴油机风扇。

（4）检查柴油机上面的驱动皮带。

（5）检查柴油机油浴式空滤器机油油面。

（6）检查柴油机喷油泵机油油面。

（7）检查柴油机燃油系统油水分离器。

（8）检查空压机锁紧螺栓及螺母是否松动和制动系统是否泄漏。

（9）检查并紧固柴油机外露螺栓、螺母，排除漏油、漏水、漏气现象。

（10）在尘土较多场合工作时，用压缩空气清除空气滤芯上的积尘。

（11）清除柴油机外部的泥垢、积尘和油污。

（12）柴油机运转时要注意倾听声音，观察排气烟色，排除所发现的故障和不正常现象。

二、走合保养

进行走合保养时，应同时完成日常保养的内容。

（1）检查水泵。

（2）更换发动机机油。

（3）更换机油滤清器。

（4）调整气门间隙。

（5）调整怠速转速。

（6）调整驱动皮带张紧度，紧固调整装置。

（7）紧固冷却管路管夹。

（8）紧固进气管路、软管和凸缘连接件。

（9）检查进气电加热器。

（10）清洗冷却系统内部。

三、每工作 50 小时保养

完成日常保养内容。

(1) 对柴油机各部分进行检查,根据需要进行必要的紧固。

(2) 更换油浴式空气滤清器内的机油。

(3) 调整驱动皮带张紧度,紧固调整装置。

(4) 向水泵轴承加注润滑脂(轴联轴承水泵除外)。

(5) 放出燃油箱中的水及沉积物。

(6) 清除空气滤芯和积尘盘内的积尘。

(7) 保养完成后启动柴油机,检查其运行情况,排除所发现的故障或不正常现象。

四、每工作 250 小时保养

完成上一级保养内容。

(1) 检查水泵。

(2) 检查增压系统中间冷却器。

(3) 更换机油,清洗油底壳和机油集滤器。

(4) 更换滤芯,清洗机油滤清器。

(5) 更换喷油泵及空压机内的机油。

(6) 更换冷却剂滤清器。

五、每工作 500 小时保养

完成上一级保养内容。

(1) 检查防冻液。

(2) 检查空气滤清器保养指示灯,当灯亮时更换滤芯。

(3) 更换柴油滤芯,清洗燃油箱、输油泵滤网及管路。

(4) 更换喷油泵及空压机内的机油。

(5) 调整气门间隙。

(6) 更换防腐器滤芯(水滤芯)。

(7) 清理通气装置。

六、每工作 1 000 小时保养

完成上一级保养内容。

(1) 检查风扇轴壳。

(2) 检查皮带张紧轮轴承。

(3) 检查喷油器的开启压力和雾化质量,必要时加以调整。

(4) 检查水泵(轴联轴承水泵除外),更换润滑脂,必要时更换水封。

(5) 检查涡轮增压器转子的游隙。

（6）检查涡轮增压器的所有紧固件。

七、每工作 2 000 小时保养

完成上一级保养内容。

（1）检查发动机安装支座减震装置。

（2）检查气缸盖螺栓、主轴承螺栓、连杆螺栓的紧固情况。

（3）更换防冻液。

（4）更换暖气软管。

（5）更换燃油软管。

（6）调整供油提前角。

单元三 轮胎式装载机维护保养技术

课题一 轮胎式装载机概述

一、装载机用途

装载机是一种广泛用于公路、铁路、矿山、建筑、水利、港口等工程的土方施工机械，它主要用来铲、装、卸、运土壤与砂石一类散状物料，也可对岩石、硬土进行轻度铲掘作业。更换工作装置，装载机还可进行推土、起重、装卸其他物料的工作。在公路工程中，它主要用于路基工程的填挖以及沥青和水泥混凝土料场的集料、装料等作业。由于它具有作业速度快、效率高、操作轻便等优点，因而成为公路施工与养护工程中的主要机种之一，其外形如图 3-1 所示。

图 3-1 装载机外形

二、轮胎式装载机总体构造

轮胎式装载机由动力装置、车架、行走装置、传动系统、转向系统、制动系统、液压系统和工作装置等组成。其传动系统多采用液力变矩器、动力换挡变速箱的液力机械传动形式，前后桥均为驱动桥；工作装置多采用反转连杆机构，依靠液压油缸进行驱动；整机通过铰接式车体进行转向；行走装置采用无悬架、宽基低压轮胎结构。

轮胎式装载机的总体构造如图 3-2 所示，其发动机的动力经变矩器传给变速箱，再由变速箱经过前后传动轴分别传给前、后桥以驱动车轮转动，使装载机工作装置接近并插入料堆。工作装置动臂一端铰接在车架上，另一端铰接着铲斗，利用转斗缸通过摇臂和连杆可使铲斗翻转，利用动臂缸可使动臂绕上铰点旋转，以举升、放下铲斗，完成装载作业。

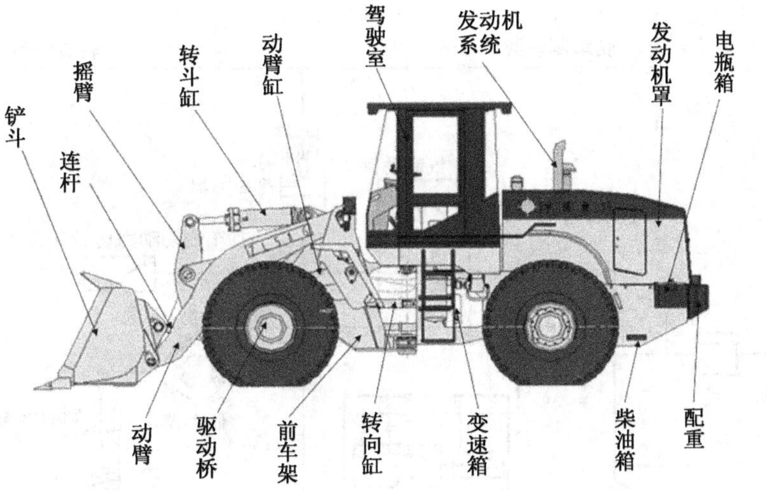

图 3-2　轮胎式装载机总体构造

课题二　轮胎式装载机制动系统维护保养技术

一、轮胎式装载机制动系统功用与组成

制动系统用于行驶时降低车辆行驶速度或停车，以及在平地或坡道上较长时间停车。轮胎式装载机制动系统包含行车制动系统、紧急和停车制动系统。行车制动系统主要用于行驶时的制动；紧急和停车制动系统用于停车后的制动，或者在行车制动失效时的应急制动。另外，当制动气压低于安全气压 时，该系统自动使装载机紧急停车，确保整机及人员安全。轮胎式装载机使用最多的制动系统主要有气顶油钳盘式制动系统、液压动力制动系统两大类。

气顶油钳盘式制动系统因厂家或机型的不同稍有差异，这里以 CLG856 轮式装载机为例进行分析。

1. 行车制动系统

CLG856 行车制动系统为气顶油钳盘式制动的单管路制动系统，如图 3-3 所示。该系统由空压机、反馈阀、单向阀、安全阀、储气罐、（单管路）气制动阀、（前、后）加力器、（钳盘式）轮边制动器及气、油管路组成。空压机由发动机带动，压缩空气经单向阀进入储气罐,压力为0.78 MPa。

踩下气制动阀踏板,储气罐里的压缩空气分两路分别进入前、后加力器的气缸,推动气缸里的气活塞,并带动油活塞,给制动液加压(油压约12 MPa)。压力油推动(钳盘式)轮边制动器的活塞,使摩擦片压紧在制动盘上,实施制动。

松开气制动阀踏板,加力器内的压缩空气在弹簧力作用下从气制动阀处排出到大气,气活塞复位,制动液回到加力器油杯,制动解除。

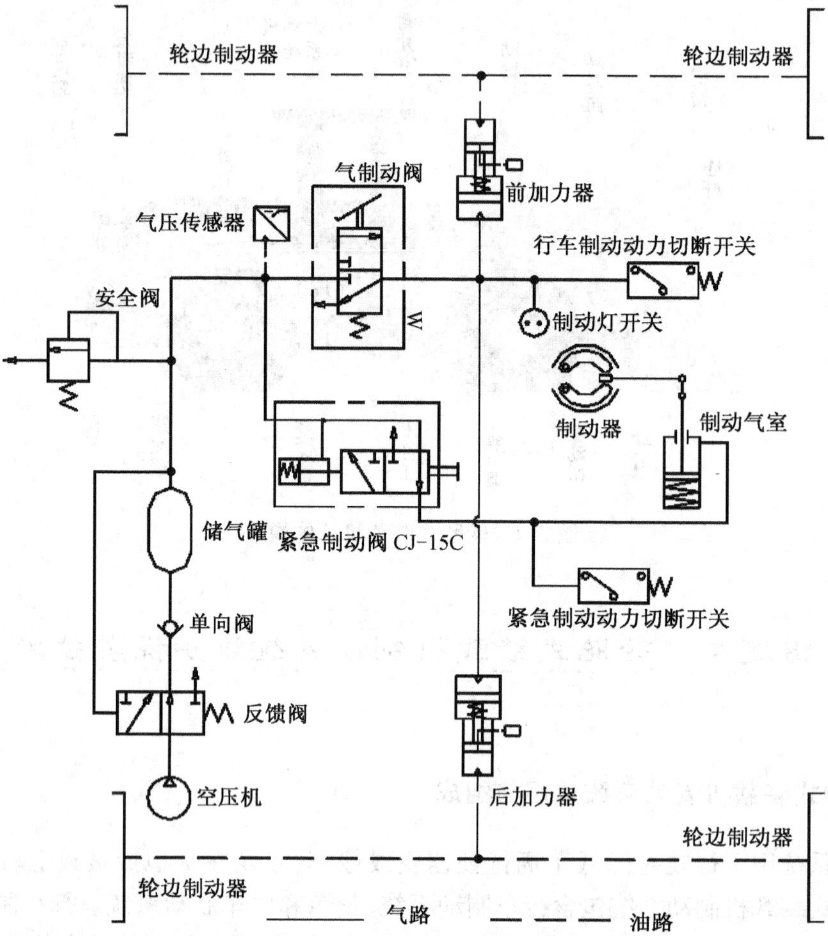

图 3-3　CLG856 装载机制动系统

2. 紧急和停车制动系统

紧急和停车制动系统主要由紧急制动阀控制按钮、顶杆、紧急制动阀、制动气室、停车制动器及变速操纵阀等组成。

紧急和停车制动有两种控制方式:人工控制和自动控制。

(1) 人工控制

当系统压缩空气的压力在正常使用范围时,从储气罐中来的压缩空气进入紧急制动阀,按下紧急制动阀控制按钮(见图3-4),打开紧急制动阀进气口,关闭排气口。压缩空气通过紧急制动阀进入制动气室,向下推动停车制动器拉杆,制动蹄松开,解除制动。

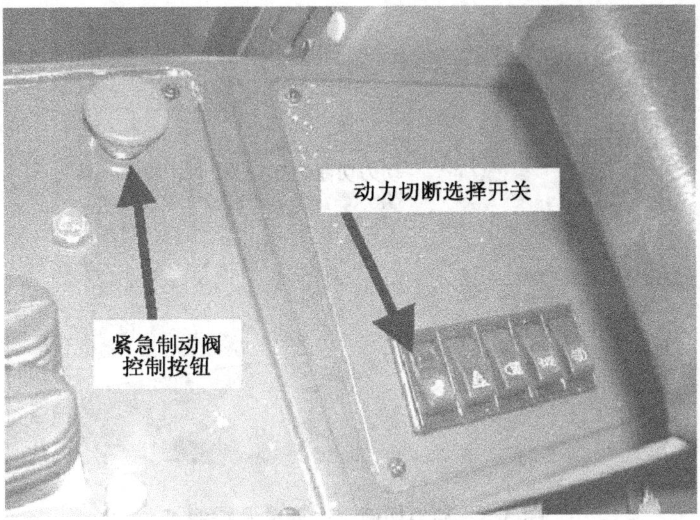

图3-4　紧急制动阀控制按钮

当需紧急制动或停车时，拉起紧急制动阀控制按钮，关闭紧急制动阀进气口，打开排气口，系统中原有的压缩空气从紧急制动阀处排出，在制动气室内弹簧的作用下，向上拉动停车制动器拉杆，制动蹄张开，实施制动。

启动发动机后，储气罐中的压缩空气如未达到系统最低工作压力0.4 MPa，行车制动低压报警灯闪烁，报警蜂鸣器响，同时紧急制动阀控制按钮按不下去，紧急制动阀打不开，停车制动器处于制动状态。此时装载机不能起步，应等待气压达到正常使用范围。

在作业过程中如果系统出现故障，使得储气罐里的压缩空气压力低于0.4 MPa时，行车制动低压报警灯会闪烁，同时报警蜂鸣器会响，这时应停止作业，停车检查。检查机械时，应把机械停在平地上，将紧急制动阀控制按钮拉起，并用垫块垫好车轮以免机械移动。

（2）自动控制

在装载机使用过程中，当系统出现故障，导致系统气压低于0.28 MPa时，紧急制动阀的控制按钮会自动跳起，关闭紧急制动阀，实现紧急制动，同时变速箱自动挂空挡，以保障车辆及人员安全。

3．动力切断功能（刹车脱档功能）

当变速操纵手柄处于低挡位，且动力切断选择开关（见图3-5）接合（按钮灯亮）时，在制动的同时电控盒向变速操纵阀发出指令，使变速箱挂空挡，切断动力输出；动力切断选择开关断开（按钮灯灭）时，在制动的同时将不能切断动力输出。

动力切断选择开关带有锁扣，使用锁扣可以避免误操作。

“刹车脱档功能”（见表3-1）只在低挡位起作用。当装载机处于高速挡位时，为保证行车安全，不管动力切断选择开关是闭合或是断开，在制动的同时电控盒均不会发出切断动力的指令，这是由装载机的行驶特性决定的。

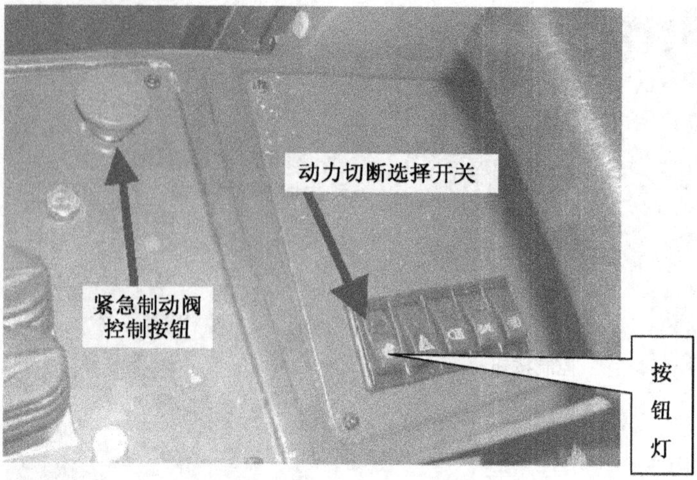

图 3-5 动力切断选择开关及按钮灯

表 3-1 刹车脱档功能

变速操纵手柄位置	动力切断选择开关位置	制动时是否切断动力
低速挡位（Ⅰ挡、Ⅱ挡）	接合（按钮灯亮）	切断动力
	断开（按钮等不亮）	不切断动力
高速挡位	无任结合或断开	不切断动力

二、气顶油钳盘式制动系统维护保养技术

以 CLG856 轮式装载机的制动系统为例。

1. 空气压缩机维护保养

（1）空气压缩机皮带张紧度检查与调整：

对于空气压缩机由皮带驱动的机械来说，机械每运行 50 小时，应检查空气压缩机皮带的松紧度，以 50 N 左右的力按下皮带中间，检查其挠度。多数机械以 15 mm 左右为合适。

皮带张紧度的调整是通过调节压缩机在发动机上的安装位置来实现的。松开空气压缩机底座支架上的固定螺栓，调整压缩机的位置，调整合适后将固定螺栓拧紧。

（2）空气压缩机空气滤清器滤芯的清洗、更换方法与发动机部分相同。

（3）空气压缩机性能检查。在制动系统元件及管路不漏气的情况下，发动机处于最高转速，以每分钟 6 次的速率制动 20 次后，储气罐的压力应不低于最初测得压力的 70%。如果低于最初测得压力的 70%，则应检查空压机是否发生故障。

空压机润滑油由发动机供给。空压机在工作时不应有大量机油渗入压缩空气内，如果在 24 小时工作后，在储气罐中聚集的机油超过 10 cm^3，则应查找空压机的窜油原因。

2. 反馈阀调整

反馈阀也称气压调节阀或多功能卸荷阀。CLG856 轮式装载机的空气压缩机和反馈阀如图 3-6 所示。

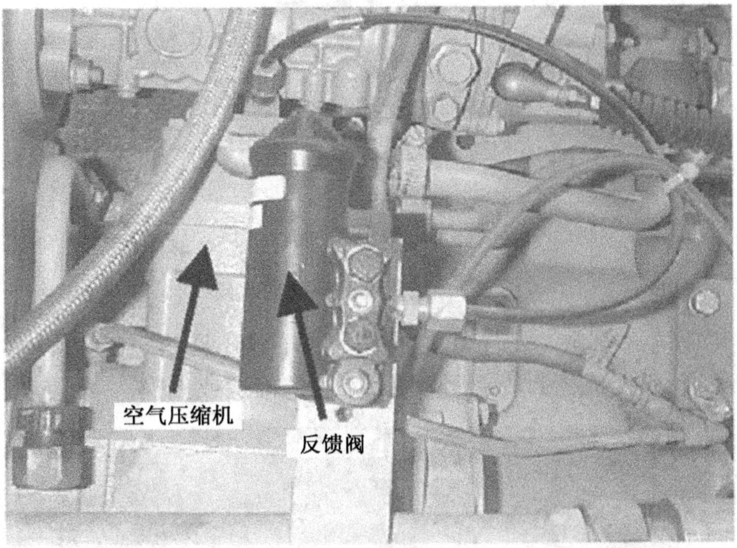

图 3-6 压缩机与反馈阀

该反馈阀反馈压力为 0.78 MPa,调整方法和步骤如下:

(1) 在水平场地停好机械,发动机熄火。

(2) 连续踩几次制动踏板,使制动气压下降。

(3) 打开反馈阀顶盖,即可看到锁紧螺母及调压螺栓。

(4) 拧松锁紧螺母。

(5) 若压力不够,逆时针旋转调压螺钉;若压力太高,顺时针旋转调压螺钉。

(6) 启动发动机,等待压力稳定,观察压力值。

(7) 若压力不正确,则按照上述步骤重新调整,直至压力符合说明书规定值。

(8) 发动机熄火,拧紧锁紧螺母,拧上顶盖。

3. 储气罐维护保养

储气罐也称储气筒、空气罐。

(1) 由于储气罐里面储存有较高压力的压缩空气(0.78 MPa),使用时要注意安全。不要用外力猛击储气罐,工作过程中也要注意避免使储气罐遭到撞击。定期检查储气罐是否有裂纹。禁止使用有裂纹的储气罐。

(2) 每次作业结束,应打开储气罐上的放水阀进行排水、排污,如图 3-7 所示。

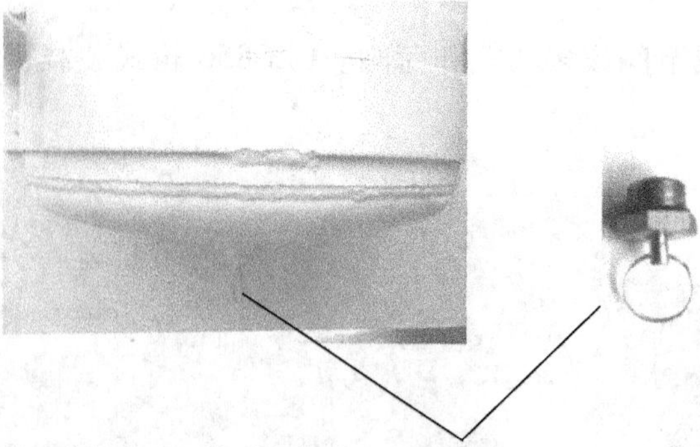

图 3-7 储气罐及手动放水阀

(3) 轮式装载机每行驶一段时间,就应拆解单向阀(见图 3-8)进行清洗和检查。若发现单向阀有阻滞、破损或密封不严等现象,应立即修理或更换。

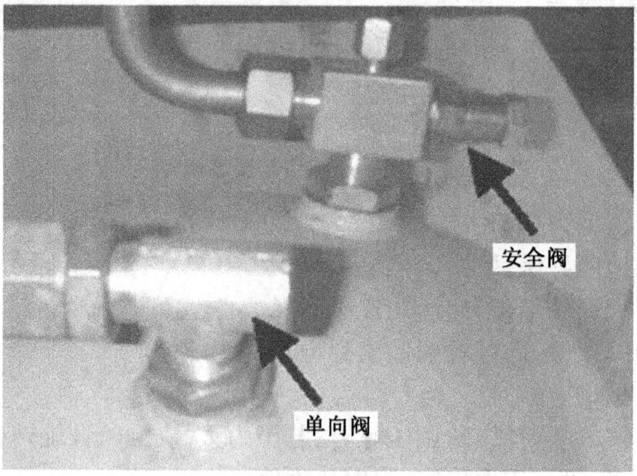

图 3-8 安全阀和单向阀

(4) 检查储气筒安装是否稳固,放水阀作用是否正常。

(5) 安全阀(见图 3-8)的开启压力为 1.03 MPa,应工作良好、无漏气现象。

(6) 有些机械在空气压缩机与储气罐之间装有油水分离器,每次作业结束后应打开开关放水。

4. 制动加力器维护保养

制动加力器的外形与结构如图 3-9、图 3-10 所示。

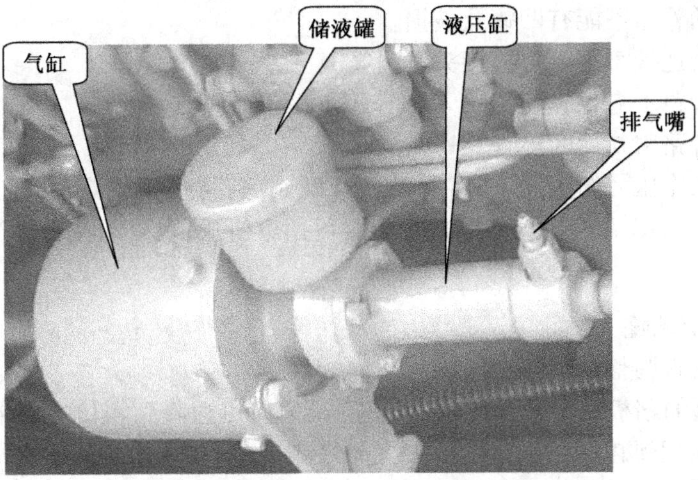

图 3-9　制动加力器外形

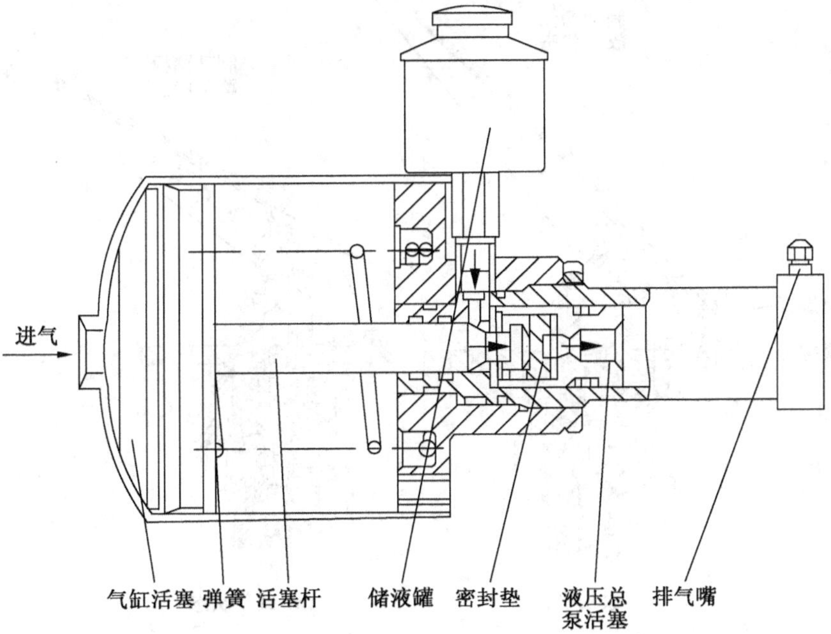

图 3-10　制动加力器结构

(1) 检查制动加力器的外观,是否有漏气和漏油现象。

(2) 清洁加力器外观,疏通储液罐上的通气孔。

(3) 检查储液罐中的油位,应在最低线以上。

(4) 制动状况检查。一人踩踏制动踏板,另一人观察油杯中的油面。当驾驶员踩踏板时,油面应向下移动;维持踏板踩下状态,油面应不动;松开踏板油面应慢慢回升。踏板在向下移动过程中应先软后硬。

5．制动管路检查

（1）气制动管路不能有凹瘪及破损。

（2）各接头连接牢固、可靠，接头不漏气。

（3）橡胶管路不老化、龟裂。

（4）整车管路密封性的检查。

在气压为工作压力的情况下，将制动踏板踩到底，待气压稳定后，观察 3 分钟，气压降低值应不超过0.01 MPa。检查漏气位置时可用察听法，也可以在各接头处涂上肥皂水检查。

6．制动系统调整

（1）气制动阀调整

当气制动阀的踏板完全松开时，出气口的压力应迅速降到零位。如果出气口的压力不为零位，可作如下调整：

松开锁紧螺母，顺时针旋转调整螺钉使踏板完全放松，然后逆时针旋转调整螺钉，使调整螺钉刚刚与制动踏板接触，最后拧紧锁紧螺母，如图 3-11 所示。

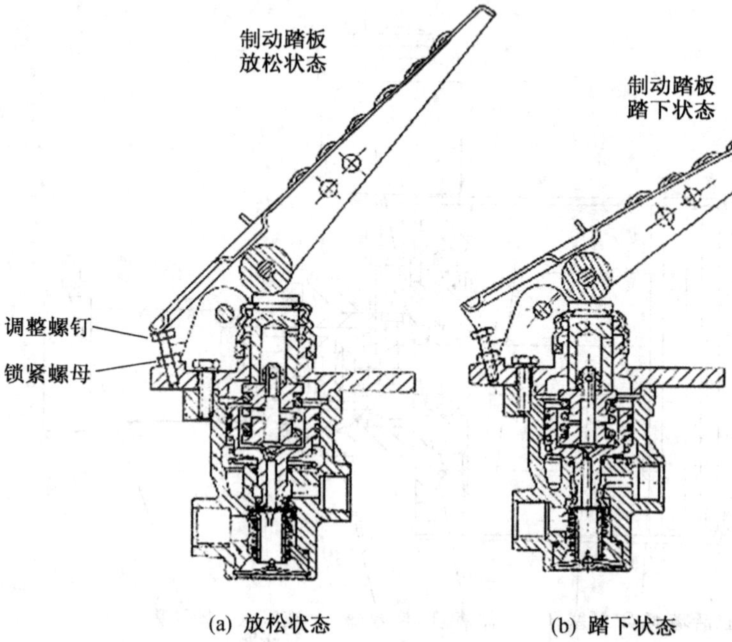

图 3-11　单通路气制动阀

（2）停车制动系统调整

停车制动器（见图 3-12）为最常用的鼓式制动器，属于内涨平衡式。制动效能下降时可调整制动蹄与制动鼓之间的间隙。

调整好后，按照前述方法检查停车制动性能，如不合适，则重新调整。若调整无法达到要求，则需检修制动器。

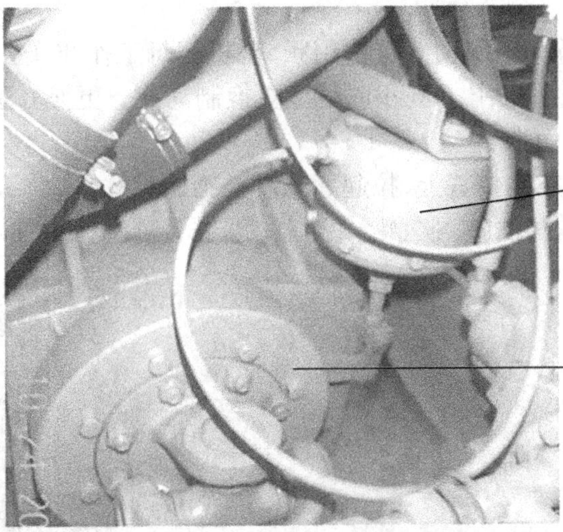

图 3-12 停车制动器及制动气室外形

(3) 拖车

如果机械发生故障无法行驶需要拖车,而此时停车制动器又不能正常脱开,应把图3-13 中制动气室的联接叉上的销轴拆下,使停车制动器强制松脱后再进行拖车。

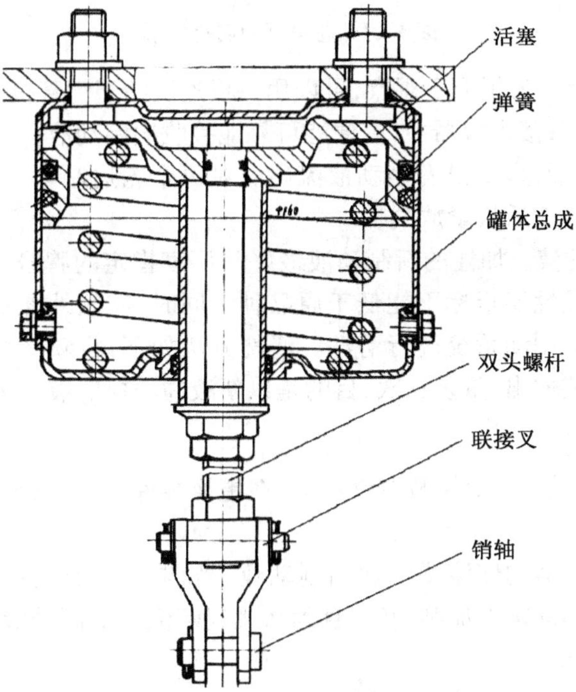

图 3-13 制动气室结构

7. 制动液添加与更换

(1) 制动液检查与添加

检查储液罐中的制动液液面,不足时予以添加,且必须添加同一牌号的制动液。

（2）制动液更换

装载机的工作环境尘土较多，制动器也使用频繁，机械每工作800～1 000小时应更换制动液，在更为恶劣的环境下工作，600小时就应更换制动液。更换方法如下：

① 将机器停在平整的路面上。

② 将变速操纵手柄放在空挡位置上，拉起紧急制动阀控制按钮。

③ 清除制动管路、储液罐、加油口、排气嘴、轮边制动器排气嘴（见图3-14）等处的积垢。

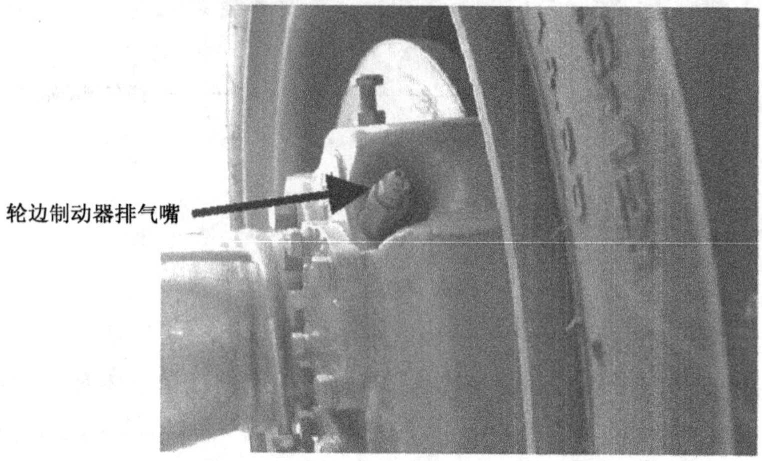

图3-14　轮边制动器排气嘴

④ 排清旧制动液。为了便于观察，可以用一根透明的塑料管接在轮边制动器的排气嘴上。将塑料管另一头接入容器中，以便能可靠地接收旧制动液。

重复踩下制动踏板，直至没有制动液流出。对每个轮边制动器都作上述操作，确保系统中没有旧液残留，然后拧紧放气嘴。

⑤ 加注新的制动液。加注的新制动液最好与厂家指定的牌号一致。如果无法获得同种产品，替代的产品性能指标不能低于原品种。同时，需额外准备原加入量三倍以上的替代制动液，用于对制动系统进行清洗。清洗方法如下：将新液加入到加力器的储液罐中，再用放油的方式放出，重复三次，目的是以新液冲洗掉旧液。

8. 制动系统排气

制动系统油路中的气体会影响制动性能，在更换零件、清洗系统后要进行排气工作。排气方法如下：

（1）将前、后加力器的储液罐中加满制动液。如果加力器上有排气嘴，应先将排气嘴拧松，往加力器的储液罐中加制动液，直到从排气嘴流出的制动液无气泡时，将排气嘴拧紧，然后加满储液罐。

（2）启动发动机，待空气压力表读数为0.71～0.78 MPa后熄火。

（3）在前桥左、右轮边制动器的排气嘴上套上透明的胶管，管的另一端放入盛油容器中。

（4）两人配合，一人负责排气嘴的松、紧，观察排气情况，另一人负责踩制动踏板。先松开排气嘴，然后踩下制动踏板到最大行程，直至排出部分油液再松开制动踏板，与此同时拧紧排气嘴。如此反复多次，直至排出无气泡的液柱。

（5）按同样方法对后桥进行排气。系统排气时要向加力器液罐里及时补充制动液，以免空气再度进入系统。

注意：由于轮边制动器内储存着高压油，所以在排气时应特别小心，不可将排气嘴完全拧开，不可将眼睛及身体对着排气嘴，以免喷射出来的油液造成人身伤害。

三、液压动力制动系统维护保养技术

以 ZL50G 装载机为例。

1. ZL50G 装载机液压动力制动系统组成

ZL50G 装载机全液压动力制动系统如图 3-15 所示。

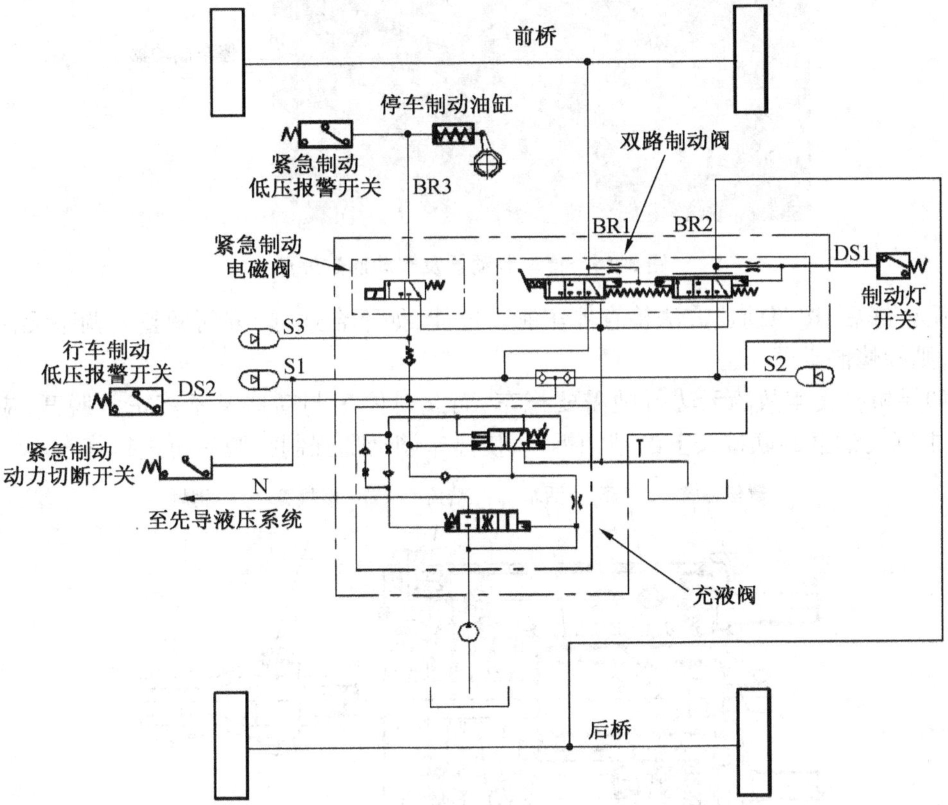

图 3-15　ZL50G 装载机全液压动力制动系统

该系统采用湿式轮边制动器，使用 N46 抗磨液压油，采用双回路制动，具有动力切断（刹车断档）功能。

ZL50G 制动系统参数：

（1）行车制动输出压力：6 MPa。

（2）行车制动蓄能器气体预压：20 ℃时，5.5 MPa。

（3）紧急及停车制动输出压力：15 MPa。

（4）紧急及停车制动蓄能器气体预压：20 ℃时，9.2 MPa。

(5) 行车制动低压报警:系统压力低于10 MPa时报警。

(6) 紧急制动低压报警:紧急制动回路压力低于11.7 MPa时报警。

(7) 紧急制动自动动作值:行车制动蓄能器压力低于7 MPa。

2. 停车制动器调整

停车制动器(见图3-16)为载重汽车上最常用的鼓式制动器,属于内涨平衡式。制动效能下降时可调整制动蹄与制动鼓之间的间隙。

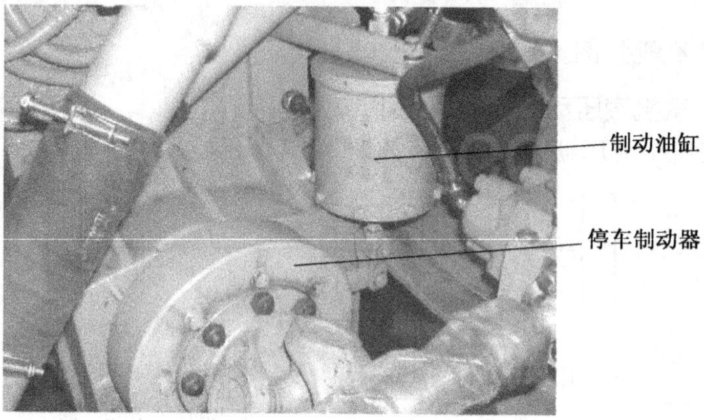

图3-16 停车制动器及制动油缸外形

调整好后,按照前述方法检查停车制动性能,如不合适,则重新调整。调整无法达到要求,则检修制动器。

如果机械发生故障无法行驶需要拖车,而此时停车制动器又不能正常脱开,应把图3-17中制动油缸的联接叉上的销轴拆下,使停车制动器强制松脱后再进行拖车。

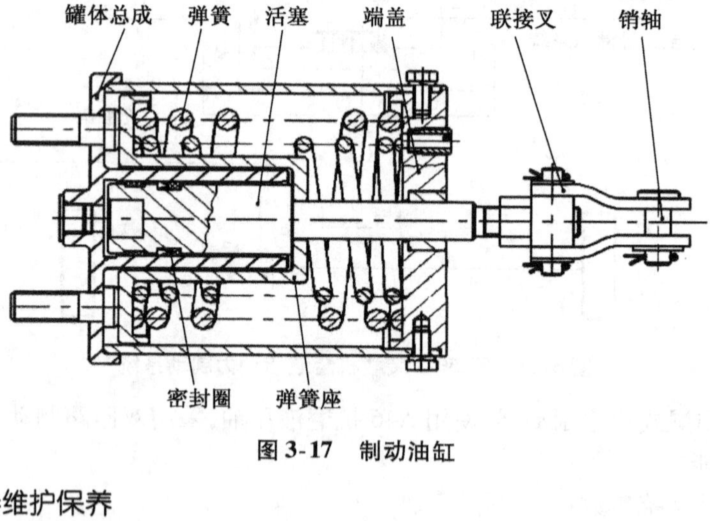

图3-17 制动油缸

3. 蓄能器维护保养

蓄能器充装气体为氮气。

(1) 安全事项

① 蓄能器在充装氮气前,必须对蓄能器进行检查。对未装铭牌、铭牌上字样和钢印不易识别、壳体上有缺陷的,严禁充装气体。

② 蓄能器只能充装氮气,充气应缓慢进行,以防冲破胶囊。

③ 蓄能器应使充气阀向上安装(见图 3-18)并且用螺丝接连件安装牢固,严禁焊接安装。

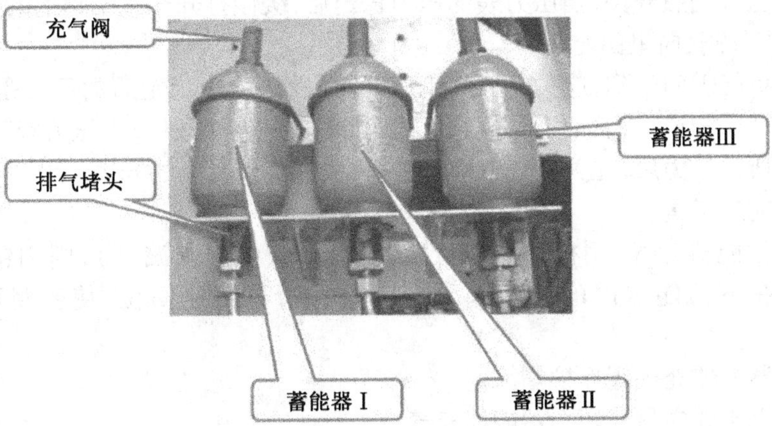

图 3-18　蓄能器

④ 拆卸蓄能器前,必须泄去压力油,使用充气工具(见图 3-19)放出胶囊中的氮气,然后才能开始拆卸各零件。

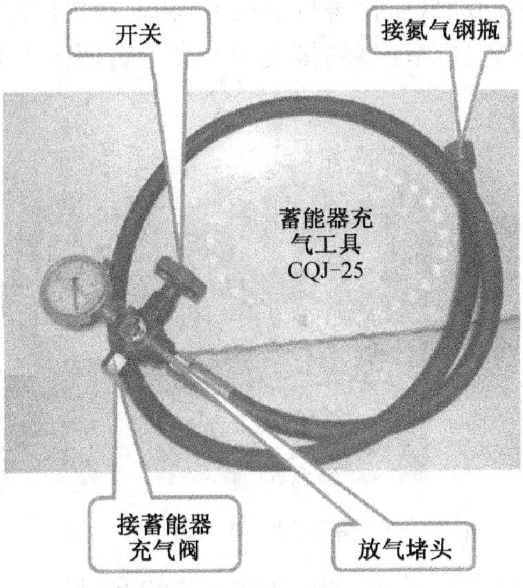

图 3-19　蓄能器充气工具

(2) 定期保养

① 每天应检查蓄能器的外观,检查是否有漏油、漏气和破损情况。

② 利用充气工具检查蓄能器充气压力。新机械出厂后,第一个月,每周检查一次;从第二个月起,每月检查一次;半年后,每三个月检查一次;一年后,每半年检查一次。

(3)蓄能器充气

① 先停机,不关电锁,连续踩 20 次以上刹车,然后连续按下、拉起手动电磁阀的按钮 20 次以上,目的是将蓄能器内的高压油放掉,接着缓慢松开蓄能器下端出油口处的排气

堵头，这时蓄能器内仍有残余压力油，注意不要让其喷到人身上。

② 从其中一个蓄能器上端卸下充气阀保护帽。

③ 将充气工具有压力表一头接充气阀，另一头接氮气钢瓶。

④ 打开氮气钢瓶开关，当压力表的压力稳定后，缓慢打开充气工具上的开关，即顶开蓄能器内的充气阀，向里面充气。

⑤ 压力可能瞬间达到，应关上氮气钢瓶开关，看压力表稳定后的压力是否达到。若不足，继续充气；若压力过高，可通过充气工具上的放气堵头放气，把压力降到合适的值。

⑥ 充到所需压力后，先关氮气钢瓶开关，再关充气工具上的开关。

⑦ 取下充气工具。

⑧ 如果蓄能器漏气（用机油抹在蓄能器头部，有气泡则漏气），则用锤子、小螺丝刀向下轻敲一下蓄能器内的充气阀，使其先向下，再迅速回位，使密封面接触完全即可。

⑨ 装上蓄能器充气阀保护帽。

⑩ 按以上步骤向另外两个蓄能器充气。

4. 系统排气

（1）将机器停在平直的路面上。

（2）将变速手柄放在空挡位置上，启动发动机怠速运行，接通停车制动器开关；在行车制动低压报警灯和停车制动低压报警灯熄灭后，将发动机机熄火，再将电锁接通。

（3）在前驱动桥左右轮边制动器的排气嘴上套上透明的胶管，胶管的另一端放入盛油盘中。

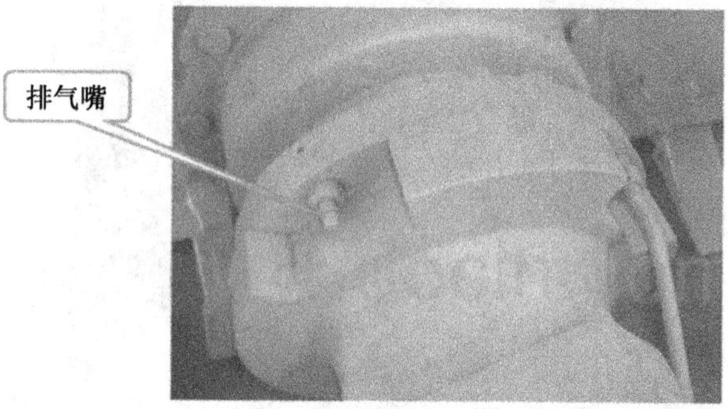

图 3-20　排气嘴

（4）两人配合，一人负责松开排气嘴，观察排气情况；另一人连续地数次踏下制动踏板后踩紧，直至排出无气泡的液柱，拧紧排气嘴。

（5）按同样方法对后桥进行排气。

（6）前后桥进行排气后，连续拨起、按下停车制动器开关 3 ~ 4 次，对停车制动器进行排气。小心而缓慢地松开蓄能器下部的排气螺塞，直至有油液通过螺纹冒出，同时可能有气泡冒出。到没有气泡冒出时，将螺塞拧紧。

图 3-21　排气口

四、轮胎式装载机制动性能检查

1. 制动性能试验的国家标准

GB/T21152—2007《土方机械　轮胎式机器制动系统的性能和试验方法》详细规定了装载机等机械的制动系统的性能和试验方法，还规定了保持性能和机器制动性能试验方法。

（1）保持性能

在切断动力（除使用静液压系统）的情况下，行车制动系统应能使机器在25%的坡道上保持停车不动，停车制动系统应能使机器在20%的坡道上保持停车不动。应进行前进和后退两方向的试验。

（2）机器制动性能

机器应以80%最大水平速度或32 km/h进行制动性能试验（见表3-2）。如果机器最大水平速度小于32 km/h，则应以最大的速度进行试验。试验的速度与上述规定速度的偏差应不大于3 km/h。

表 3-2　制动距离特性（试验机器不带有效载荷）

行车制动系统制动距离/m	辅助制动系统制动距离/m
$\frac{v^2}{150}+0.2(v+5)$	$\frac{v^2}{75}+0.4(v+5)$

注：$v>0$，单位为千米每小时（km/h）。

2. 常用的制动性能检查方法

不少装载机的生产厂家给出了在日常维护工作中，对本厂某型号装载机制动系统测试的常用方法，CLG856制动系统性能测试方法如下。

（1）停车制动性能检查

应经常检查机械的停车制动性能，以保证停车安全和紧急制动时的制动能力。

① 将轮胎气压调整到规定值，铲斗平放，底部距地面约30 cm，并且确认机械具有良好的行车制动性能。

② 启动发动机，将机械开上坡度为18%（国家新标准为20%）的平坦、干糙路面。

③ 踩下行车制动踏板，停稳机械。变速器手柄置于空挡，发动机熄火。

④ 拉起停车制动阀钮（或拉杆），慢慢松开行车制动踏板，以某物作为参照物，观察机械是否还在原位。

（2）行车制动性能检查

行车制动系统的性能与行车安全密切相关，经过拆修的制动系统应进行制动系统性能的测试，检验是否处于良好状态。

警告：

① 在行车制动性能检验前，应确认机械停车制动性能正常，以便在紧急时使用停车制动器进行制动。

② 要在干燥、平直的水泥路面上测试制动系统。测试时要确保机械周围无人或障碍物。为确保安全及准确性，只能由专业人员进行制动系统性能的测试，非专业人员严禁进行该项测试。

③ 测试时，机械空载，把铲斗平举离地面约 30 cm。在平直、干燥的水泥路面上以32 km/h 的速度行驶。完全制动时，其制动距离应不大于 15 m。以 32 km/h 的速度行驶，点式制动，应迅速出现制动现象，且不跑偏。

五、制动液知识

机动车辆制动液又称为刹车油或刹车液，由基础油（基础液）以及各种添加剂组成，是用于机动车辆液压制动系统中传递压力，使车轮制动器实现制动作用的一种功能性液体。制动液的质量状况直接关系到车辆的行驶安全。如果使用的制动液质量低劣，则会因发生高温气阻、低温制动迟缓而导致制动故障或制动失灵，引起事故。

1. 制动液的牌号

最新发布的标准 GB 12981—2012 中指出：标准涉及机动车液压制动和液压离合系统用非石油基型制动液一个产品系列，产品系列名为 HZY，其中，H，Z，Y 三个大写字母分别为“合成”、“制动”、“液体”三个汉字词组第一个汉字的汉语拼音首字母。按产品使用工况温度和黏度要求的不同分为 HZY3，HZY4，HZY5，HZY6 四种级别，分别对应国际标准 ISO 4925：2005 中 Class3，Class4，Class5. 1，Class6，其中 HZY3，HZY4，HZY5 对应于美国交通运输部制动液类型的 DOT3，DOT4，DOT5. 1。

制动液级别越高，安全保障性就越好。

2. 制动液的选择与使用

（1）正确选择制动液产品代号

一般来说，按照车辆使用说明书的要求选择制动液产品是最合理、可靠的。各生产厂家在推荐制动液时都是经过充分论证和大量实车实验的。说明书在给出了标准用代号品牌外，一般还提供了可供代用的代号品牌。用户应尽量选用标准代号品牌的产品，标准代号品牌制动液缺乏时才考虑选用代用品牌。一般情况下，轻载、低速的车辆或机械使用数字较小的制动液，而重载、高速的车辆则使用数字较大的制动液。

新的标准较老标准的要求有所提高，所以早期生产机械的说明书都标明的是老的牌号，在添加制动液或更换制动液时可能已无法找到老的标号，这种情况下可用同级数字的制动液替代。

（2）谨慎购买制动液

目前制动液销售市场比较混乱，质量参差不齐。因此，建议用户购买时要谨慎，一要尽量购买长期为机械或车辆厂提供配套制动液的生产厂家的产品，确保质量可靠，性能稳定；二要尽量到大型销售部门购买，以防假冒伪劣产品。

（3）严禁混加制动液

实际工作中发现，有的用户在买不到与原车要求相同的制动液时，经常混用制动液，这种做法是很危险的。由于不同种类的产品所使用的原料、添加剂和制造工艺不同，混合后会出现浑浊或沉淀现象，如不注意观察是很难发现的。这不仅会大大降低原制动液的性能，而且沉淀颗粒会堵塞管路造成制动失灵。即使是相溶性较好的同一种类的制动液，如果品牌不同，也不能混用。因为相溶性好只说明与其他产品混合后不发生分层、混浊及沉淀现象，并不表示混合后的性能不变。每种产品所加入的添加剂不同且相互之间存在着相对平衡，一旦混入其他物质，该平衡就有被破坏的可能，从而失去或降低应有的作用。因此，在更换品牌时一定要用准备加入的产品清洗管路。

（4）定期更换

制动液使用一定时间后会因吸湿、混入杂质、化学变化等原因使性能指标降低，从而影响行车安全。因此，使用中的制动液应定期更换，更换时间在机械说明书上都会标明。如果没有标明，则建议运行 800 ~ 1 000 小时或半年更换一次；对于在恶劣环境下工作的机械，则应 600 小时或三个月更换一次。

课题三　轮胎式装载机传动系统与行走系统维护保养技术

一、轮胎式装载机传动系统的功用与组成

通常将机械动力装置和驱动轮之间的所有传动部件总称为传动系统。传动系统的功用是将动力装置输出的动力按需要传给驱动轮和其他机构。

轮胎式装载机传动系统有机械传动系统、液力机械传动系统、液压传动系统和电传动系统四种。目前，在用的装载机绝大多数采用液力机械的传动方式，最为典型的是 ZF 液力变矩器—变速箱 + 驱动桥的结构。CLG856 装载机传动系统如图 3-22 所示。

该机型采用 ZF4WG200 液力变速箱总成，变速箱总成采用的油为 ASE 15W – 40 柴油机机油。

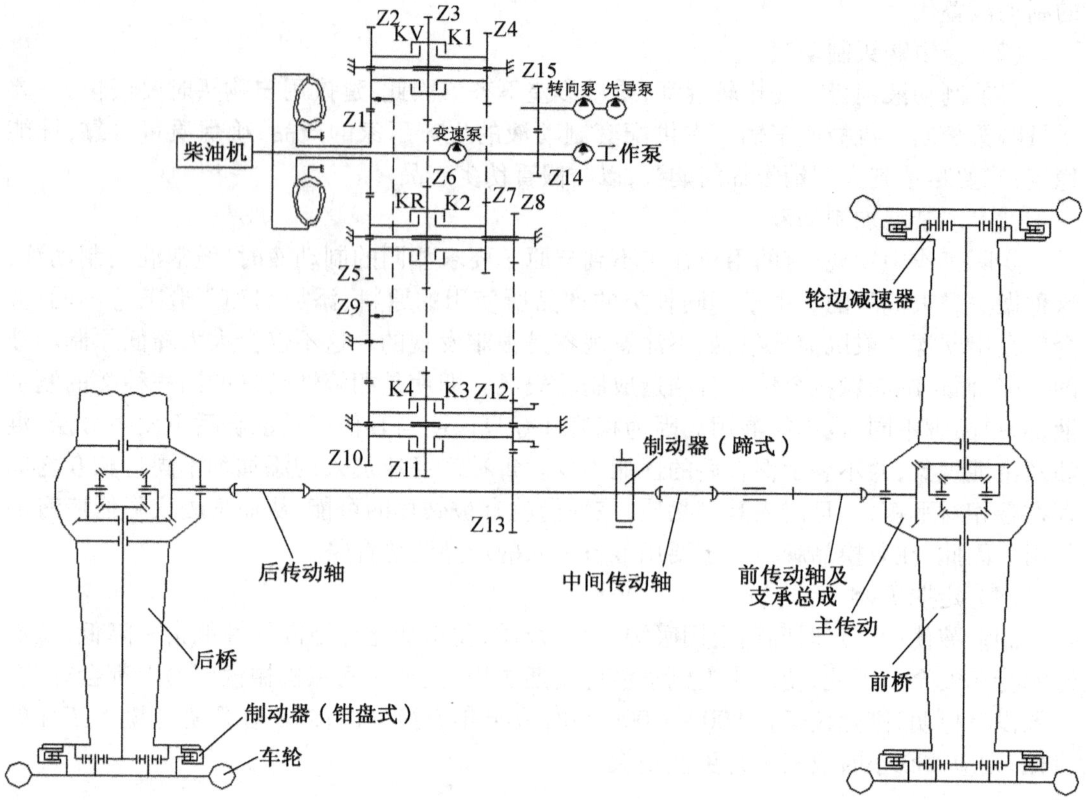

Z1～Z13—常啮合传动齿轮；Z14，Z15—转向泵、先导泵驱动齿轮；
KV，K1，K2，K3，K4—换挡离合器；KR—换向离合器

图 3-22　CLG856 装载机传动系统

二、轮胎式装机行走系统的功用与组成

常用轮胎式装载机的行走系统的功用在于接收传动系统的动力，通过车轮获得牵引力，如图 3-23 所示。轮胎式装载机通常不设悬架，车桥与车架直接刚性连接，车轮也直接装于车桥上。

图 3-23　轮胎式装载机的行走系统外形图

三、轮胎式装载机传动系统与行走系统维护保养技术

1. 轮胎维护保养技术

（1）轮胎规格与气压

装载机等轮胎式机械使用的都是工程机械轮胎，且多为充气胎。

轮胎的规格、尺寸、气压与负荷要符合 GB/T 16622—2009 的要求。

生产厂家对轮胎气压也有具体的规定（见表 3-3），其规定与国家标准有细微差别。请优先遵照厂家要求执行。

表 3-3 生产厂家对轮胎气压的规定

装载机型号	工作状态	气压标准（MPa）	
		前轮	后轮
XG955		0.28～0.33	
LW500K		0.34±0.01	0.29±0.01
CLG856	装卸作业时	0.42±0.01	0.32±0.01
	长距离空车行驶时	0.32±0.01	0.32±0.01

生产厂家都建议使用干燥的氮气（N_2）来充满轮胎。如果轮胎里原来充有空气，建议用氮气来调节其气压。氮气可与大气混合，充有氮气的轮胎可减少爆炸发生的可能性，这是因为氮气是不可燃的，而且氮气有助于防止氧化、橡胶老化以及轮辋零部件的腐蚀。

轮胎气压过低、过高都会带来严重问题：轮胎气压过低，会造成胎侧部位弯曲增大、轮胎的位移增大，产生揉搓的效果，轮胎迅速发热和不断变形将引起轮胎迅速疲劳损坏；轮胎气压过高，将造成胎体的张力增大，橡胶的伸长量增加，胎面接地面积变小，引起轮胎的振动、胎面的早期磨损、轮胎开裂甚至爆炸。所以，轮胎在使用时必须确保准确的气压、正确装载（不要超载和偏载），并保持适当的行驶速度，同时要注意进行轮胎的维护保养工作，以保证设备的安全和有效运行。

（2）轮胎维护保养技术

① 轮胎螺栓、螺母检查紧固

每天工作之前和工作中都应注意检查轮胎螺栓、螺母的紧固的情况。用扭力扳手对每个螺母进行检查，按说明书规定的力矩对其进行拧紧。实在无法找到规定数据，可参考表 1-1。

② 气门嘴检查维护

检查气门嘴帽是否存在和完好；检查气门嘴芯是否有漏气情况；检查气门嘴杆或加长杆是否变形。如发现上述情况，应更换零部件。

③ 轮胎外观检查

检查轮胎表面是否有鼓包、深的划痕；检查并清理夹带的石子等异物；检查是否有异物扎入；检查轮胎胎面、内侧、外侧的磨损情况。

④ 轮胎气压检查

检查和调整轮胎充气压力时，应在轮胎充分冷却后进行。轮胎气压检查最可靠的方法是使用轮胎气压表。对于不同的设备，其轮胎气压有所不同，具体请查阅厂家说明书。

在日常检查中，还可以通过目测轮胎的变形量来估计轮胎气压。当装载负荷在规定值时，轮胎的变形量应不超过直径的3%。变形量过大，则气压过低；反之则说明气压过高。

⑤ 轮胎温度检查

装载机在作业过程中作用在轮胎上的负荷呈周期性变化，使轮胎产生周期性的变形，同时轮胎与地面接触摩擦，胎体温度和压力有一定程度的升高属于正常情况。胎体的升温不仅与车辆的装载重量、行驶速度、道路状况有关，还与作业时间及环境温度有关。长时间高速、超载、高温环境作业都可能使轮胎过热，导致轮胎爆炸。

现在通常使用的工程机械斜交轮胎的临界温度为105 ℃，温度过高可能爆胎。因此，在酷暑季节，最好采用早晚作业、中午休息的办法防止胎温过高。如情况允许，在作业过程中一定要检查胎温，用手触摸胎体，若发现烫手则立即停车，切不可采用泼冷水或放气的方式来降压减温。停车休息时，应将车停放在阴凉处，避免日光暴晒轮胎，等胎温自然降低后再进行作业。

⑥ 钢圈检查

检查钢圈是否有损伤和变形情况。

⑦ 轮胎换位

根据机械或车辆的驱动形式进行换位，一般是根据说明书规定的时间或目测的磨损程度进行前后轮胎换位。

(3) 轮胎的使用极限

如果轮胎已达到下列使用极限，则容易爆裂。因此，为保证安全必须更换新胎。

① 磨损使用极限

当工程机械轮胎沟槽的深度为新轮胎深度的15%时，应更换新胎。沟槽的深度可用专门的沟槽测量尺测定。

当轮胎出现明显的不均匀磨损、阶梯磨损或其他异常磨损时，应更换新胎。

② 损坏使用极限

当出现帘布层损坏、轮胎剥落、鼓包等情况时，应更换新胎。

③ 时间使用极限

目前，少有见到轮胎生产厂家给本厂产品标定明确的使用和存放寿命。但轮胎方面的专家指出，即使使用频度不高的轮胎，轮胎本身也会随着时间的延长而老化。所以，轮胎的使用时间一般为3~5年，超过时间后，建议更换新胎。

2. 液力变矩器及动力变速箱维护保养技术

液力机械传动系统中的两大关键部件是液力变矩器和动力变速箱。液力变矩器和动力变速箱均以同一种油液为工作介质，实现动力传递、润滑、冷却及变速操纵功能。在实际工作中发现，液力机械传动系统中大约70%的故障与油液有关，因此，在日常维护保养以及检查修理中，主要以油液为主线来贯穿维修保养工作。因为ZF公司生产的产品在工程机械上的应用非常广泛，所以这里以常用的 ZF 变矩器—变速箱为例。

(1) 日常检查

① 油温检查

在日常作业时，应经常观察变矩器油温指示表。油温指示表分白、绿、红三段 LED 显示。白段显示表示油温在 50 ℃以下；绿段显示表示油温在正常工作区；红段显示表示油温≥(115 ±3) ℃。若超过了设定的正常工作油温，报警蜂鸣器就会报警，驾驶员要及时处理故障。

不少机械说明书的油温范围是 50 ~120 ℃。这里需要说明的是，机械启动之初油温较低，不提倡进行作业，应该预热一会，等到变矩器的油温达到 50 ℃以上方可作业。一般变矩器的正常油温应在 80 ~90 ℃，当油温超过 100 ℃时通常应停机冷却并检查；在连续大负荷作业时，油温有可能超过 120 ℃，但时间不能超过 5 分钟，5 分钟后应立即减小负荷甚至停机冷却。

② 变速箱操纵油压检查

变速箱操纵油压显示分红、绿两段 LED 显示。绿段显示表示油压在正常工作区，LED 柱长短亦表示油压高低；红段显示表示变速箱油压小于 1.6 MPa，油压过低报警蜂鸣器会报警，驾驶员要及时处理故障。

③ 变矩器进出口压力检查

有些机械装有液力变矩器的进、出口压力表，日常应检查压力表的读数。机械一般都装有压力检测口。机械说明书通常都会标明液力变矩器的进、出口压力数值，但因为机型不同会有所不同，如 PY190 平地机的 ZF6WG200，其变矩器的进口压力为 0.85 MPa，出口压力为 0.5 MPa；而 XG955 装载机，其变矩器的进口压力为 0.3 ~0.5 MPa，出口压力为0.1 ~0.2 MPa。

根据测量的大量数据以及故障处理经验可知，当测得油温为 70 ~80 ℃时，变矩器进口压力应为 0.45 ~0.50 MPa，出口压力应为 0.30 ~0.40 MPa；当测得油温为 45 ~55 ℃时，变矩器进油口压力应为 0.75 ~0.85 MPa，出口压力应为 0.30 ~0.40 MPa。更为可靠、准确的数据应查看具体型号的说明书。

④ 油位检查

液力传动油装于动力变速箱油底壳中。变速箱加油口通常位于后车架左侧，应按规定周期检查变速箱油位。检查油位的油尺安装在注油管内，如图 3-24、图 3-25 所示。

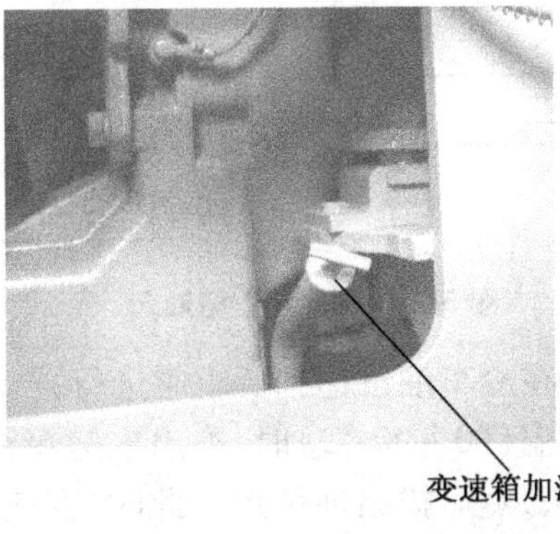

图 3-24　ZF 变速箱油位检查位置

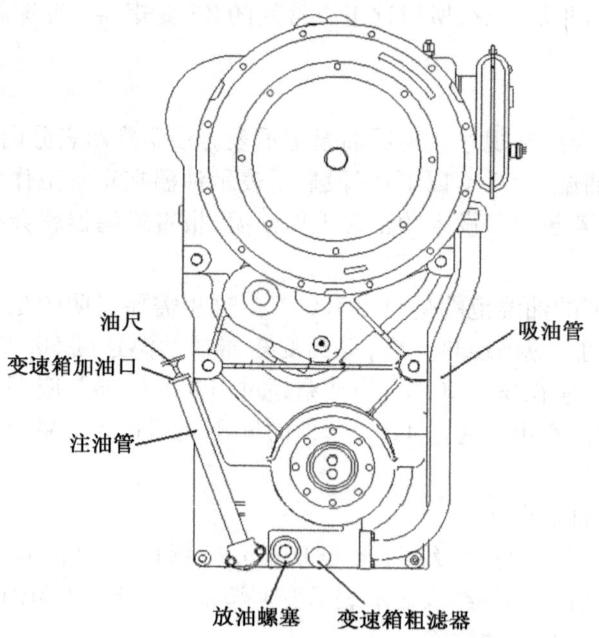

图 3-25 ZF 变矩器外部结构

注意：检查变速箱油位时，必须分别检查冷车油位和热车油位。变速箱油位偏高或偏低，都会造成变速箱损坏。

a. 检查变速箱冷车油位

在发动机怠速运行、油温不超过 40 ℃的状态下检查变速箱油位。

沿逆时针方向转动油位尺便可将其松开，取出变速箱油位尺，用布擦干净上面的油迹，再伸进加油管中直至尽头，然后拔出油位尺。此时，变速箱油位应该处于油位尺的“COLD”冷油位区（见图 3-26）。若不够，应补油，直至达到油位尺的冷油位区；但若油位超过该油位区，暂时请勿放油！

注意：有些机型的加油口没有油尺，而在变速箱的一侧装有两个有一定高低差的开关，借此来检查油位。

检查冷车油位只是保证检查热车油位时油量充分，使其安全使用。确定油位的准确检查是热车检查。

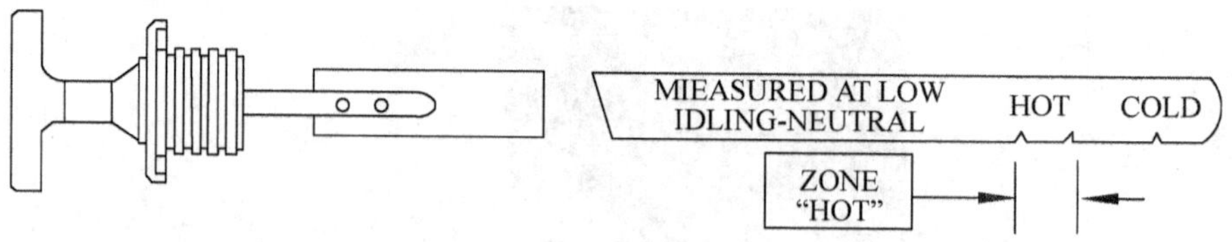

图 3-26 ZF 变速箱油尺

b. 检查变速箱热车油位（在冷车油位达到要求时进行）

在变速箱油温达到工作油温（80 ~ 90 ℃）时，取出变速箱油位尺，用布擦干净上面的油迹，再伸进加油管中直至尽头，然后拔出油位尺。此时，变速箱油位应该处于油位尺的“HOT”热油位区（见图 3-26）。若不够，应补油，直到达到油位尺的热油位区。补充的油必须与原来的油液牌号相同。如果油位在油尺刻度“HOT”区域之上，则通过变速箱底部的放油螺塞放出部分变速箱油。

检查完毕后将油位尺插入变速箱加油管，然后沿顺时针方向旋转便可拧紧油位尺。

c. 快速提高变速箱油温度的操作方法

在检查变速箱热车油位时，如果要快速提高变速箱油温度，可以按以下方法操作：将机械停放在平坦的场地上，必须保证机械前、后均至少有一个车身长度的空间，确认机械周围无人；将变速操纵手柄挂空挡，按下停车制动阀按钮，解除停车制动；将行车制动踏板踩到底；将变速操纵手柄挂前进Ⅳ挡，此时变矩器处于失速工况，变速箱油温度会迅速升高；当变速箱油温度达到 80 ℃以上时，再把变速操纵手柄挂空挡，拉起停车制动阀按钮，此时即可检查变速箱热车油位。

（2）油液更换

变速箱首次工作 100 小时后，应更换油液；以后一般每工作 1 000 小时应更换油液。每次换油时，应更换滤清器。在恶劣工况下工作时，上述时间应当缩短。

① 将机械停放在平坦的场地上，变速操纵手柄置于空挡位，拉起停车制动阀按钮，装上车架固定保险杠，以防止机子移动和转动。

② 起动发动机并在怠速下运转，在变速箱油温达到工作温度（80 ~ 90 ℃）时，发动机熄火。

③ 拧开变速箱下部后侧的放油螺塞（见图 3-25）进行排油，并用容器盛接。由于此时变速箱油温度仍较高，因此要穿戴好防护用具，并小心操作，以免造成人身损害。

④ 拧开变矩器油散热器下方的放油螺塞进行放油并用容器盛接，然后拧开变矩器油散热器上方的放气螺塞加快放油速度，如图 3-27 所示。

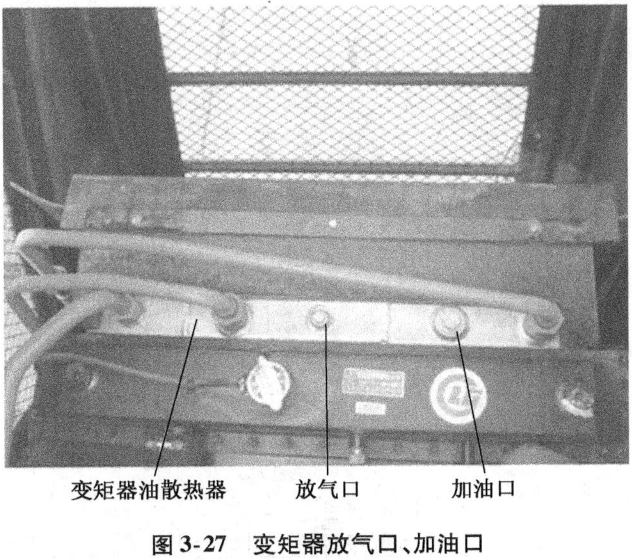

图 3-27　变矩器放气口、加油口

⑤ 更换变速箱油精滤器

变速箱油精滤器位于变速箱的右上方，如图 3-28 所示。在更换变速箱油时，应同时更换变速箱油精滤器。

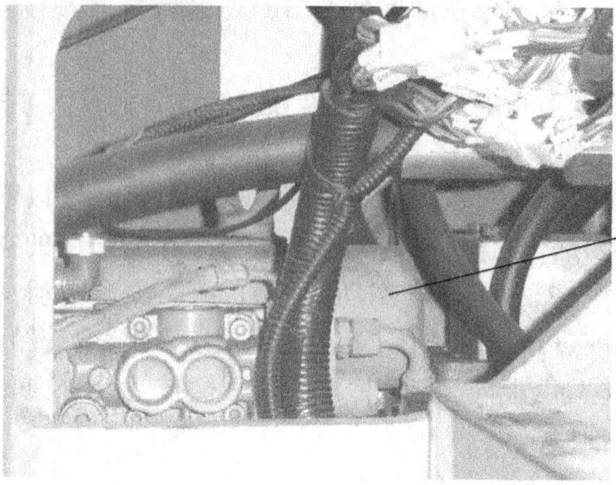

图 3-28　变矩器精滤器

a. 清理干净变速箱精滤器周围区域。

b. 使用皮带扳手把精滤器从安装座上拆下来。

c. 用干净的布清理安装座上的密封表面。

d. 在新的精滤器的密封垫上涂上一层变速箱油。

e. 用手把精滤器拧到安装座上直到清滤器的密封垫接触到安装座的密封面,再用皮带扳手拧紧 1/3 ~ 1/2 圈。

⑥ 更换粗滤器

a. 拆下变速箱后部右侧的吸油管(见图 3-29)即可取出粗滤器。用干净的压缩空气或柴油进行清洗并晾干。

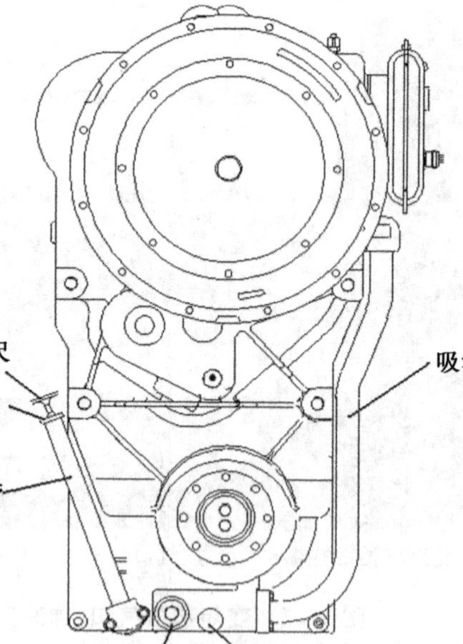

图 3-29　变矩器外部结构

b. 用磁铁清理干净放油螺塞上附着的铁屑，并将磁铁从粗滤器安装口伸进变速箱油盘内，清理内壁的铁屑。

c. 安装好变速箱粗滤器、吸油管、变速箱放油螺塞、变矩器油散热器下方的放油螺塞及相应的密封件。

⑦ 拧开变矩器油散热器上方的加油螺塞，从变矩器油散热器加油口（见图 3-27）加入干净的变速箱油。

⑧ 油充满散热器后，拧上放气螺塞和加油螺塞。

⑨ 取出变速箱油位尺，从变速箱加油管（见图 3-24）加入干净的变速箱油，直至油位尺刻度“HOT”热油位区以上。

⑩ 启动发动机并在怠速下运转，同时反复检查油位和补充变速箱油，直至油位到达油位尺刻度“COLD”冷油位区以上。在此过程中，变速箱有可能会发出轻微的异响，这是由于变速箱油不足造成的，在添加油到规定的油位后异响会消失。

⑪ 在变速箱油位达到工作温度（80 ~ 90 ℃）时，再次检查油位，油位应该在油位尺刻度“HOT”热油位区。如果油不足，应加油；如果油过量，应放掉部分油。

⑫ 插入油位尺，并沿顺时针方向拧紧。

注意：在更换变速箱油前，应注意将停车制动器盖好，以免停车制动器的摩擦片沾上油，降低制动性能。

3. 传动轴与万向节维护保养技术

（1）检查

① 检视传动轴有无变形、裂纹、刮擦等损伤。

② 用手握住传动轴转动，检查花键部位、万向节部位是否有明显的间隙感。

③ 用手推拉传动轴，检查万向节有无间隙感（见图 3-30）。

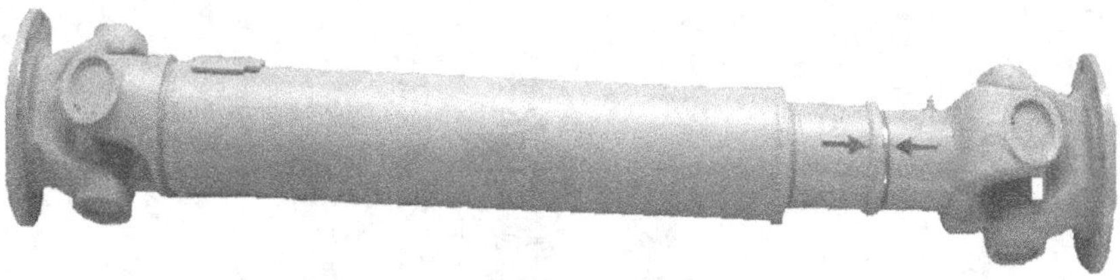

图 3-30　装载机传动轴与万向节的外形

④ 检查万向传动装置上的螺母、螺钉、卡环有无松动。

装载机传动轴的结构如图 3-31 所示。

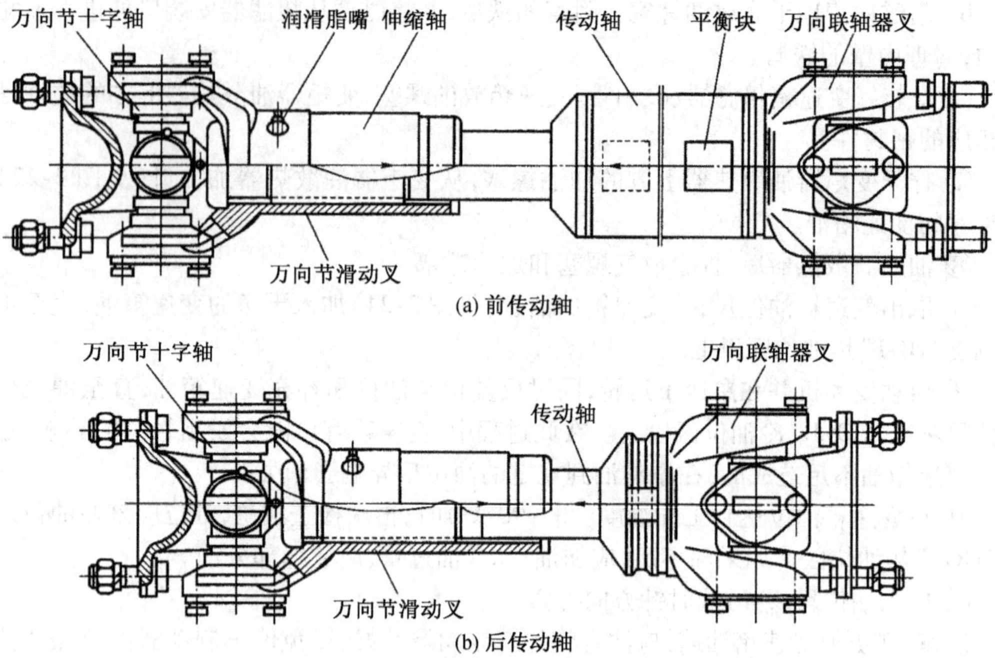

图 3-31　某装载机传动轴结构

（2）维护保养

① 紧固传动轴与万向节上的螺母和和螺钉。

② 每隔 50 小时或一周，向传动轴和万向节上的黄油嘴加注润滑脂。

（3）十字轴万向节拆检

十字轴万向节的结构分别如图 3-32、图 3-33 所示。十字轴的内部油道及黄油嘴如图 3-34 所示。

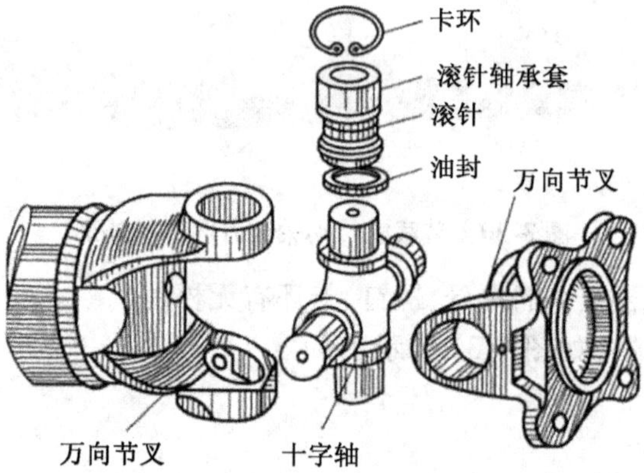

图 3-32　十字轴万向节(一)

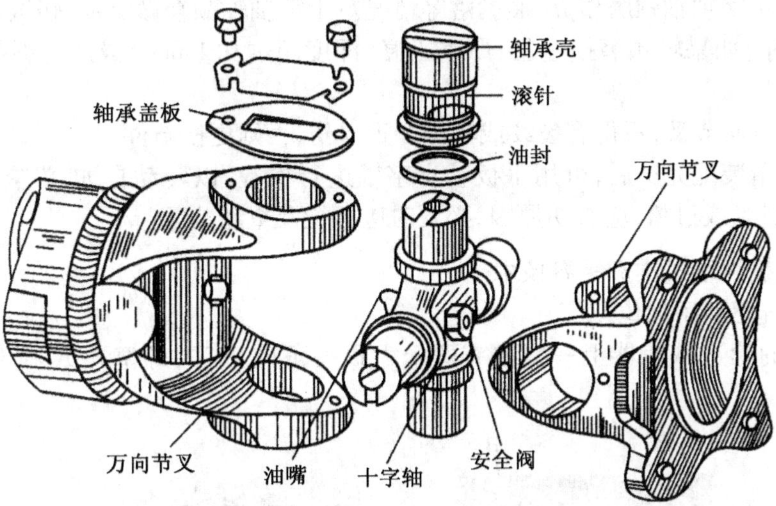

图 3-33　十字轴万向节(二)

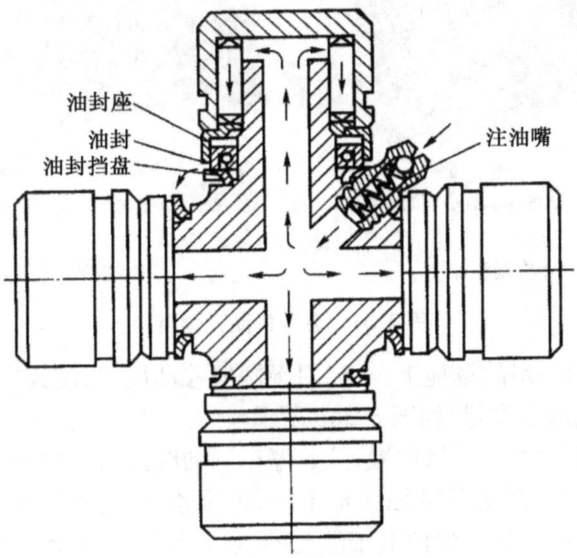

图 3-34　万向节油道

① 拆卸

拆下轴承盖板或卡环,用手推出轴承套筒及滚针。对于较紧的轴承,可用手握住传动轴或伸缩套,用锤子轻轻敲击万向节叉,使十字轴撞击轴承套筒,震出滚针。

② 装配

按与拆卸相反的顺序进行。

③ 检修

万向节分解完成后,需要用油清洗各零件,以便暴露出零件的损伤、磨损情况,而且应按以下要求检查和修复:

a. 检查滚针轴承,如果滚针断裂、油封失效,应更换新件。

b. 检查十字轴轴颈磨损、压痕剥落等情况。十字轴轴颈轻微磨损、轻微压痕或剥落，仍可继续使用；如果轴颈磨损过甚、严重压痕（深度超过0.1 mm）或严重剥落时，应予以更换。

c. 检查万向节叉，不得有裂纹或其他严重损伤，否则更换新件。

d. 万向节装配完毕后，可用手扳动十字轴进行检验，以转动自如、没有松旷感为合适。若装配过紧或过松，应查明原因，必要时应拆检及重新装配。

4. 装载机驱动桥维护保养技术

（1）检查驱动桥油位

装载机的轮边减速器上一般都有两个大致夹角成90°的螺塞孔A和B，如图3-35所示。

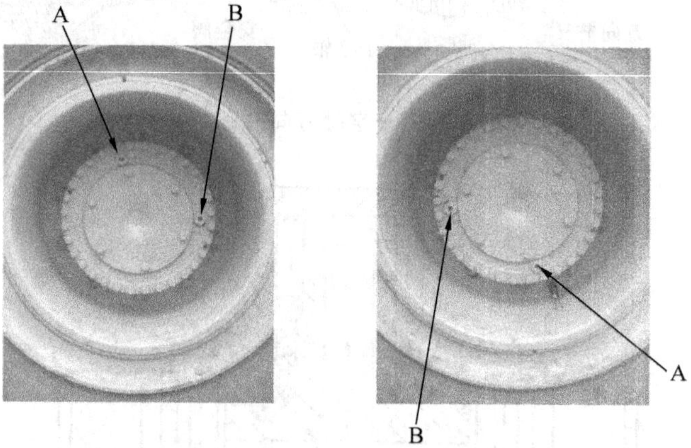

(a) 检查和加注　　(b) 放油

图3-35　驱动桥油孔位置

① 将装载机开到平坦的场地上，小油门慢慢地移动机械，使其中一个处于上方，而另一个与轴心的连线成水平位置，如图3-35a所示。

② 将变速操纵手柄置于空挡位置，拉起停车制动阀按钮，以防止机械移动。

③ 将螺塞孔A和B附近的区域清理干净，拆下水平位置的螺塞，观察孔内油面，油位应处在油孔的下边沿。如果油位低于油孔的下边沿，则应从上方的孔添加干净的驱动桥油。加油后应观察5分钟左右，如果油位保持稳定即可。

④ 拧上螺塞。

⑤ 按上述方法进行另一个驱动桥的油位检查和油液添加。

（2）更换驱动桥油

① 先开动机械行驶一段时间，让桥壳内沉淀的杂质充分地悬浮起来。然后将机械开到平坦的场地上，小油门慢慢地移动机械，使得前驱动桥轮边端面螺塞处于最低位，如图3-35b所示。由于前后驱动桥轮边端面的螺塞不可能同时处在最低位置，因此前后驱动桥要分两次进行换油。

② 发动机熄火，变速操纵手柄置于空挡位置，拉起停车制动阀按钮，以防止机械移动。

③ 拧下前驱动桥轮边处于低位的放油螺塞（见图3-35b）和桥壳中部的放油螺塞（见

图3-36）进行放油，并用容器盛接好。

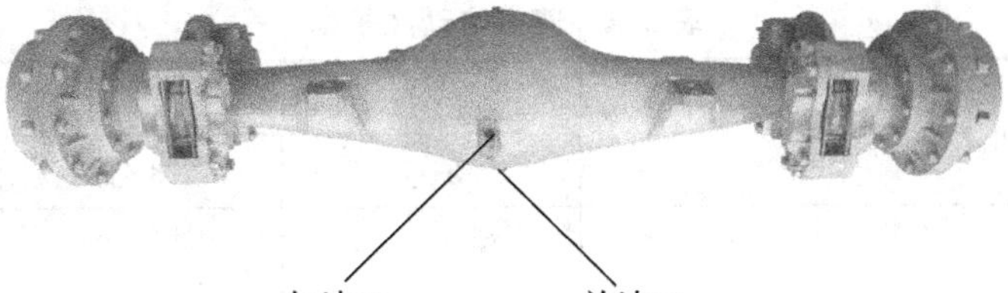

图 3-36　加油口与放油口位置

④ 拧上前驱动桥中部的放油螺塞。

⑤ 启动发动机，按下停车制动阀按钮释放停车制动。变速箱挂 I 档，小油门缓慢移动机械，使得前桥轮边端面的油孔处于图 3-35a 所示位置。然后发动机熄火，变速箱挂空挡，拉起停车制动阀按钮。

⑥ 从前桥轮边两端面的油孔 A（见图 3-35a）和前驱动桥中部的加油口加入干净的驱动桥油，直至油液面到达前桥轮边两端面油孔 B（见图 3-35a）下边缘。加油后应观察 5 分钟左右，如果油位保持稳定即可。

⑦ 拧上前驱动桥轮边两端的螺塞 A 和 B 以及前驱动桥中部的加油口螺塞。

⑧ 按上述相似的过程，更换后驱动桥油。

四、液力传动油知识

液力传动油（也称作自动变速器油，国外称为 ATF 油），是液力传动装置的工作介质。

前述的内容中提及的 ZF 变矩器—变速箱使用柴机油，但如果机器长期在低温高寒地区使用，则必须采用液力传动油。大量的液力传动系统都采用液力传动油作为工作介质。

1. 国外液力传动油简介

美国材料试验学会（ASTM）和美国石油学会（API）把液力传动油分为三类，即 PTF－1，PTF－2，PTF－3。

（1）PTF－1

该类油主要用于轿车和轻型载货汽车的液力传动系统。

（2）PTF－2

该类油主要用于重负荷的液力传动系统。

（3）PTF－3

该类油是随着全液压拖拉机的发展而生产的，主要用作传动、差速器和最后驱动齿轮的润滑以及液压转向、制动、分动箱和悬挂装置的工作介质。这类油的特点是适于在中低速下运转的拖拉机及野外作业的工程机械液力传动系统和齿轮箱中使用，其极压抗磨性和负荷承载能力的要求比 PTF－2 类油更严格。

2. 国产液力传动油简介

国产液力传动油主要有 6 号与 8 号两种，另外还有一种拖拉机液压、传动两用油。

液力传动油按 100 ℃运动黏度分为 6 号和 8 号两个牌号(见表 3-4)。

表 3-4　液力传动油规格

项　目		质量指标		试验方法
		6 号	8 号	
运动黏度(mm^2/s)				
100 ℃		5 ~ 7	7.5 ~ 8.5	GB/T 265
−20 ℃	不大于	2 000		GB/T 265
运动黏度比($\upsilon_{50℃}/\upsilon_{100℃}$)	不大于	4.2	3.6	GB/T 267
闪点(开口)(℃)	不低于	160	155	GB/T 510
凝点(℃)	不高于	−35	−50	
铜片腐蚀(100 ℃,3 h)		合格	合格	SH/T 0195

6 号油主要用于内燃机车、重负荷载货汽车、履带车、越野车等大型车辆液力变矩器和液力偶合器,还可用于工程机械的液力传动系统(类似于国外 PTF − 2 类油)。

8 号油主要用于各种小轿车、轻型载货汽车的液力自动传动系统(类似于国外 PTF − 1 类油)。

3. 液力传动油的使用注意事项

(1) 6 号和 8 号液力传动油是一种专用油品,加有染色剂,是红色或蓝色透明液体,绝不能与其他油品混用,同牌号不同厂家生产的也不宜混兑使用。

(2) 储存和使用中要严格防止混入水和其他杂质,容器和加油工具必须清洁、严密,以免油品乳化变质。

(3) 按车辆使用说明书的规定,选用适当品种的液力传动油。

五、齿轮油知识

齿轮油主要用以润滑传动齿轮。按其使用范围分为车辆齿轮油和工业齿轮油两大类。筑养路机械主要使用车辆齿轮油。

1. 车辆齿轮油的分类

车辆齿轮油的分类,包括使用性能分类和黏度分类两个方面。

(1) 国外车辆齿轮油的分类

① 车辆齿轮油的使用性能分类

国际上广泛采用美国石油学会(API)的车辆齿轮油使用性能分类法,根据其特性和使用要求等划分为 GL − 1,GL − 2,GL − 3,GL − 4,GL − 5,GL − 6 六级(见表 3-5)。

表 3-5　车辆齿轮油 API 使用性能分类

分类	使用说明
GL－1	在低齿面压力、低滑动速度下的汽车螺旋锥齿轮、蜗轮式驱动桥以及各种手动变速器规定用 GL－1 级齿轮油
GL－2	汽车蜗轮式驱动桥，由于其负荷、温度和滑动速度的状况，用 GL－1 齿轮油不能满足要求，规定用 GL－2 级齿轮油。通常都加有脂肪类物质
GL－3	滑动速度和负荷比较苛刻的汽车手动变速器和螺旋锥齿轮的驱动桥规定用 GL－3 级油。这种使用条件要求润滑油的负荷能力比 GL－1 和 GL－2 级油高，但比 GL－4 级油要低
GL－4	在低速高扭矩、高速低扭矩下操作的各种齿轮，特别是客车和其他各种车用的双曲线齿轮，规定用 GL－4 级齿轮油
GL－5	在高速冲击负荷、高速低扭矩、低速条件下操作的各种齿轮，特别是客车和其他车用的双曲线齿轮，规定用 GL－5 级齿轮油
GL－6	在高速冲击条件下运转的轿车和其他车辆的各种齿轮，特别是大偏移距的双曲线齿轮，偏移距大于 50 mm 或接近大齿轮直径的 25%，规定用 GL－6 级齿轮油

② 车辆齿轮油的黏度分类

国际上广泛采用美国汽车工程学会（SAE）的车辆齿轮油黏度分类法。SAEJ 306—1991《驱动桥和手动变速器润滑油黏度分类》的规定见表 3-6。本标准采用含字母 W 和不含字母 W 的两组黏度等级系列。黏度等级代号由一组数字和字母 W（70W，75W，80W，85W 四种）或一组数字（90，140，250 三种）组成，共 7 种。含字母 W 是指冬用齿轮油，不含字母 W 是指夏用齿轮油。

表 3-6　SAE 车辆齿轮油黏度分类

SAE 黏度级	黏度达到 150 Pa·s 时的最高温度（℃）	100 ℃时的运动黏度（mm^2/s）	
		最　低	最　高
70W	－55	4.1	
75W	－40	4.1	
80W	－26	7.0	
85W	－12	11.0	
90		13.5	<24.0
140		24.0	<41.0
250		41.0	

黏度等级也有单黏度等级和多黏度等级之分。多黏度等级的车辆齿轮油，其低温黏度满足表 3-6 中一个含 W 级的要求，并且 100 ℃运动黏度在一个不含 W 级规定的黏度范围之内。例如 80W/90，它满足 80W 的低温性能并且在 90 的高温性能规定范围之内。

（2）我国车辆齿轮油的分类

① 车辆齿轮油使用性能分类（见表 3-7）

目前国内车辆齿轮油 3 类产品标准（GL－4 为企业标准）中已有 17 种牌号的系列产品（见表 3-8）。

表 3-7　我国车辆齿轮油名称与 API 车辆变速器和驱动桥润滑剂使用分类中各品种的对应关系

我国油名	API 的品种
普通车辆齿轮油(SH/T 0350—1992)	GL－3
中负荷车辆齿轮油(GL－4)	GL－4
重负荷车辆齿轮油(GL－5)(GB 13895—1992)	GL－5

表 3-8　车辆齿轮油质量级别和黏度级别对照表

质量级别	75W/90	80W/90	85W/90	85W/140	90	140
普通车辆齿轮油(GL－3)		●	●	●	●	●
中负荷车辆齿轮油(GL－4)	●	●	●	●	●	●
重负荷车辆齿轮油(GL－5)	●	●	●	●	●	●

② 车辆齿轮油的黏度分类

我国标准等效采用 SAEJ 306—1991《驱动桥和手动变速器润滑剂黏度分类》。

2. 车辆齿轮油的选用

选用车辆齿轮油，主要是确定其黏度级别和使用性能级别，以此两项指标选用合适的车辆齿轮油。在所有的工程机械或车辆的使用说明书中都规定了其使用的齿轮油的规格，应按照要求来选用。在没有相关资料的情况下可参照以下方法选用。

(1) 黏度级别的选用

选用车辆齿轮油的黏度级别主要根据使用环境的最低气温和最高气温。由表 3-6 可知，黏度级为 75W，80W，85W 的双曲线齿轮油最低使用温度分别是 －40 ℃，－26 ℃，－12 ℃。也就是说，车辆使用地区的最低气温不应低于齿轮油上述各温度。90 号齿轮可满足一般车辆的使用要求。只有在气温特别高、负荷特别重或工作条件特别恶劣的情况下，才选用 140 号油。

(2) 使用性能级别的选用

使用性能级别的选用，主要根据齿面压力、滑移速度和油温等工作条件，而这些条件又取决于传动装置的类型，所以可按齿轮类型和传动装置的功能来选择使用性能的级别。一般来说，驱动桥主传动器工作条件苛刻，而双曲线齿轮主传动器更为苛刻，所以对齿轮油的使用性能要求更高，应选用更高级别的齿轮油。

为减少用油级别，在车辆各传动装置对齿轮油使用性能要求相差不大的情况下，可选用同一级别使用性能的齿轮油。

通常情况下，为保证齿轮的正常润滑，引进车型及进口车的驱动桥必须使用重负荷车辆齿轮油 GL－5，机械变速器用中负荷车辆齿轮油 GL－4；采用双曲线齿轮驱动桥的国产车辆可以用 GL－4 或 GL－5 齿轮油，机械变速器用 GL－4 齿轮油；采用螺旋锥齿轮和圆柱齿轮驱动桥的国产车辆可以用 GL－3 普通车辆齿轮油或 GL－4 齿轮油，机械变速器用 GL－3 齿轮油。

课题四　轮胎式装载机液压系统与工作装置维护保养技术

一、轮胎式装载机液压转向系统功用与组成

轮胎式装载机普遍采用铰接式车架,实现转向的方式是前后车架发生相对偏转,即所谓“折腰”。转向系统的功用就是利用液压油缸驱动,使前后车架相对偏转,从而实现转向。

轮式装载机的转向液压系统的类型很多,现代大中型装载机的转向系统多采用流量放大系统。流量放大系统又分为不合流(独立型)系统和合流型系统。

最常用的合流系统组成如图 3-37 所示。

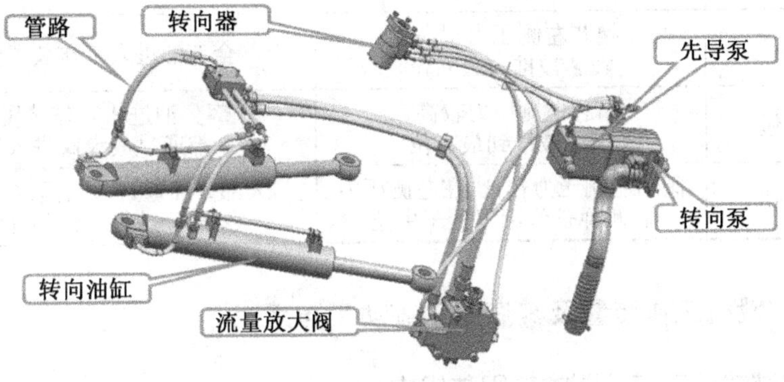

图 3-37　合流式流量放大转向系统组成

合流式流量放大转向系统工作原理如图 3-38 所示。

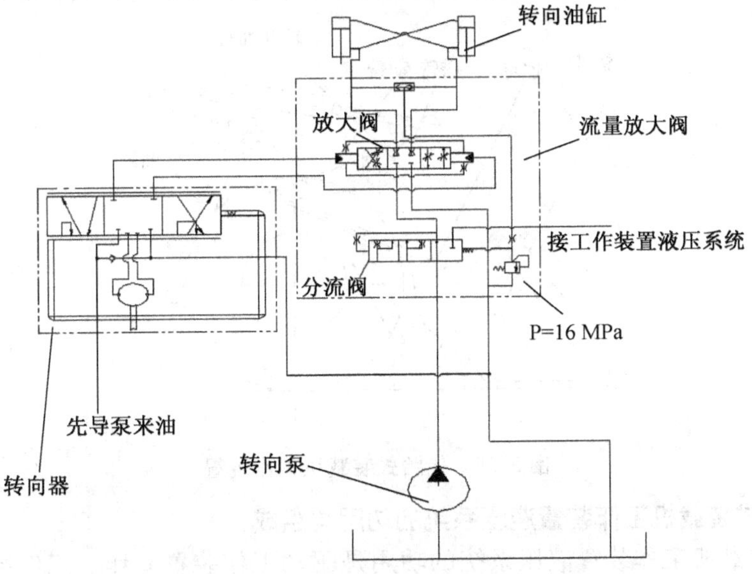

图 3-38　合流式流量放大转向系统原理

方向盘不转动时，转向器两出口关闭，先导泵的油不能进入流量放大阀，流量放大阀主阀杆在复位弹簧作用下保持在中位，转向泵与转向油缸的油路被断开，油路中压力升高，油压作用在分流阀左侧，推动分流阀芯右移，转向泵的油进入工作装置液压系统（见表3-9）。转动方向盘时，转向器排出的油与方向盘的转角成正比，先导油进入流量放大阀后，控制主阀杆的位移，通过控制开口的大小，从而控制进入转向油缸的流量。

停止转向后，进入流量放大阀阀杆一端的先导压力油通过节流小孔与另一端接通回油箱，阀杆二端油压趋于平衡，在复位弹簧的作用下，阀杆回复到中位，从而切断主油路，装载机停止转向。

方向盘的连续转动与反馈作用可保证装载机的转向角度。系统的反馈作用是通过转向器和流量放大阀共同完成的。

表3-9　分流阀芯的位置与转向油泵油量分配

方向盘（转向油缸）运动速度	分流阀芯位置	转向泵油的分配情况
方向盘不转动	阀芯左侧压力很高，阀芯被推到最右位	全部油进入工作装置液压系统
方向盘转动慢	阀芯左侧压力较高，阀芯被推到最右位	大部分油进入工作装置液压系统，少部通过放大阀进入转向油缸
方向盘转动快	阀芯左侧压力较低，在左侧压力右侧弹簧作用下处于中位	大部分油通过放大阀进入转向油缸，少部分进入工作装置液压系统

二、轮胎式装载机工作装置及其液压系统功用与组成

1. 轮胎式装载机工作装置的功用与组成

轮胎式装载机工作装置的功能是实现物料的铲、装、卸。多采用反转六连杆转斗机构，它由铲斗、动臂、摇臂、连杆（或托架）、转斗油缸和动臂油缸等组成，如图3-39所示。

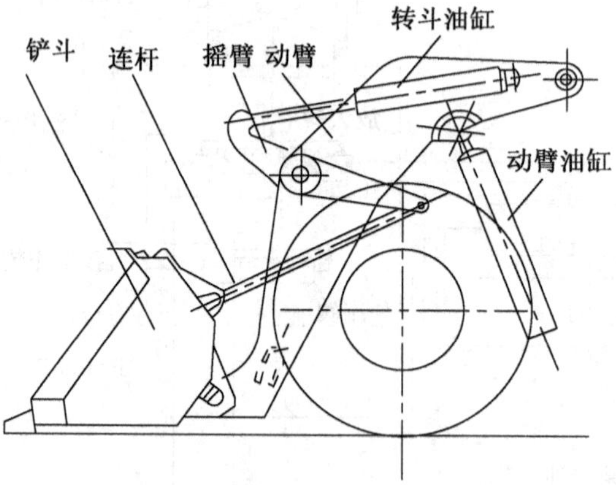

图3-39　轮胎式装载机工作装置

2. 轮胎式装载机工作装置液压系统的功用与组成

轮胎式装载机工作装置液压系统的功用是驱动工作装置动作。工作装置液压系统的结构类型因为厂家和机型不同也有所不同，目前较为常用的是采用先导控制的工作装

置液压系统。

常用的先导控制工作装置液压系统组成如图 3-40 所示。

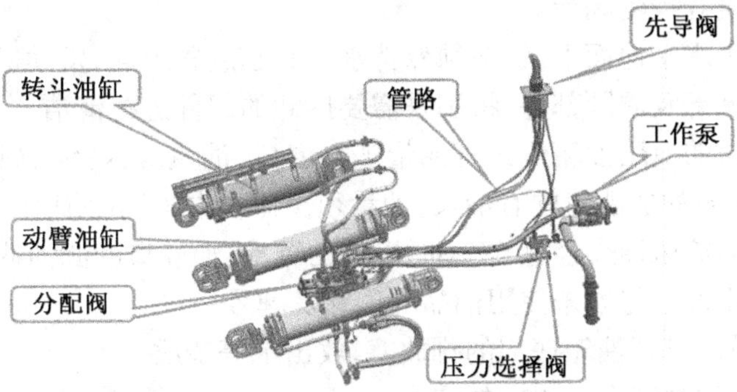

图 3-40　先导控制工作装置液压系统组成

先导控制工作装置液压系统工作原理如图 3-41 所示。

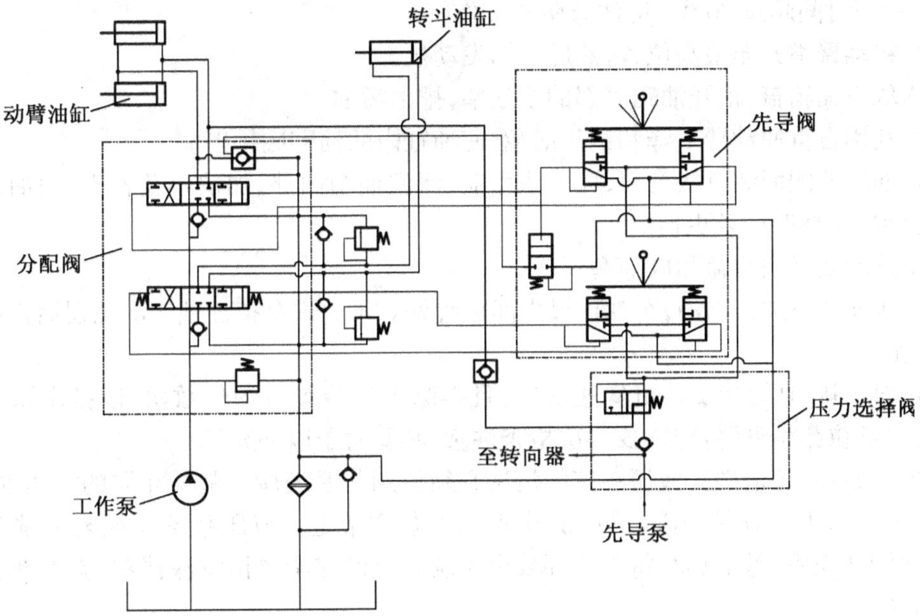

图 3-41　先导控制工作装置液压系统工作原理

先导控制油路是一个低压油路，由先导油泵供油。举升先导阀和转斗先导阀组装在一起，分别控制动臂油缸换向阀和转斗油缸换向阀的阀杆（亦称主阀芯）向左或向右移动，改变工作油缸多路换向阀的工作位置，使工作油缸处于相应的工作状态，以实现铲斗升降、转斗或闭锁工况。

三、液压系统维护保养技术

筑养路机械液压系统的维护保养技术基本相似，在以后的内容中多有介绍。鉴于装载机的液压系统相对简单，在此仅作简要介绍，详细内容可参看后续机型的相关介绍。

1. 液压油的检查、添加与更换

（1）液压油油位检查：

① 维护前应避开扬尘场所。

② 将机械停于水平地面上，铲斗须保持水平状态放置地面，发动机熄火。

③ 对油箱的外部及周围部件，特别是需要拆卸的部件进行清洁。

④ 大部分机械的液压油箱侧面有油量观察窗口，油量应保持在刻度中间偏上位置。有些机械在液压油箱的加油口中有油尺，油量须保持在中间刻度偏上的位置。

⑤ 准备加入的液压油须经过 48 小时以上的沉淀，加油口的滤油器须保持良好。

⑥ 加入的液压油须与原来使用油品的厂家及牌号一致。

（2）排放杂质。打开油箱底部的排放塞，放出水等杂质。

（3）将液压油添加到上述规定的液位。

（4）液压油更换：

① 将机械停于水平地面，放油时油应处于热态。液压系统的油温正常在 40 ~ 80 ℃，也有可能短时间超过 80 ℃，应注意防止烫伤。

② 将动臂举升至最高位置，然后关闭发动机。

③ 取下油箱盖，松开油箱底部的放油塞，排出污油。

④ 利用自重使动臂下降和铲斗前翻，使油缸内的油彻底排出。

⑤ 油箱的侧面装有法兰盖，取下法兰盖，清洗油箱内部、加油口及各吸、回油口滤油器。滤油器损坏时必须更换。

⑥ 重新装好法兰盖和放油塞。

⑦ 从加油口加入新油，至油标尺中间位置处。不允许拿掉加油口滤油器而直接往油箱内注油。

⑧ 加入新油后，让发动机低速旋转，且操纵工作装置各动作数次，以排出系统内空气。这时油位会稍许降低些，要再次检查油量，必要时予以补充。

（5）液压系统清洗。液压系统的清洗必须使用与系统所用牌号相同的液压油，油温在 40 ~ 80 ℃，用大流量冲洗，尽可能将系统中杂质带走。液压系统要反复清洗 3 次以上，每次清洗完后，趁油热时将其全部放出系统。清洗完毕再清洗滤清器，更换新滤芯后加注新油。

2. 管路的检查与更换

（1）检查

在日常工作中，要注意对液压系统管路进行检查。检查管路及其接头有无泄漏；检查管路有无扭曲、裂纹、破损等情况。

（2）更换

液压系统的油管发生损坏、每工作 2 000 小时左右或存放 2 年，需更换液压油管。

① 将机械停于水平地面上，铲斗须保持水平状态放置地面，发动机熄火。

② 扳动操纵杆几次，卸去残余压力。

③ 即使做了上述工作，在液压系统中还是可能有残余压力而导致液压油的喷射，所以应佩戴防护眼镜和皮手套。

④ 准备好两个扳手,一个用来固定油缸一侧的螺母,另一个拧动油管上的螺母。

⑤ 先拧松油管稍高的一端,然后拧松稍低的一端,同时用容器盛接流出的液压油。

⑥ 油液流尽后,卸下油管。

⑦ 清洁管接头,将新管的两头都分别用手向接头上拧上几圈。

⑧ 同样用两个扳手中的一个固定油缸一侧的螺母,另一个拧动油管上的螺母。

⑨ 拧紧接头螺母。在安装软管时,避免软管的扭转、憋劲、擦伤和磕碰。

⑩ 更换完成后,让发动机低速旋转,且操纵工作装置各动作数次,以排出系统内空气,检查油量,必要时予以补充。

⑪ 进行机械的试运转,检查管路是否有泄漏情况。

3. 工作装置液压油缸沉降量检查

通过工作油缸的沉降量,检查多路阀、工作油缸的密封性能。若沉降量超过规定值一倍,应解体检查油缸和分配阀。

我国行业标准 JB/T 368812—1998《轮胎式装载机技术条件》3.2.5 条款中给出了轮胎式装载机液压缸的沉降量推荐性指标(见表 3-10)。

表 3-10　装载机液压缸沉降量

mm/h

	转斗油缸	举升油缸
静态测试 3 h 的平均值	≤20	≤50

在行业标准 JB/T 368813—1998《轮胎式装载机试验方法》4.4 条款中,给出了装载机液压缸沉降量的测试条件和静态试验方法,即在液压系统油温为(50 ±3) ℃,铲斗后翻并承载额定载荷,操纵举升油缸使铲斗至最高位置,发动机熄火,操纵分配阀位于封闭位置时,每隔 15 分钟测量一次举升油缸和转斗油缸活塞杆的外伸长度,时间为 3 小时,取平均值。

4. 液压元件拆检注意事项

(1) 液压系统各总成(元件)在出厂时均由厂里调整合适,用户不应随意拆卸。但若发生故障而必须拆检时,要遵守操作规程,顺序拆装。在拆装时必须认真细致,不能碰伤、划伤零件的工作表面,以免影响元件的工作性能。

(2) 液压元件在拆装时,如对转向器、转向油缸、转向泵及流量放大阀等进行拆装,须注意保护密封件,如“O”形橡胶密封圈、矩形橡胶密封环、防尘圈、活塞环等。特别是橡胶密封圈,在拆装时不允许划伤或挤伤橡胶表面,如果发现有划伤、挤伤或变形,则须更换新件。

(3) 管路及阀、泵、缸等液压元件拆装时,必须用堵塞随时将各油孔堵住,以免泥沙、铁屑等落入造成元件损坏。

(4) 在各元件装配时应绝对注意清洁,不允许金属屑、泥沙、纱头等混入配合件内部,装配前一定要仔细用煤油清洗,用压缩空气吹净,并涂上工作油液进行装配。

(5) 测试和调整系统时,必须把机器放在平整的水平地面上并远离正在作业的人群和机械。在操作机械时只能是一个人单独操作,其他人员与机器保持一定的距离,以防意外事故发生。

(6) 在液压系统的检查和操作过程中,必须了解该液压系统正确的流量及压力值。

泵的输出流量与发动机的转速有关,发动机转速越高,泵的输出流量就越大,反之亦然。液压系统压力值的大小与液压系统的所受负载有关。

(7)各子系统的最高压力由各个溢流阀调定。过低的调定压力可以导致转向无力,过高的调定压力可导致元件或密封损坏。

(8)转向系统中的泄漏与油缸活塞的密封、各个阀内部间隙及密封、单向阀等锥阀与阀座的配合有关。

(9)工作循环时间或转向时间与系统泄漏量、泵的磨损、泵的转速有关。

四、工作装置及车架维护保养技术

1. 工作装置及车架维护保养内容

(1)检查动臂、连杆、铲斗、摇臂的外观,看有无变形和其他损伤。

(2)检查各个铰接点的润滑是否良好。

(3)在运动中检查各个铰接点是否有松旷。

(4)检查各黄油嘴是否完好。

(5)每工作50小时或1周加注润滑脂。

(6)检查斗齿或刀片的磨损情况,适时更换。

2. 工作装置及车架润滑脂加注点

工作装置及车架润滑脂加注点如图3-42所示。

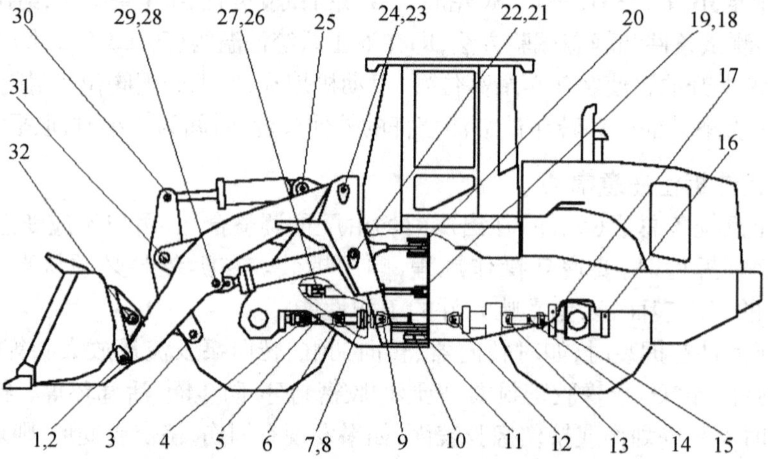

图3-42 工作装置及车架润滑脂加注点

1,2为铲斗与动臂铰接点;

3为摇臂与连杆铰接点;

4~17为前后传动轴铰接点;

18~20为前后车架铰接点;

21,22为动臂油缸与机架铰接点;

23,24为功臂与机架铰接点;

25 为转斗油缸与动臂铰接点；
26,27 为转向油缸铰接点；
28,29 为动臂油缸与动臂铰接点；
30 为转斗油缸与摇臂铰接点；
31 为摇臂与动臂铰接点；
32 为连杆与铲斗铰接点。

课题五　轮胎式装载机维护保养周期

一、日常保养

（1）检查发动机油油位。
（2）检查冷却液液位。
（3）检查液压油油位。
（4）检查燃油油位，排除燃油预滤器及发动机上燃油粗滤器中的水和杂质。
（5）检查各系统有无异常情况、泄漏。目测检查发动机风扇和驱动皮带。
（6）检查灯光及仪表的工作状况。
（7）检查轮胎气压及损坏情况。
（8）检查后退报警器工作状况。
（9）按照装载机上张贴的整机润滑图（见图 3-24）的指示，向各部位加注润滑脂。

二、每工作 50 小时保养

完成日常保养内容。
（1）检查变速箱油位。
（2）第一个 50 工作小时，检查停车制动器的制动蹄片与制动鼓之间的间隙，如不合适则进行调整。以后每工作 250 小时检查一次。
（3）紧固所有传动轴的联接螺栓。
（4）保持蓄电池的接线柱清洁并涂上凡士林，避免酸雾对接线柱的腐蚀。
（5）检查各润滑点的润滑状况，按照机械上张贴的整机润滑图的指示，向各润滑点加注润滑脂。
（6）第一个 50 工作小时，检查蓄能器氮气预充压力。

三、每工作 100 小时保养

完成上一级保养内容。
（1）第一个 100 工作小时更换变速箱油，以后每工作 1 000 小时更换变速箱油。如果工作小时数不到，每年也至少要更换变速箱油一次。每次更换变速箱油的同时，更换变速箱油精滤器，并且清理干净变速箱油底壳内的粗滤器。

（2）第一个100工作小时更换驱动桥齿轮油，以后每工作1 000小时更换驱动桥齿轮油。如果工作小时数不到，每年也至少要更换驱动桥齿轮油一次。

（3）清扫发动机缸盖。

（4）清扫散热器组。

（5）清洗柴油箱加油滤网。

（6）第一个100工作小时检查蓄能器氮气预充压力。

四、每工作250小时保养

完成上一级保养内容。

（1）检查轮辋固定螺栓的拧紧力矩。

（2）检查变速箱和发动机的安装螺栓的拧紧力矩。

（3）检查工作装置、前后车架各受力焊缝及固定螺栓是否有裂纹及松动。

（4）检查前后桥油位。

（5）目测检查空气滤清器堵塞指示器。如果指示器的黄色活塞升到红色区域，应清洁或更换空气滤清器滤芯。

（6）检查发动机的进气系统。

（7）更换发动机机油和机油滤清器。

（8）更换发动机冷却液滤清器。

（9）第一个250工作小时清理液压系统回油过滤器滤芯。以后每1 000工作小时更换液压系统回油过滤器滤芯。

（10）检查发动机驱动皮带、空调压缩机皮带张紧度及损坏情况。

（11）检测行车制动能力及停车制动能力。

（12）检查蓄能器氮气预充压力。

五、每工作500小时保养

完成上一级保养内容。

（1）检查防冻液浓度和冷却液添加剂浓度。

（2）更换燃油预滤器和发动机燃油粗滤器、精滤器。

（3）紧固前后桥与车架连接螺栓。

（4）检查车架铰接销的固定螺栓是否松动。

六、每工作1 000小时保养

完成上一级保养内容。

（1）调整发动机气门间隙。

（2）检查发动机风扇张紧轮轴承和风扇轴壳。

（3）更换变速箱油，更换变速箱滤油器，并且清理干净变速箱油底壳内的过滤器。

（4）更换驱动桥齿轮油。

（5）更换液压系统回油过滤器滤芯。

（6）清洗燃油箱。

（7）拧紧蓄电池所有固定螺栓，清洁蓄电池顶部。

七、每工作2 000小时保养

完成上一级保养内容。

（1）检查发动机安装座的减震装置。

（2）更换冷却液、冷却液滤清器，清洗冷却系统。如果工作小时数不到，至少每两年更换一次冷却液。

（3）更换液压油，清洗油箱，检查吸油管。

（4）检查行车制动系统及停车制动系统工作情况，必要时拆卸检查摩擦片磨损情况。

（5）通过测量油缸的自然沉降量，检查分配阀及工作油缸的密封性。

（6）检查转向系统的灵活性。

单元四 平地机维护保养技术

课题一 平地机概述

一、平地机用途

平地机是一种以刮刀为主，配以其他多种可换作业装置，进行土地平整和整形作业的施工机械。平地机的刮刀比推土机的铲刀具有更高的灵活性，它能连续改变刮刀的平面角和倾斜角，并可使刮刀向任意一侧伸出，因此平地机是一种多用途的连续作业式土方机械。

在筑路工程施工中，可用平地机处理路基基底、剥离表层、填筑小高度路堤、整修路堤断面、旁刷边坡、开挖路槽和边沟，在路基上拌和、摊铺路面基层材料等。平地机还可以用于整修和养护土路，清除路面积雪。在机场和现代交通设施建设的大面积、高精度的场地平整工作中，平地机是其他机械所不可代替的，其外形如图 4-1 所示。

图 4-1 平地机

二、平地机总体构造

平地机主要由发动机、传动系统、机架、行走装置、工作装置和操纵控制系统等组成，其外部结构及名称如图 4-2 所示。

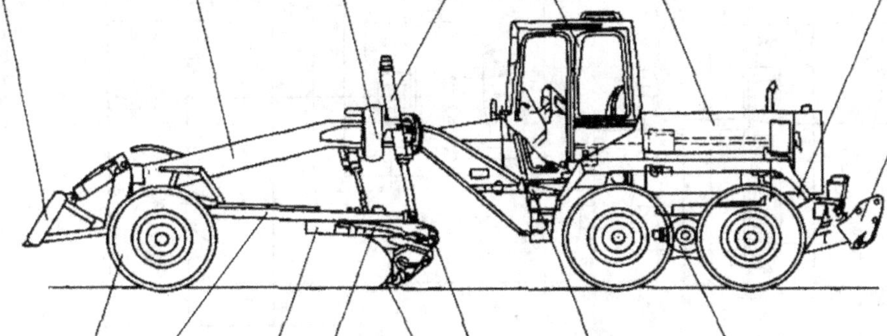

图 4-2　平地机总体构造

机架是一个支持在前桥与后桥上的弓形梁架。在机架上装有发动机、主传动装置、驾驶室和工作装置等。在机架中间的弓背处装有油缸支架，上面安装刮刀升降油缸和牵引架引出油缸。铰接式机架设有左右铰接转向油缸，用以改变和固定前后机架的相对位置。工作装置分为主要工作装置和附加工作装置。主要工作装置是刮刀，耙土器、松土器和推土铲均属平地机的附加工作装置，生产厂家根据用户要求可加装其中一种或两种。传动系统一般由液力变矩器、变速箱、后桥传动、平衡箱串联传动装置等组成。传动系统将动力传给驱动桥，再传给车轮驱动机械运动。现代平地机均采用液压操纵系统。

课题二　平地机维护保养技术

一、制动系统维护保养技术

平地机制动系统的作用、类型与装载机类似，这里以 PY190 为例，介绍其特有的结构和维护保养方法。

1. PY190 液压制动系统组成

PY190 平地机行车制动采用双回路全液压动力制动系统，具有制动平稳、安全可靠、结构简单、维修方便等优点。由于采用双回路控制，如果其中一回路失效，另一回路仍可正常工作，可靠性极高。

液压制动系统原理如图 4-3 所示。行车制动系统与作业液压系统共用一个柱塞泵，安装在变速箱取力口上。发动机运转通过变矩器、变速箱带动柱塞泵，泵出的油经充液阀进入蓄能器。踏下制动踏板，蓄能器中的压力油或来自充液阀的压力油分两路分别进入车轮制动器的制动缸进行制动，与此同时，制动灯开关受压接通；松开制动踏板，制动阀截断压力油，同时接通制动缸和油箱，制动缸卸压，制动解除。

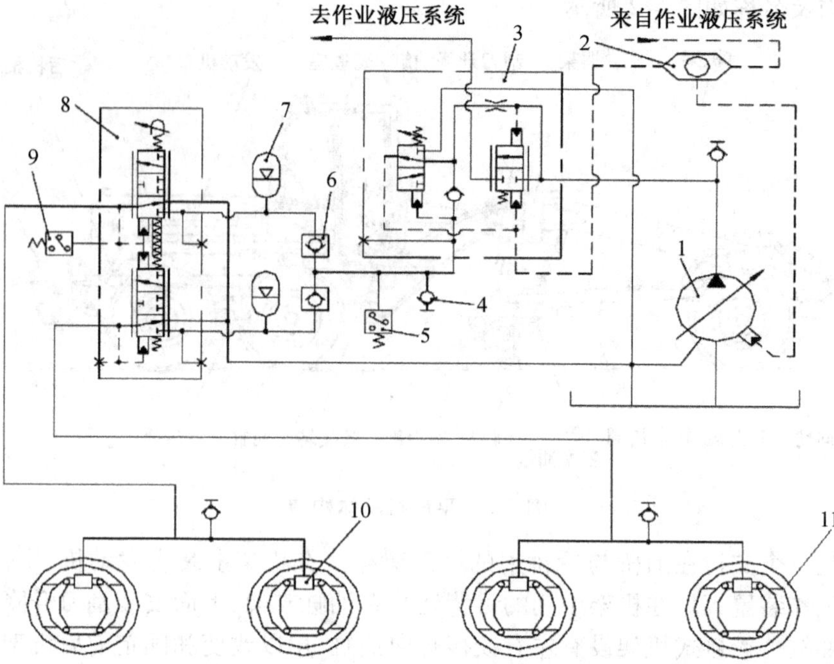

1—变量泵；2—梭阀；3—充液阀；4—测压接头；5—低压报警开关；6—单向阀；7—蓄能器；8—制动阀；9—制动灯开关；10—制动缸；11—车轮制动器(鼓式)

图 4-3　PY190 平地机液压动力双回路行车制动系统

充液阀使泵在任何时候优先向蓄能器供油，两个蓄能器初始充液时间不到 4 秒，发动机一运转，两个蓄能器就充满压力油。

充液阀使两个蓄能器保持适当的压力，当蓄能器的压力低于 13.3 MPa 时，充液阀向蓄能器充液；当蓄能器的压力达到 15 MPa 时，充液阀停止充液。

蓄能器蓄有足够的压力油，在系统出现故障、充液阀停止充液时，蓄能器内蓄存的压力油能完成 6 次制动。蓄能器压力低于 10 MPa 时，低压报警开关接通驾驶室仪表盘上指示灯报警，此时须立刻停机检查。

行车制动系统装有四个测压接头，使用专用测压软管接上压力表，可检测制动系统各处压力。

2. PY190 液压制动系统维护保养技术

(1) 车轮制动器维护保养技术

PY190 车轮制动器采用常见的鼓式制动器，也常被称为毂式制动器。

① 检查制动摩擦片

按照维护保养周期，每 500 小时需检查一次制动摩擦片的厚度，当剩余厚度不足 3 mm 时，要更换新的制动摩擦片。

② 更换制动摩擦片

制动摩擦片的更新只能由专业人员去做。

新安装的制动摩擦片必须经过与制动鼓的配磨和修整，以保证必需的接触面积。此外，为避免制动力的不平衡，同一车桥上的另一个车轮摩擦片应一起更换。

③ 车轮制动器间隙调整

调整一般需要由两个人来进行，一个人转动车轮，同时另一个人调整制动器。调整方法如下：

a. 用铲刀撑地，使平地机一边抬起，直至车轮离地。

b. 支住平衡箱，放松手制动器。

c. 用手转动车轮并按图 4-4 所示的“张紧”方向用 22 mm 的扳手拧动调整螺栓，直到车轮锁住为止（此时制动蹄与制动鼓接触）。

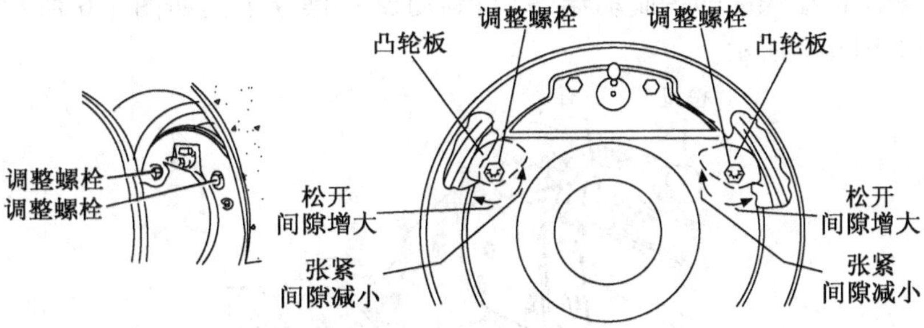

图 4-4　PY190 车轮制动器间隙调整

d. 注意：不要给调整螺栓以太大的力，否则会使里面焊接的凸轮板受力过大。

e. 按照“松开”方向把调整螺栓拧松约 30°，这样，两制动蹄与制动鼓的间隙就放松到大约 0.75 mm。

f. 按照上述方法调整其他制动器。

（2）液压制动系统放气

制动系统液压油箱换油、管路中接头松动或在修理之后，液压制动系统必须放气。在发动机运转中，液压油箱充满油后即可进行制动液压系统放气。

放气必须由两个人进行，所有的轮边制动器放气部位都必须放气。操作如下：

① 取下放气螺栓（见图 4-5）的胶帽。

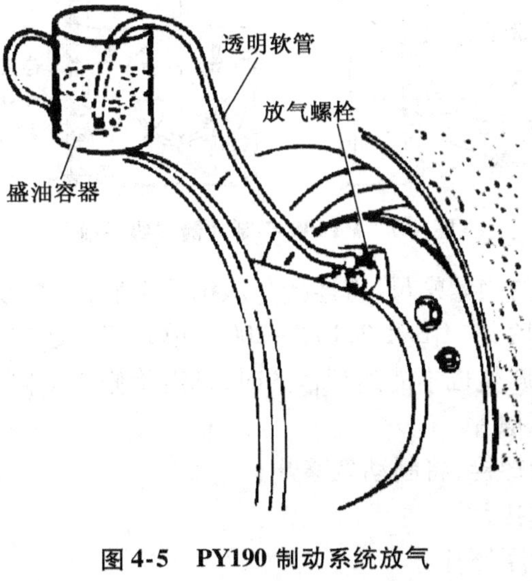

图 4-5　PY190 制动系统放气

② 把软管一端接到放气螺栓上，另一端放到一个清洁的容器里。

③ 一个人拧松放气螺栓半圈，另一个人踏下制动板。当有油从放气嘴流出时，就立即拧紧放气螺栓，放松踏板。需要注意的是，油从放气嘴流出只是一瞬间，所以应使放气动作协调配合。

④ 按照上述方法，对其他制动分泵进行放气。

(3) 手制动器(停车制动器)维护保养技术

① 制动器调整

PY190 采用机械操纵的手制动器(停车制动器)，操纵手柄如图 4-6 所示，操纵机构的结构原理如图 4-7 所示。

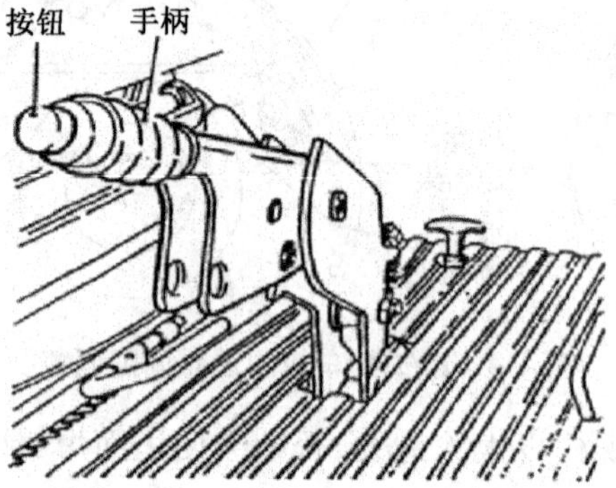

图 4-6　PY190 手制动器操纵手柄

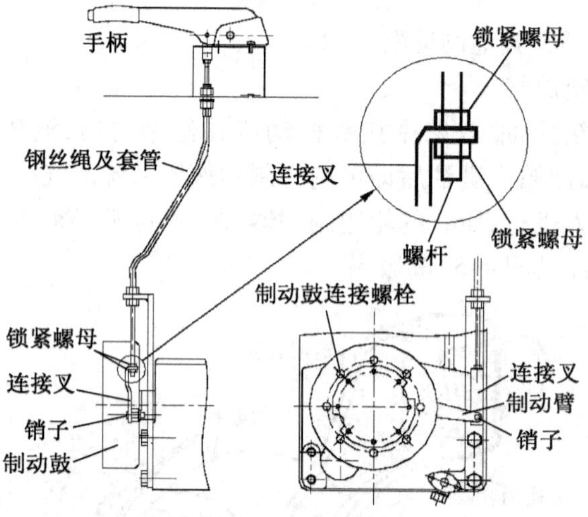

图 4-7　PY190 手制动器操纵系统

松开图 4-7 中所示的锁紧螺母，将连接叉从销子上脱开，拧动连接叉，调整连接叉在螺杆上的位置。调整好后，按 GB/T 21152—2007(单元三课题二)的方法进行停车试验，不合适时重新调整。当调整也不能达到目的时，则需检修制动器。

② 更换手制动器摩擦片

a. 拆下制动鼓连接螺栓，将制动鼓移开。

b. 拆下手制动器摩擦片。

c. 换上新的制动器摩擦片。

注：两个摩擦片要同时更换。

二、传动系统维护保养技术

1. PY190 平地机传动系统组成

PY190 平地机传动系统如图 4-8 所示。

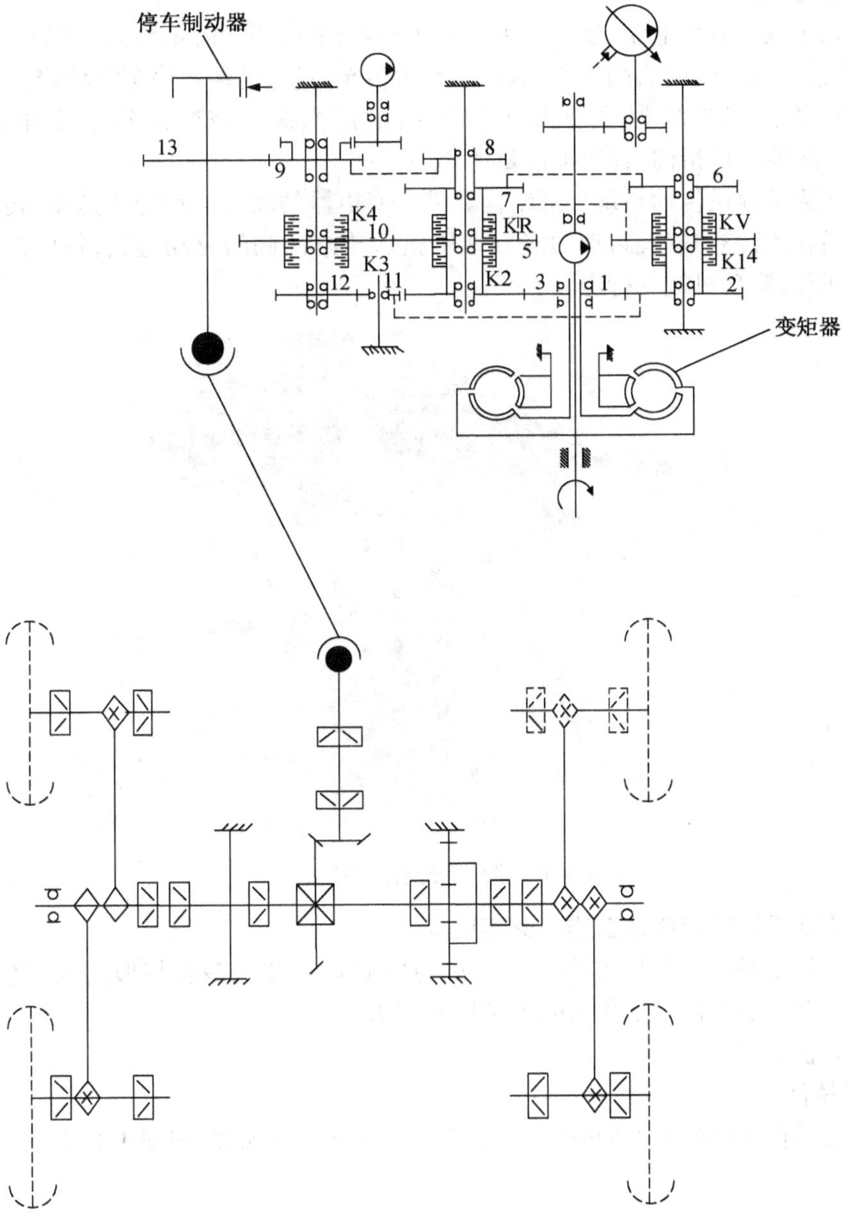

1—涡轮轴齿轮；2~13—常啮合传动齿轮；KV，K1，K2，K3，K4—换档离合器；KR—换向离合器

图 4-8 PY190 平地机传动系统原理

该机型采用ZF6WG200液力变速箱总成，由变矩器和定轴式多挡变速箱组成，可实现前进6挡、后退3挡的速度变换。变速箱操纵压力为1.6～1.8 MPa。变矩器进口压力为0.85 MPa，出口压力为0.5 MPa。其正常工作时油温应在80～110 ℃，瞬时不得超过120 ℃。

变速箱有6个液压控制的多片离合器，能在带负荷的状态下接合和脱开，实现动力换挡。变速箱的齿轮均为常啮合传动。

变速箱上安装有作业泵（变量柱塞泵）和变速箱操纵泵（齿轮泵）。它们由变矩器泵轮驱动，变速箱输出轴的后端接传动轴，将动力传至后桥，前端装停车制动器。

变速箱的换挡操纵为手动E模块控制电液操纵。该变速箱总成采用的油为SAE 15W－40柴油机机油，首次加油量约28 L。

图4-9为平地机传动系统外部结构。液力变矩器的动力经动力变速箱、传动轴传递给后桥。后桥内部有减速器，动力经减速增扭后传给两侧的驱动链轮，每侧的驱动链轮驱动两个车轮，实现机械的行走。

图4-9　平地机传动系统外部结构

2. PY190平地机传动系统维护保养技术

平地机传动系统维护保养内容及方法与轮胎式装载机多有相似之处，这里不再重复。现重点介绍驱动桥与平衡箱的维护保养技术。

（1）后桥维护

① 后桥油位检查

油位必须在油位指示器的中间位置，需要时从加油口加油，如图4-10所示。

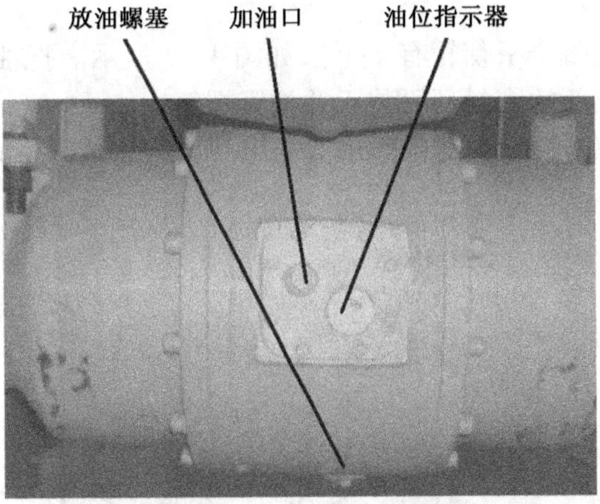

图 4-10　后桥油位检查

② 换油

取下放油螺塞,把油放入容器中。为有助于放油,需将加油口的螺塞拧开,油放尽后再堵上,重新加注相同牌号的油。

(2) 平衡箱维护

① 油位检查

油位必须在油位指示器(油窗)中间,如图 4-11 所示。

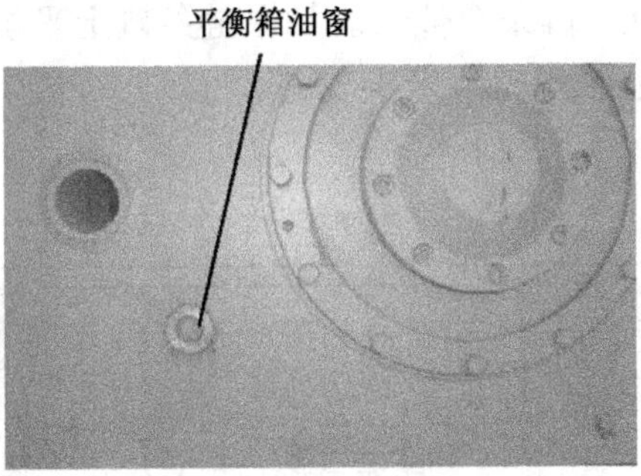

图 4-11　平衡箱油位检查

发现油量不足时,可卸下通气帽(平衡箱加油口盖),如图 4-12 所示,从加油口加油。

图 4-12　平衡箱通气帽

② 换油

a. 拧下放油螺塞(每个平衡箱有 2 个),如图 4-13 所示。把油放进容器,直至放尽。

b. 清洗螺塞,换上新的密封环再装入并拧紧螺塞。

c. 拧下通气帽,把新油加到油位指示器的中间位置。

d. 装上通气帽。

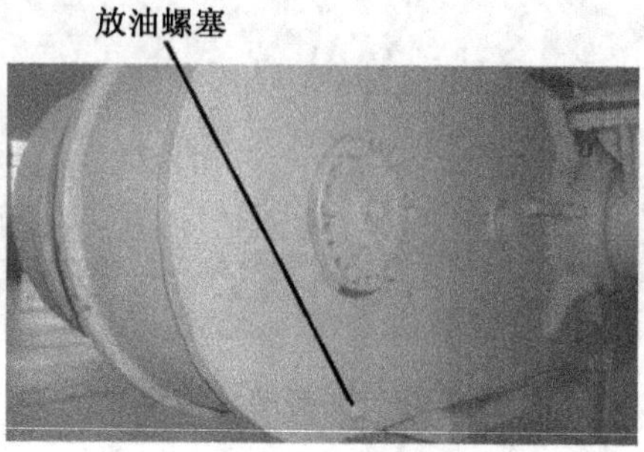

图 4-13　平衡箱放油

③ 检查链条松紧度

每个平衡箱里有两根链条,两根链条应一起检查。

a. 拆下平衡箱的两个盖板 4(见图 4-14)。

b. 支起平衡箱,使车轮离地。

c. 当使用一段落时间后,链条会伸长。如果链条碰上平衡箱,就须将链条重新张紧。链条的张紧是通过转动偏心轴承盖 6 来实现的。

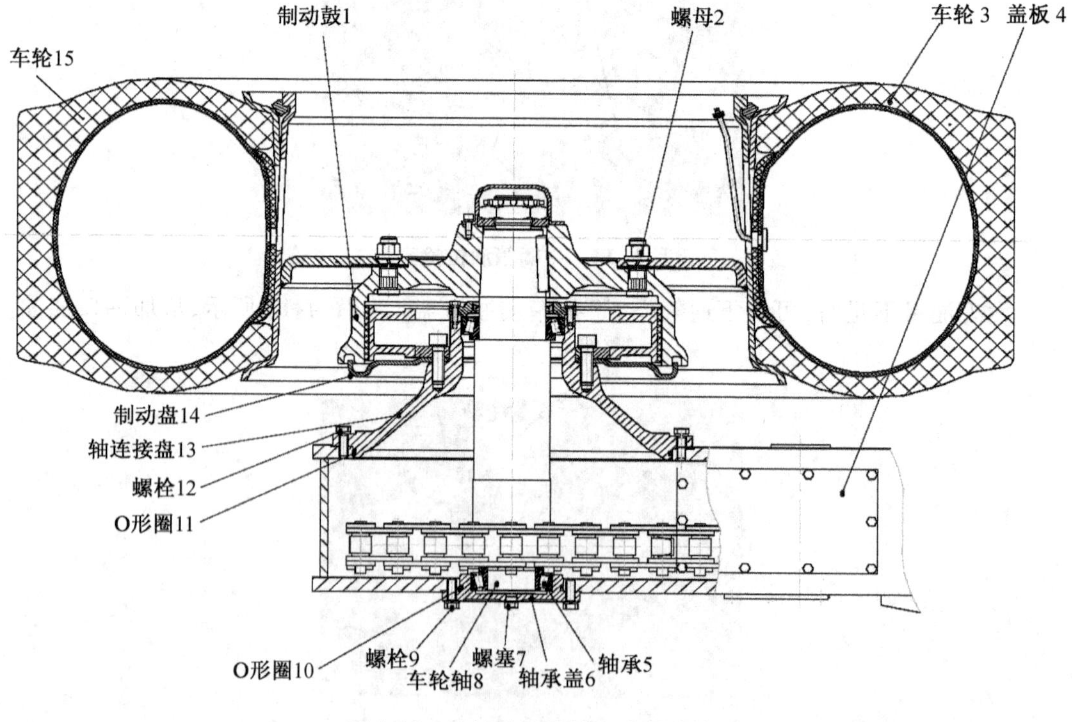

图 4-14　轮边传动及链条张紧结构

④ 重新张紧链条

a. 支撑起平衡箱,使车轮 15 离地并把油放出。

b. 拆下车轮 15 和制动鼓 1。松开制动管路,拆下制动盘 14(见图 4-14)。

c. 取下螺塞 7,在原处换上一个螺栓,把它向车轮轴的螺孔中拧几圈。

注:这个螺栓可以防止车轮轴从圆锥滚子轴承中滑出来。

d. 拆去轴链接盘 13 上的螺栓 11 和轴承盖 6 上的螺栓 9。

e. 把轴连接盘 13、轴承盖 6 同方向转动相同的孔距,直到链条张紧为止。

注意:轴连接盘 13、轴承盖 6 上的标记“0”的位置要相对一致。转动轴连接盘 13 和轴承盖 6 要特别当心,以免损坏了 O 形圈。

f. 用螺栓分别把轴连接盘 13、轴承盖 6 重新装好,对称交叉地依次拧紧螺栓。

g. 拆去轴承盖上装入的螺栓,换上螺母 2。

h. 装上制动盘 14,连接制动管路。

i. 装上制动鼓 1 和车轮 15。给平衡箱加油,重装盖板。

j. 调整好制动系统,给系统放气。

三、平地机工作装置维护保养技术

1. 铲刀回转蜗轮箱的维护保养

(1) 油位检查(见图 4-15)

① 铲刀回转蜗轮箱应水平放置。

② 油位(最高油位)必须在观察孔 3 中间。

③ 需要时,从加油孔 2 加油。

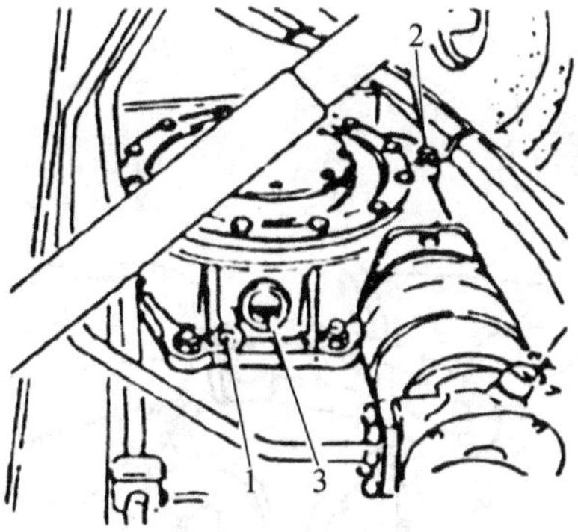

1—放油塞;2—加油孔;3—观察孔

图 4-15 蜗轮箱

(2) 换油

① 为加快排油,摆动铲刀向放油塞 1 一侧倾斜,并将铲刀支在地上。

② 拆下放油塞 1,让油流入容器中。为加快排油,可同时取下加油口螺塞,待油全部流尽方可装回螺塞。清洗放油塞,换用新密封圈,重新装上并拧紧。

③ 操纵升降油缸,将铲刀放平。

④ 从加油孔 2 重新加油,使油达到观察孔 3 中位。

⑤ 清洗加油孔螺塞 2,换用新密封圈,将塞装上并拧紧。

容量:在观察孔中位时,油量约为 2.5 L。

2. 铲刀的调整

如果平地机铲刀的晃动过大,就要更换衬套和导板(要成双更换)。使用锉刀及时地消除导轨上的粗糙不平,能降低磨损程度。

(1) 更换衬套(见图 4-16)

① 将铲刀放在两块木头上。

② 拆下挡板 2。

③ 铲刀滑动拆下,然后拆下衬套 1。

④ 安装上新衬套,紧固挡板。

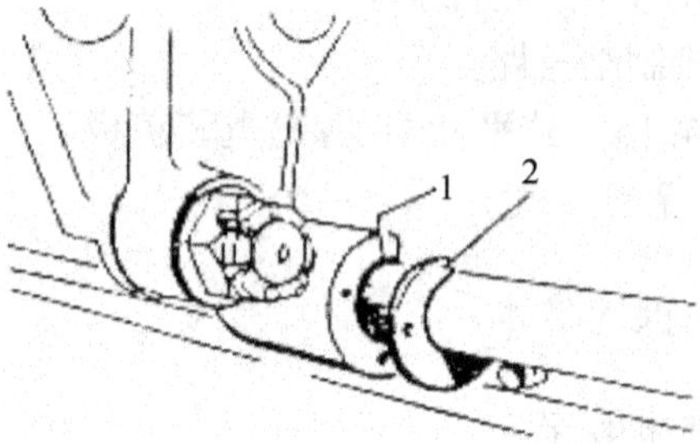

1—衬套;2—挡板

图 4-16 铲刀衬套

(2) 更换导板(见图 4-17)

① 将铲刀放在两块木头上。

② 拧松紧固螺栓 1。

③ 拆下导板 2。

④ 上新导板,用螺栓拧紧。

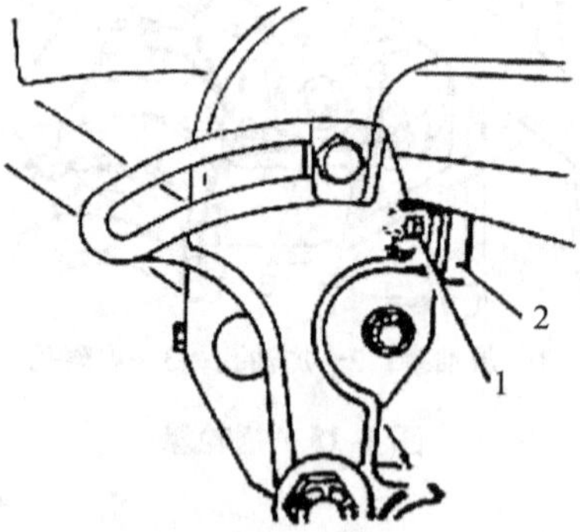

1—紧固螺栓; 2—导板

图 4-17 铲刀导板

(3) 调整铲刀回转齿圈(见图 4-18)

说明:如果径向跳动超过 3 mm、轴向间隙超过 2.5 mm,必须调节回转圈导板;如果是滚盘式齿圈,则不需进行调整。

① 导板的轴向调节

a. 用塞尺测量齿圈 1 和四块导板 2 之间的轴向间隙，保证间隙 3 为 0.6 ~ 0.8 mm。

b. 拧下螺母 4 后取下四个导板 2。

c. 增减垫片 3，使间隙符合要求，重新装好导板。

② 回转圈的径向调节

a. 拧松螺母 4 和螺母 5，拧动螺栓 6，调节导板 2。

b. 将所有的螺母拧紧，螺母的拧紧力矩为 590 N·m。

c. 回转试验，回转圈必须能自由旋转 360°。

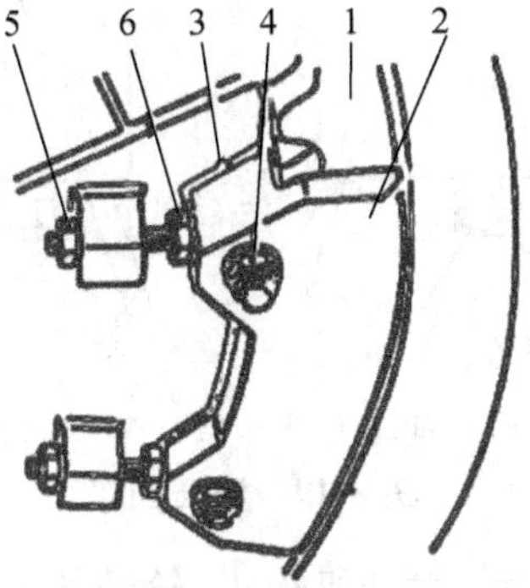

1—齿圈；2—导板；3—轴向间隙垫片；4，5—螺母；6—螺栓

图 4-18　回转齿圈导板

四、液压系统维护保养技术

（1）检查作业液压系统中泵、缸、阀、管路及接头是否渗漏。

（2）在整个液压系统中，所有的溢流阀都已调定了正确的工作压力，并且这些装置已被密封。如因故障需要重新调节压力，应通知厂方售后服务部。

（3）液压油检查与更换。

① 油位检查

a. 发动机熄火，作业装置落地时，油位必须在油位指示器 2 中位（见图 4-19）。

b. 必要时，添加规定的液压油。

注：油量损耗时，检查漏损和密封情况。

② 液压油更换

使用到规定的工作小时或油液变质、污染后，须更换液压油。参见图 4-19，液压油更换步骤如下：

a. 铲刀落地，推土板升至最高位置。

b. 发动机熄火，扳动操纵杆将推土板落地。

c. 把油箱底部的放油螺塞 5 拧下，将油放入容器中。待油流尽后拧紧螺塞。

d. 打开回油滤清器盖 1，加入规定的液压油，油位应达到油位指示器 2 的中位。

e. 装上回油滤清器盖 1。

f. 启动发动机，操纵所有作业装置的操纵杆，使操纵杆大距离反复运动，这样就可以给液压系统充满液压油并排掉气体，同时将液压系统全部充满。

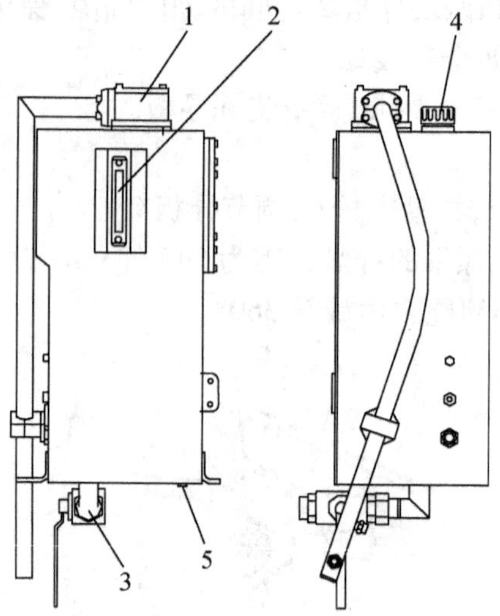

1—回油滤清器；2—油位计；3—球阀；4—空滤器；5—放油螺塞

图 4-19　液压油箱

g. 将所有作业装置置于地面，发动机熄火，给油箱放气。

h. 如有必要，再从回油滤清器 1 口处加油，使油位升至油位指示器 2 中位。

注：应特别注意过滤器口的密封性，必要时更新密封圈。为防止过滤器盖的细牙螺纹的损坏，装盖时应小心。

（4）更换回油过滤器滤芯。

① 拆下过滤器盖。

② 整个取出旧的过滤器滤芯。

③ 换新滤芯，按相反程序重新装好。

注：将整个过滤器重装进油箱时必须小心，不得损伤支座的密封圈。细心地拧紧回油过滤器盖。

（5）更换或修理作业泵、转向泵。

① 将球阀关闭。

② 更换或修理作业泵、转向泵。

③ 修理后重新打开球阀。

（6）定期检查转向系统的功能是否正常，检查液压转向系统的泵、缸、管路和接头密封情况，及时排除渗漏现象。

（7）检查转向梯形拉杆和转向缸的螺母和螺栓安装是否牢固，必要时拧紧。

注：万一液压转向系统发生故障，应停止工作，通知专业人员进行修理。

五、前轮轴承润滑和调整

具体步骤如下（见图 4-20）：

（1）顶起前桥，拆下前轮。

(2) 用手来回拉动轮毂1,轮毂应能灵活转动,而又没有明显的间隙感。发现间隙过大时应进行调整。

(3) 松开六角螺栓3和内六角螺栓2。

(4) 拆下轴承盖4。

(5) 数清轴承盖4里面调整垫片的数量。

(6) 用拨出工具把轮毂1拆下。

(7) 检查清洗轮毂、转向节轴、轴承和盖。如已损坏,更换新的盖、密封圈和轴承等。

(8) 加新的润滑脂。

(9) 装轮毂。

(10) 如果轴承间隙过大,则撤去一个调整垫5。

(11) 装上轴承盖4,按规定的力矩拧紧螺栓:内六角螺栓2为78 N·m,六角螺栓3为250 N·m。内六角螺栓要对面交叉的依次拧紧。

(12) 重新检查,轮毂1应能不费力地转动而没有明显间隙和晃动感。

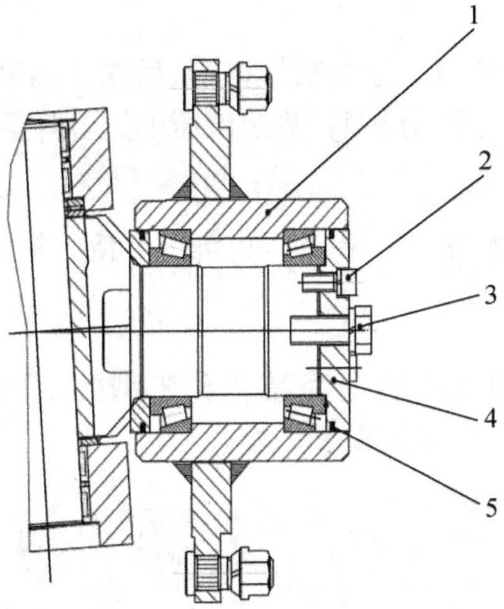

1—轮毂; 2—内六角螺栓; 3—六角螺栓; 4—轴承盖; 5—调整垫

图4-20 前轮轴承

六、平地机工作装置性能检查

1. 性能要求

GB/T 14782—2010平地机技术条件之5.2性能要求如表4-1所示。

表4-1 平地机主要性能要求

序号	项目		性能要求	备注
1	铲刀升降速度(mm/s)	升	≥100	
		降	≥120	
2	铲刀侧伸速度(mm/s)	升	≥90	
		降	≥100	
3	铲刀油缸沉降量(mm/30 min)		≤8	

2. 试验方法

GB/T 8506—2008 中给出了试验方法。

(1) 铲刀提升和下降速度

发动机在额定转速下运转，测量铲刀左右两端从离地 50 mm 处提升到 150 mm 处以及从 150 mm 下降到 50 mm 处所用的时间。各测量三次，取平均值，并计算铲刀提升和下降速度。

(2) 铲刀侧移速度

发动机在额定转速下运转，测量铲刀相对回转圈左、右侧移 200 mm 所用的时间。各测量三次，取平均值，并计算铲刀左、右侧移速度。

(3) 后松土器提升和下降速度

发动机在额定转速下运转，测量后松土器齿尖从离地 50 mm 处提升到 150 mm 处以及从 150 mm 下降到 50 mm 处所用的时间。各测量三次，取平均值，并计算后松土器提升和下降速度。

(4) 液压油缸沉降量

液压系统油温应不低于 45 ℃，分别操作铲刀、后松土器和前松土耙，使前轮或后轮离地 200 ~ 250 mm。发动机熄火 30 分钟后，测定液压油缸沉降量。各测量三次，取平均值。

课题三　平地机维护保养周期

平地机技术保养的周期和内容因为品牌和机型的不同而有一定的差异。本书以 PY190 为例，介绍平地机维护保养周期和内容。

一、日常保养

(1) 清洁平地机表面。

(2) 检查机械各零部件的连接和紧固情况。

(3) 检查和排除机械各部位的渗漏油现象。

(4) 检查发动机的机油、燃油及液压油油量。

(5) 向各润滑油嘴加注锂基润滑脂。

二、走合保养(走合期 50 小时)

完成日常保养内容。

(1) 检查轮胎气压，检查车轮螺母(用扭力扳手，力矩 450 N · m)。

(2) 更换发动机机油。

(3) 检查液压油油位，加液压油至规定量。

(4) 检查发动机冷却液水位，加冷却液至规定量。

(5) 检查后桥及液压系统是否有渗漏现象，若有渗漏则必须消除，并加液压油至规定量。

(6) 发动机每工作 50 小时，必须清理空气滤清器一次。

三、每工作 100 小时保养

完成上一级保养内容。

(1) 更换后桥润滑油。
(2) 清洗机油滤清器。
(3) 清洗柴油滤清器。
(4) 检查、清洁进气系统和排气系统。
(5) 检查停车制动系统，必要时进行调节。
(6) 检查转向机构的连接有无松动。
(7) 检查铲刀导向间隙，必要时调整。
(8) 拧紧车轮螺母(用扭力扳手，力矩 450 N·m)。
(9) 检查平衡箱链条张紧度，松时给予张紧。
(10) 按发动机使用说明书中 100 小时技术保养项目进行发动机的保养。

四、每工作 250 小时保养

完成上一级保养内容。

(1) 按发动机使用说明书中 250 小时技术保养项目进行发动机的保养。
(2) 清洗燃油箱输油泵滤网及管道。
(3) 后桥各部油位检查或加油。
(4) 用压缩空气吹去发电机内的积尘，并检查各部位有无异常，有则排除掉。
(5) 检查回转圈导向间隙，必要时调整。

五、每工作 500 小时保养

完成上一级保养内容。

(1) 按发动机使用说明书中 500 小时技术保养项目进行发动机的保养。
(2) 检查轮边制动器摩擦片，厚度小于 3 mm 时更换。
(3) 更换变速箱精滤器。
(4) 检查开关、操纵监控装置的电气线路是否正常。如有损坏则需立即修复。
(5) 检查变速箱至后桥、发动机至作业泵的传动轴，万向节传动轴的间隙是否过大。

六、每工作 1 000 小时及冬季以前保养

完成上一级保养内容。

(1) 按发动机使用说明书中 1 000 小时技术保养项目进行发动机的保养。
(2) 更换液压油滤清器的滤芯。
(3) 检查风扇传动轴轴承及皮带张紧轮轴承的磨损情况。
(4) 在温度低于 5 ℃时，发动机须给予特别维护。

① 必须使用冬季燃油并特别注意燃油中的含水量,以免堵塞油路。

② 冷却系统最好加注防冻液,否则停车后待温度降至 40 ~ 50 ℃时,将冷却水放尽。

③ 在严冬季节和地区,平地机最好不要露天停放,否则启动时须将冷却水加热以预热机体。

七、每工作 2 000 小时保养

完成上一级保养内容。

(1) 更换前桥轮毂中的润滑脂,调整前轮轴承间隙。

(2) 检查后桥主传动小齿轮轴向间隙,若大于 0.05 mm,必须重新调整。

八、每工作 3 000 小时保养

完成上一级保养内容。

(1) 清洗冷却系统。

(2) 清洗机油冷却器。

(3) 检查水泵内部水封,加注新润滑脂。

(4) 更换空气滤清器滤芯。

单元五　沥青混凝土摊铺机维护保养技术

课题一　沥青混凝土摊铺机概述

一、沥青混凝土摊铺机用途

摊铺机是用于将拌制好的混合料(包括沥青混凝土和基层稳定土)均匀地摊铺在已整好的路基或基层上的专用设备。在摊铺过程中,首先接收由自卸汽车运来的混合料,再将其横向铺散在路基或基层上,最后加以初步压实、整形,形成一条有一定宽度、一定厚度和一定形状的铺层。

摊铺机按用途分为沥青混凝土摊铺机、稳定土摊铺机和多功能摊铺机。

沥青混凝土摊铺机主要用于沥青混凝土的摊铺;稳定土摊铺机主要用于基层稳定土的摊铺;多功能摊铺机既能满足摊铺沥青的需求,又能摊铺稳定土。

本单元以使用较多的履带式沥青混凝土摊铺机为例进行介绍,其外形如图 5-1 所示。

图 5-1　履带式沥青混凝土摊铺机

二、沥青混凝土摊铺机总体构造

沥青混凝土摊铺机主要由基础车(机架、发动机、行驶系统等)、工作装置(料斗、刮板输送器、螺旋摊铺器、振捣器和熨平板)、控制系统等组成,其主要构造如图 5-2 所示。

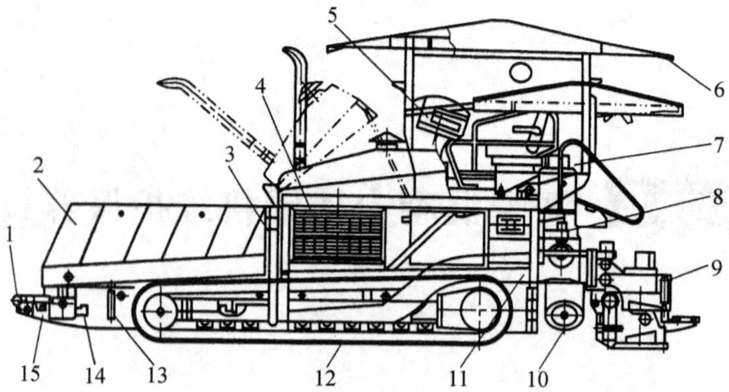

1—推辊装置；2—料斗；3—调平油缸；4—柴油机及动力传动系统；5—驾驶控制台；6—顶棚；7—加热系统；8—大臂提升油缸；9—熨平装置；10—螺旋摊铺器；11—大臂；12—履带行走机构；13—料斗油缸；14—刮板输送器；15—机身

图 5-2　履带式沥青混凝土摊铺机总体构造

摊铺机机架用来支撑工作装置、发动机总成和驾驶室等主要结构。履带式沥青混凝土摊铺机的行驶系统由履带总成、行驶马达、行驶泵等组成，通过这些组件，摊铺机可实现行走、转向及停车。料斗则是摊铺物料的储存容器，由液压油缸驱动其张合。刮板输送器位于摊铺机前端料斗的底部，负责将料斗中的材料送到螺旋分料器。螺旋分料器分左右两组，负责将刮板输送器送来的材料较为均匀地分布在路基上。熨平装置的作用是对螺旋分料器所输送的材料进行整平、整形及预压实，为随后的压路机进一步压实提供工作条件。此外，沥青混凝土摊铺机还有加热系统和控制系统等。

课题二　履带式沥青混凝土摊铺机维护保养技术

以 LTU90 Ⅱ/LTU120 Ⅱ 履带式沥青混凝土摊铺机为例进行介绍。

一、行驶系统维护保养技术

1. 行驶系统结构组成

行驶系统由履带总成、行驶马达、行驶泵、减速器、高压油管等组成，其中行驶马达、减速器、驱动轮采用三位一体结构，油管从履带梁穿过。行驶系统外形和结构分别如图 5-3、图 5-4 所示。

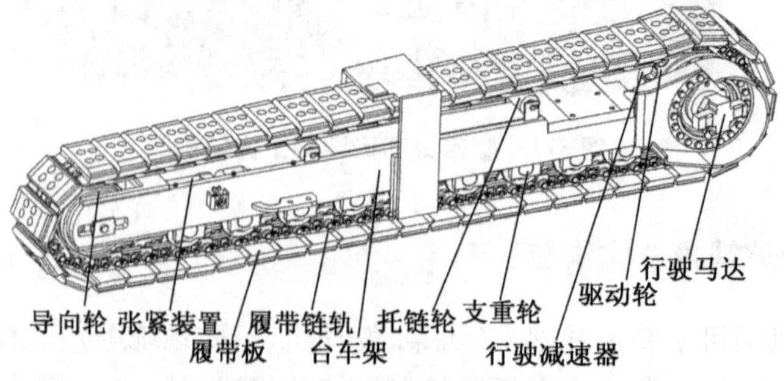

图 5-3　行驶系统外形图

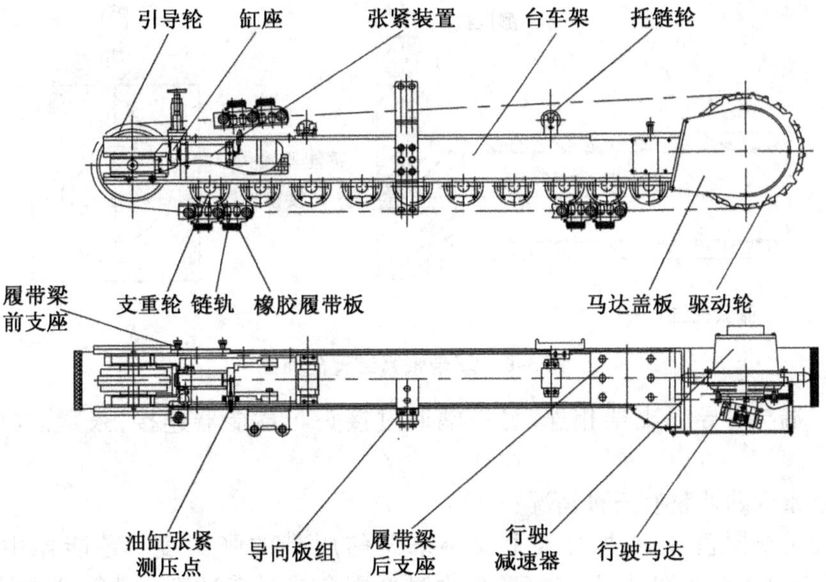

图 5-4　行驶系统结构图

行驶驱动采用一泵一马达组成的两个闭式回路。行驶泵为变量柱塞泵，行驶马达为变量柱塞马达加行星减速器，行星减速器中装有湿式多片盘式制动器。行驶泵通过电磁阀控制斜盘的角度来改变高压油的流量和方向，以改变机器的行驶方向和速度。变量柱塞马达通过电磁阀控制斜盘角度使机器具有两档速度，以适应行驶、摊铺作业的不同要求。

2．行驶系统维护保养技术

（1）履带张紧度调整

履带张紧装置结构如图 5-5、图 5-6 所示。

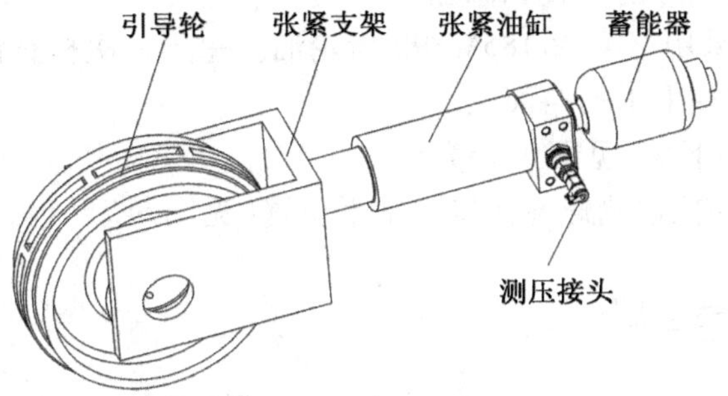

图 5-5　履带张紧装置立体图

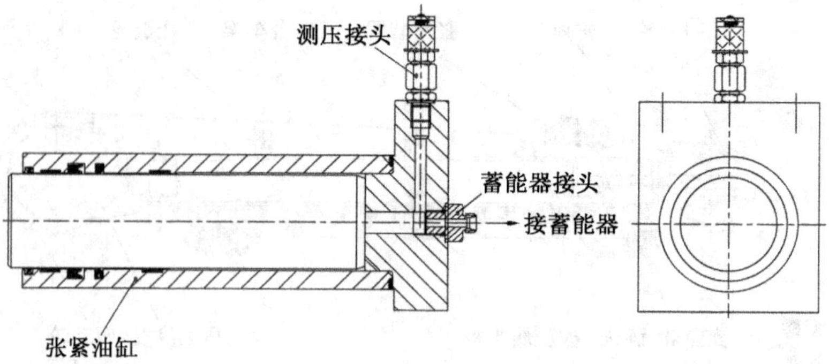

图 5-6　履带张紧装置剖面图

油缸一端与引导轮支架相连,另一端通过接头与蓄能器连接,张紧油缸内充满液压油。

履带张紧度的调整有三种情况:

第一种是根据蓄能器中的压力大小来调整履带的张紧度。蓄能器中的压力为 120 bar,压力过高会使履带张紧过度,压力过低则会使履带过松。蓄能器内的压力可以通过测压接头来进行测量,压力不足时,可利用辅助泵通过此接头向蓄能器内充压力油,以达到要求的压力值。

第二种是检查导向轮与第一托带轮之间履带下垂量,下垂量一般以 10 mm 左右为合适,若履带过松,则可以用调平油缸向蓄能器内充油而使履带张紧到合适的量。

第三种是履带自动张紧,如 ABG8620 摊铺机,开机时自动调整履带张紧度,怠速时自动释放履带张力。该装置由独立的液压系统控制,无须进行保养。

(2) 驱动轮及减速器的检查和润滑

① 驱动轮检查

每周一次,检查噪音;每月一次,检查螺栓连接是否松动(根据图纸规定的扭矩)。

② 驱动减速器齿轮油的检查和添加

驱动减速器通常采用(GL－5)85W/90 齿轮油。每周一次检查油位。

a. 将摊铺机停放在平坦的路面上。

b. 将护盖 A 拆卸下来(见图 5-7a)。

c. 行驶机械,将油位检测螺塞保持在水平位置(见图 5-7b)。

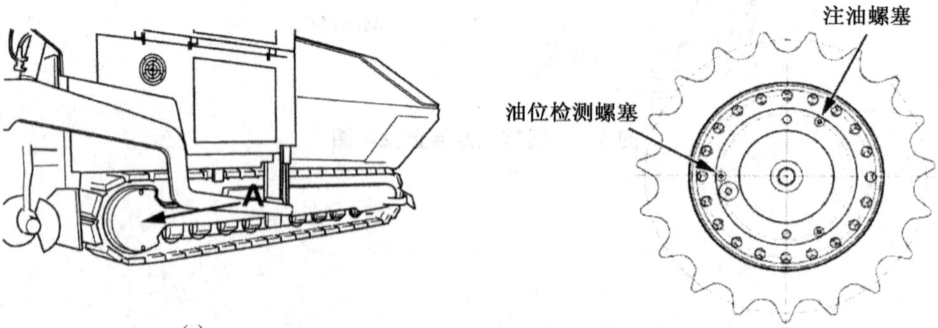

(a)　　(b)

图 5-7　减速器的油位检查和换油

d. 将油位检测螺塞拧下来,查看油位。减速器油位必须达到油位检测螺塞的螺孔底部边缘(油位正确)。如果油位太低,应加注齿轮油。

e. 加注的方法是:将注油螺塞拧下来,从此孔加注润滑油,直到检测螺塞孔有油流出。

f. 完成上述工作后将两个螺塞拧上,并检查是否有泄漏,然后再将护盖 A 固定好。

③ 齿轮油更换

首次换油在工作 100 个小时后,随后每隔 1 500 个工作小时更换齿轮油。加注量一般每侧为 3 L 左右。

a. 换油前,先将摊铺机行驶一点,使一个螺塞转到最低点(见图 5-8)。

b. 先拆下高位置的螺塞(见图 5-8),然后拆掉低位置的螺塞,准备好容器,放净旧油。

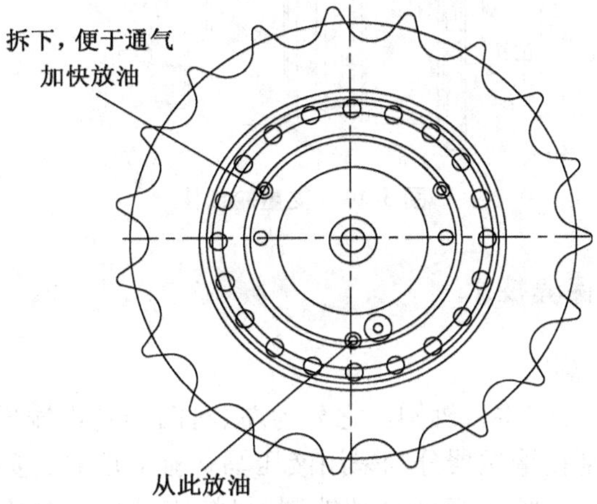

图 5-8　放油

c. 再行驶一点,将一个螺塞转到水平位置,另一个转到高位(见图 5-7b),通过高位的加油口注入齿轮油,直到处于低位的检测螺塞孔有油流出。

d. 完成上述工作后,将两个螺塞拧上,并检查是否有泄漏。最后再将护盖 A 固定好。

(3) 托链轮的检查和润滑

托链轮总成安装在两侧台车架的上方。应定期(通常每月一次)检查螺栓,托链轮轴上有油嘴,应定期加注润滑油。托链轮的结构如图 5-9 所示。

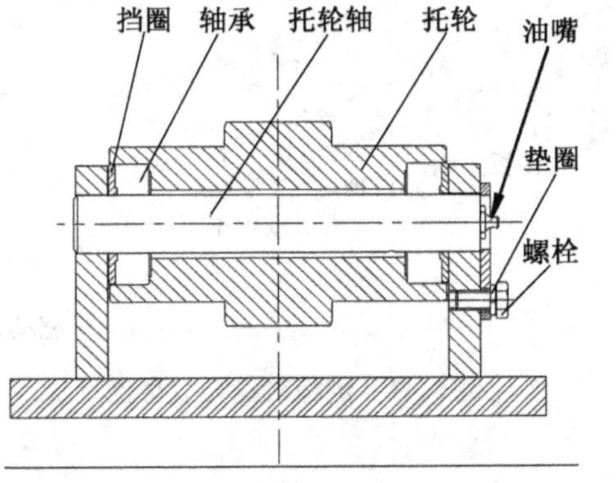

图 5-9　托链轮结构

(4) 支重轮的检查和润滑

支重轮安装在两侧台车架下方,每边各有10个,通过支重轮将机器的重量均匀地分布在履带上。支重轮的结构如图5-10所示。支重轮轴上有油孔,平时以螺塞封闭,拆下螺塞,可以加润滑油,润滑轴承和支重轮轴表面。

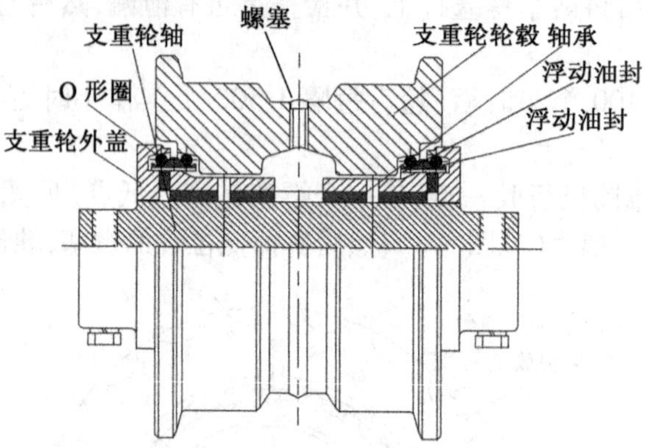

图5-10 支重轮结构

二、刮板输送器维护保养技术

1. 刮板输送器结构组成

刮板输送器是摊铺机的供料机构。它分为左、右两排刮板输送器,以便于控制左、右两边的供料量。左、右刮板输送器分别采用液压马达独立驱动,通过超声波料位传感器、料位高度传感器、PLC微电脑进行全自动控制,保持熨平板前料堆高度恒定、阻力恒定,确保摊铺质量。刮板输送器驱动系统的转速具有自动比例控制和手动无级控制功能。

刮板输送器由传动链条、导向装置、刮板输送链、驱动装置、传动链轮座等组成,结构如图5-11、图5-12所示。

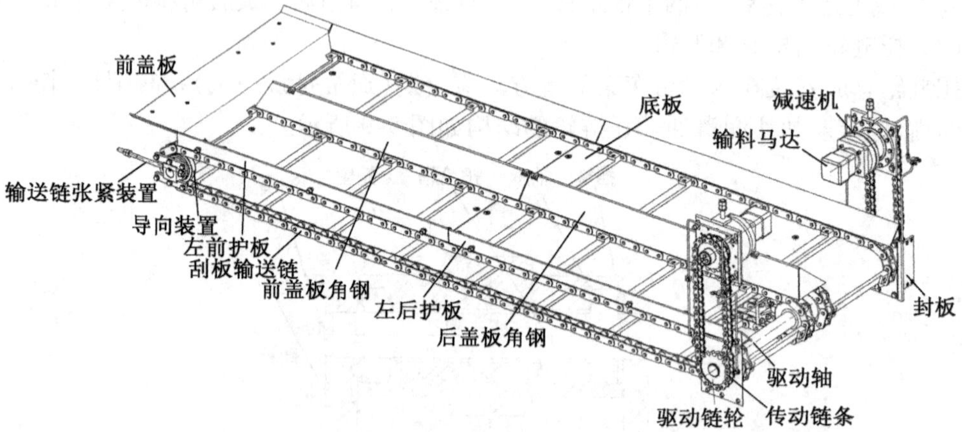

图5-11 刮板输送器立体图

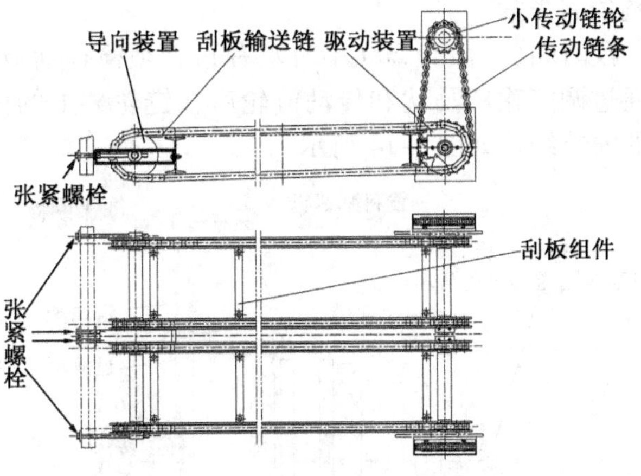

图 5-12　刮板输送器平面图

2. 刮板输送器维护保养技术

(1) 刮板输送链条张紧与润滑

摊铺机进行摊铺工作之前,必须检查刮板输送链条是否张紧。

链条的下垂最低点应与机身两侧墙板底面基本平齐,否则应张紧或放松链条。刮板输送链条张紧装置如图 5-13 所示。

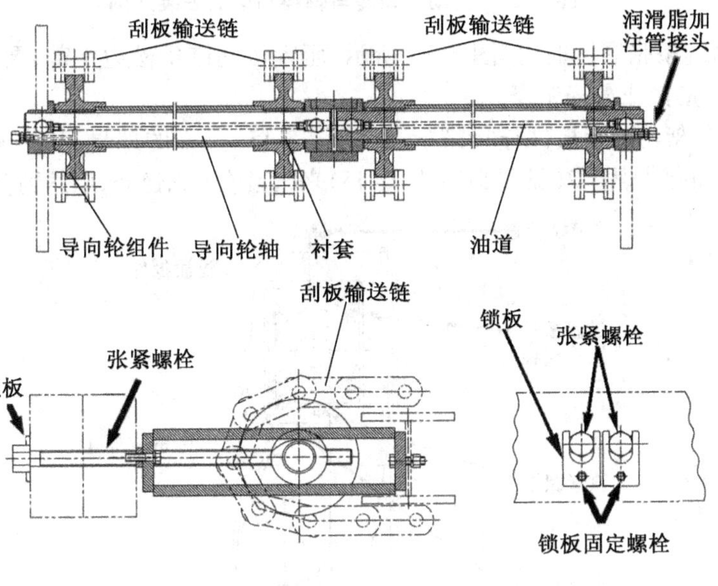

图 5-13　刮板输送链条张紧装置

张紧或放松链条时,应先拧下摊铺机前横梁上的锁板固定螺栓,取下锁板,通过调节张紧螺栓来张紧或放松链条,以达到合适的松紧程度。当输送链条和驱动链轮磨损程度较严重时,应及时更换链轮和链条。由于磨损后链轮和链条的节距将产生误差,更换时必须将链轮和链条同时更换。每条刮板输送链均有一个张紧螺栓(见图 5-12),共有 4 个。

导向轮轴与轴承的润滑通过加注的润滑脂进行,如图 5-13 所示。

（2）刮板传动链条的张紧

摊铺机每工作一段时间(一般为200小时左右)，必须检查刮板传动链条的张紧度。张紧或放松链条是通过调整输料马达和传动链轮座在链轮架上的位置来实现的。传动链轮座与输料马达的安装结构如图5-14所示。

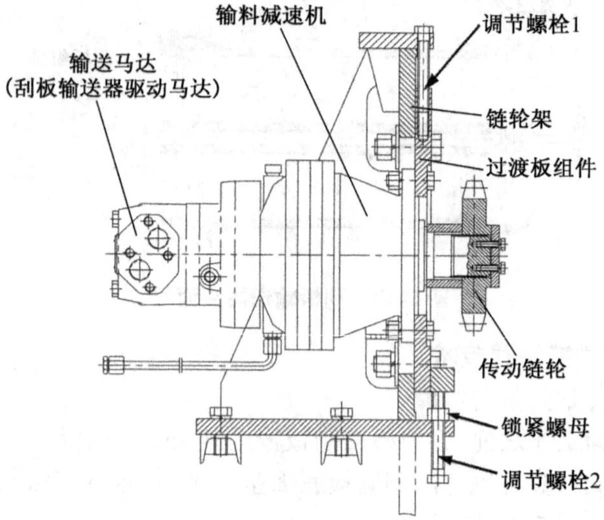

图5-14　传动链轮座与输料马达的安装结构

检查传动链条张紧度时，如图5-15所示，压紧传动链条松边中部，要求其垂度为5～10 mm，否则应张紧或放松链条。

先拧松链轮架与过渡板件连接螺栓A(见图5-15)上面的螺母，利用调节螺栓1(见图5-14、图5-15)和调节螺栓2(见图5-14、图5-15)来张紧或放松链条，以达到合适的松紧程度。

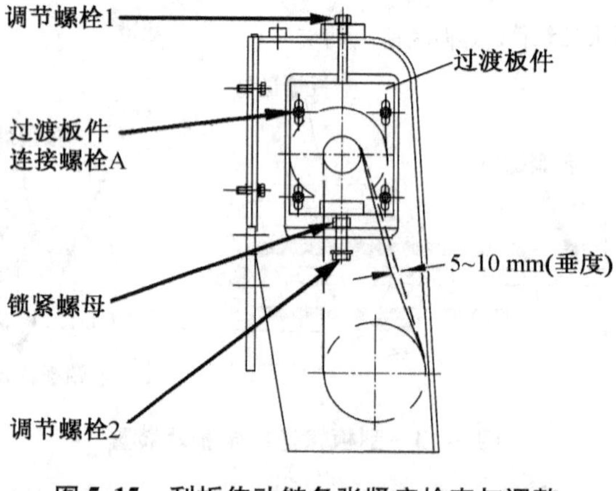

图5-15　刮板传动链条张紧度检查与调整

当传动链条和传动链轮磨损程度较严重时，应及时更换链轮和链条。由于磨损后链轮的节距将产生误差，故链轮和链条必须同时更换。

张紧度调整合适后，拧紧过渡板件连接螺栓A(见图5-15)上面的螺母。锁紧调节螺栓2上面的锁紧螺母。

三、螺旋分料器维护保养技术

1. 螺旋分料器结构

摊铺机螺旋分料器分为左右两组(见图 5-16),由两组独立的驱动装置驱动,均是由液压马达通过减速机和链条进行驱动的,可正反向旋转。螺旋分料器的转速可实现手动和自动两种控制方式。螺旋分料器距地面高度调节多为机械式,也有液压式。

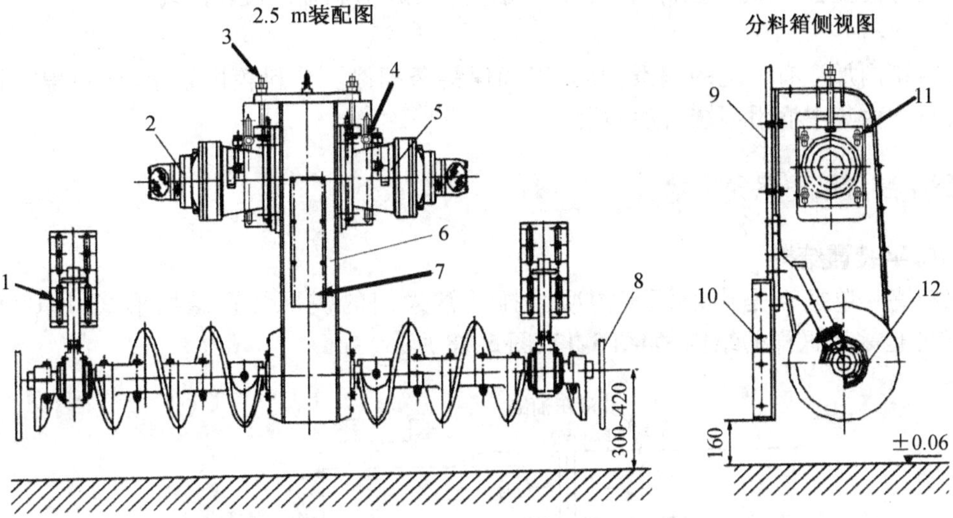

1—轴承支座紧固螺栓；2—分料马达；3—链条调整螺栓；4—分料箱固定螺栓；5—减速器；6—分料箱；7—分料箱盖板；8—机架侧板；9—后墙板；10—挡板；11—减速器固定螺栓；12—支座

图 5-16　螺旋分料器结构

2. 螺旋分料器维护保养技术

(1) 螺旋分料器传动链条张紧度检查与调整

① 张紧度检查

如图 5-16 所示,驱动链条在分料箱内运行,在使用一定时间后,需要检查和调整螺旋分料器驱动链条的张紧度。检查时要拧下分料箱盖板上的螺栓,然后取下分料箱盖板,用螺丝起按压链条中部,要求其垂度为 5 ~ 10 mm,否则应进行调整。

② 张紧度调整

当需张紧链条时,只需松开减速器固定螺栓 11,松开调节链条调整螺栓 3 上面的锁紧螺母,调节链条调整螺栓 3,使整个驱动机构向上移。调整完成后要拧紧固定螺栓 11,并锁紧调整螺栓 3 上面的锁紧螺母。若经长时间工作和几次调整后,因链条伸长而无法调整,应及时更换链轮和链条。

(2) 螺旋分料装置距地面高度调节

LTU90Ⅱ/LTU120Ⅱ螺旋分料装置距地面高度调节为机械式(见图 5-16)。螺旋分料轴中心高度调节范围一般为 ±60 mm(有的机型则为 ±50 mm),机器出厂时螺旋分料轴中心距地面应为 360 mm,其最大高度为 420 mm,最小高度为 300 mm。调节时应松开两侧轴承支座紧固螺栓 1、分料箱两侧的固定螺栓 4,调节高度时,应注意保持整个宽度等量升降。

螺旋分料器高度应根据摊铺厚度进行调节。铺层厚时，螺旋分料器高度要增加，反之应减少高度。若螺旋分料器装配位置太高，则供料慢，两端供料不足；螺旋分料器太低，则阻力过大，供料不足。一般螺旋分料器下沿调至高出松铺层 10 ~ 20 cm 时供料较理想。很多摊铺机的螺旋分料器可被分别固定于三个位置，以适应不同摊铺厚度的需要：高位（比中位高 5 cm 或 6 cm）适用路面铺层超过 15 cm；中位适用路面铺层为 10 ~ 15 cm；低位（比中位低 5 cm 或 6 cm）适用路面铺层小于 10 cm。在摊铺过程中，螺旋分料器的底边缘必须始终在熨平装置的底板上方，而堆积材料的料位不能高于螺旋分料器的旋转曲线。

（3）润滑

分料箱内加注有一定的润滑油脂，以确保链条润滑。分料箱内轴承、分料螺旋轴承座内轴承均由集中润滑系统自动润滑。

四、熨平装置维护保养技术

1. 熨平装置结构

双振捣 - 单振动是当前沥青混凝土摊铺常采用的熨平装置结构形式，LTU90 Ⅱ/LTU120 Ⅱ 也采用这样的结构，如图 5-17、图 5-18 所示。

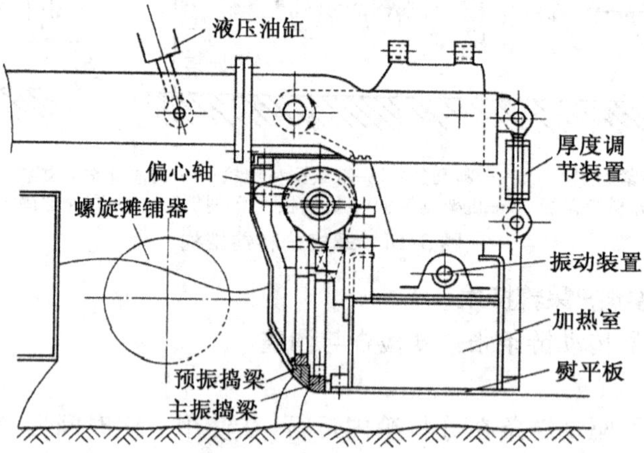

图 5-17　双振捣 - 单振动熨平装置结构

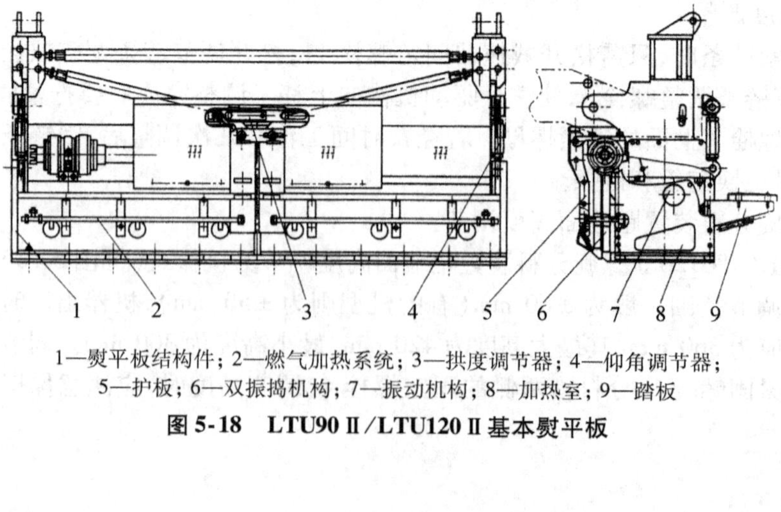

1—熨平板结构件；2—燃气加热系统；3—拱度调节器；4—仰角调节器；5—护板；6—双振捣机构；7—振动机构；8—加热室；9—踏板

图 5-18　LTU90 Ⅱ/LTU120 Ⅱ 基本熨平板

2. 熨平装置维护保养技术

(1) 前护板与振捣器(夯锤)间隙调整(见图 5-19)

① 松开弹簧拉杆。

② 松开锁紧螺母。

③ 转动螺杆,使振捣梁与前护板之间间隙为 0.5 mm。

④ 拧紧锁紧螺母。

⑤ 拉紧弹簧拉杆。

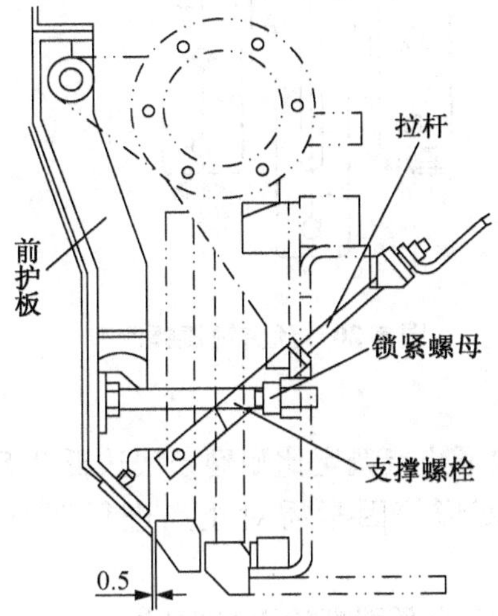

图 5-19　前护板与振捣器(夯锤)间隙调整

(2) 双夯锤(振捣器)振幅调节和下止点调节

以 VDT121 为例。

振幅调节范围:

预夯锤振幅——0 mm,3 mm,6 mm,9 mm,12 mm;

主夯锤振幅——5 mm(固定值)。

摊铺机供货时夯锤振幅调定如下:

预夯锤振幅——6 mm;

主夯锤振幅——5 mm。

① 预夯锤振幅调节

通过旋转支承法兰 C 和 D(见图 5-20),可以对预夯锤振幅进行调整,调整方法如下:

a. 拧下轴承座 B 上的 2 个六角螺栓 M12 × 35。

b. 把销钉(工具箱中带有)穿入法兰 C 和 D 的 10 mm 的径向孔中,然后两法兰相对旋转,直到法兰 D 上的"H"标记与法兰 C 上的所要求的振幅数值对齐为止。

c. 当振捣行程转换超过一级时,两侧的法兰 C 应依次转换一级;否则,轴承上张力过大,导致损坏。

d. 调整结束后,把两个固定螺栓(M12 × 35 包括垫片)拧紧。

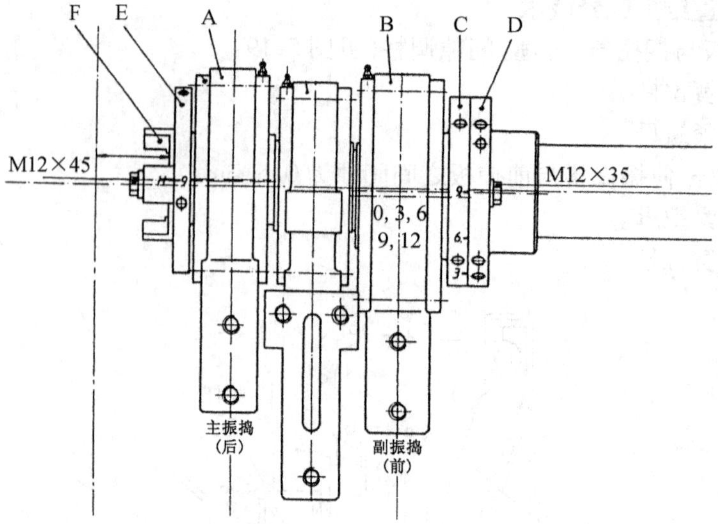

图 5-20 预夯锤振幅调节

② 主夯锤下止点调节

出厂规定值:主夯锤底边下止点调定比耐磨条底边低 0.5 mm,如图 5-21 所示。

在使用过程中,因磨损变形等因素需对止点进行调节。主夯下止点的调整方法如下:

a. 松开偏心轴支架上的三个紧固螺栓 M16“G”。

b. 通过调整螺母“H”调节偏心轴高度,使其夯锤底边在下止点时,比耐磨条底边低 0.3 ~0.5 mm。

c. 拧紧振捣支承上的紧固螺栓“G”,锁紧调节螺母“H”。

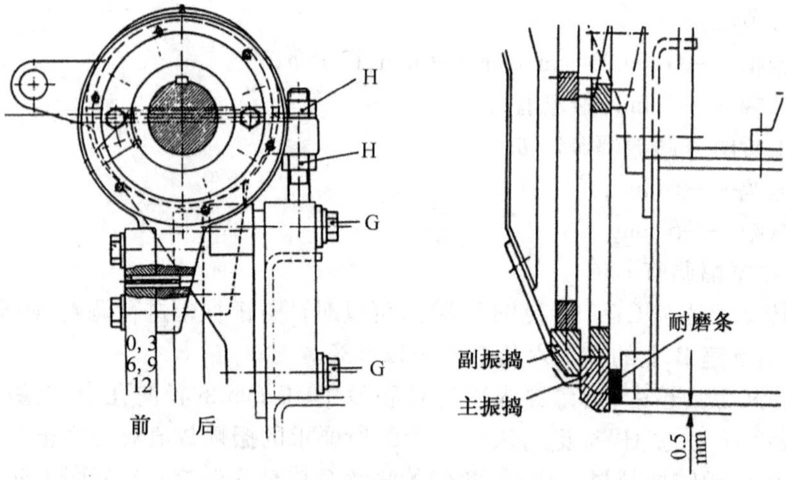

图 5-21 主夯锤下止点调节

(3) 拱度调节

拱度调节的方法有机械式和液压式,虽然方法不同,但原理是一样的。

调节时,松开左右箱体的锁紧机构,松开左、右旋锁紧螺母,拧动调节螺套,同时观察拱度指示上的数值，调整到合适的数值后，拧紧锁紧机构和锁紧螺母，如图 5-22 所示。

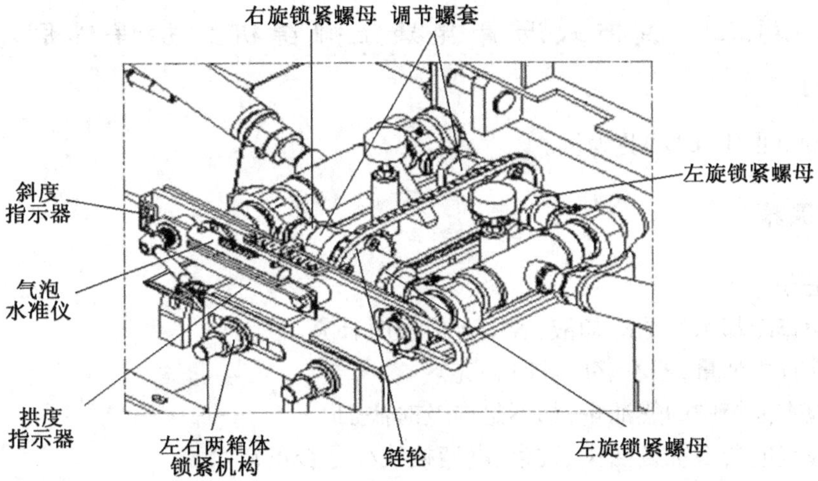

图 5-22　拱度调节机构

(4) 仰角调节

根据摊铺的材料和厚度，通过厚度调节机构(见图 5-17)进行仰角调节。仰角调节的目的是控制摊铺的厚度。

(5) 三角皮带的张紧

开机使用两天后，检查夯锤皮带和振动器皮带的预紧情况。必要时，移动液压马达，对皮带进行再张紧。

五、大臂(牵引臂)润滑

大臂(牵引臂)的润滑点如图 5-23 所示，在间隔条和导向滑轨上涂抹润滑脂，在导向轮的黄油嘴打入润滑脂，直到润滑脂从轴承中溢出。

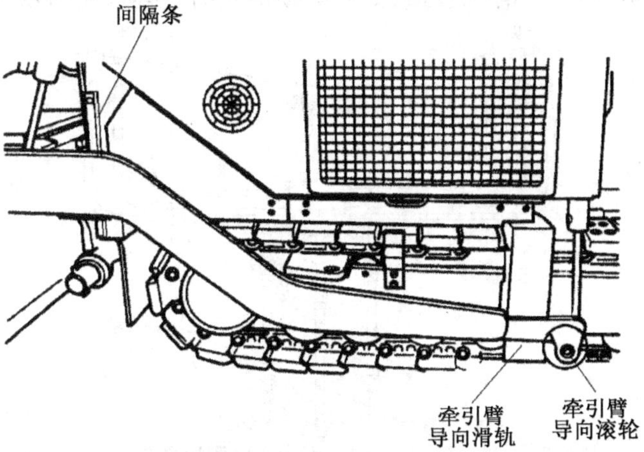

图 5-23　大臂(牵引臂)润滑

课题三　履带式沥青混凝土摊铺机维护保养周期

以 LTU90Ⅱ/LTU120Ⅱ为例。

一、日常保养

1. 柴油机

（1）检查冷却水箱的冷却液，若不足应及时补充。

（2）检查机油量，若不够应及时补充。

（3）检查油箱中的燃油量，如不足应及时添加。

（4）检查电器系统各插头、线束、电瓶接线柱是否正常。

（5）检查各油路接头有无渗漏。

（6）将柴油粗滤器或柴油预滤器放水，放水后用手压泵排气。

（7）检查风扇、水泵及发电机皮带松紧度。

2. 减速机

每天工作前检查行走减速机、螺旋分料减速机、刮板输料减速机齿轮油有无渗漏情况。特别是行走减速机，检查和加注齿轮油相对不便，要通过机架侧板的检修孔才能观察，这一工作极易被疏忽，因未及时保养而造成减速机早期损坏的现象时有发生。

3. 各润滑点

（1）熨平板振动机构和振捣机构润滑。

熨平板振动机构、振捣机构采用手动润滑，如图 5-24 所示。通过板架上油脂加注点加注润滑脂，润滑脂通过分配器、油脂管进入振动、振捣轴承座中。在施工前应检查所有的润滑脂管、接头是否齐全，有无破损，如有破损应及时更换。每班次加注润滑脂一次。

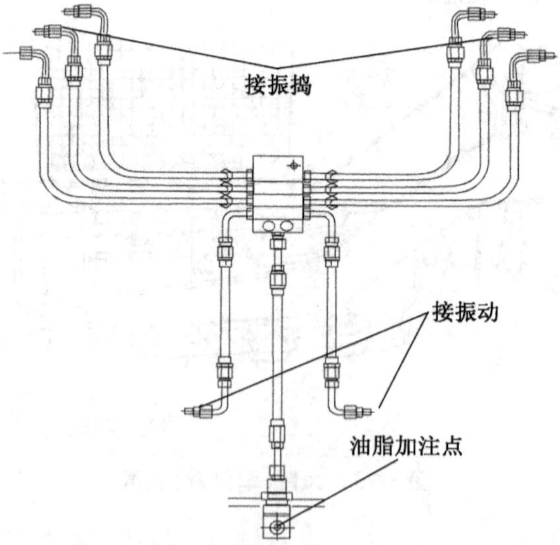

图 5-24　熨平板振动机构和振捣机构的润滑示意图

（2）输料机构和分料机构润滑。

摊铺机螺旋机箱及轴承吊座全部采用集中润滑；输料装置的驱动装置也采用集中润滑。刮板输送链的导向装置采用手动润滑，因该处机架左右侧是除熨平板外唯一手动加注润滑脂的地方，最容易被忽视，所以每班次在给熨平板加注润滑脂时，一定注意往此处加注油脂，如图5-25所示。

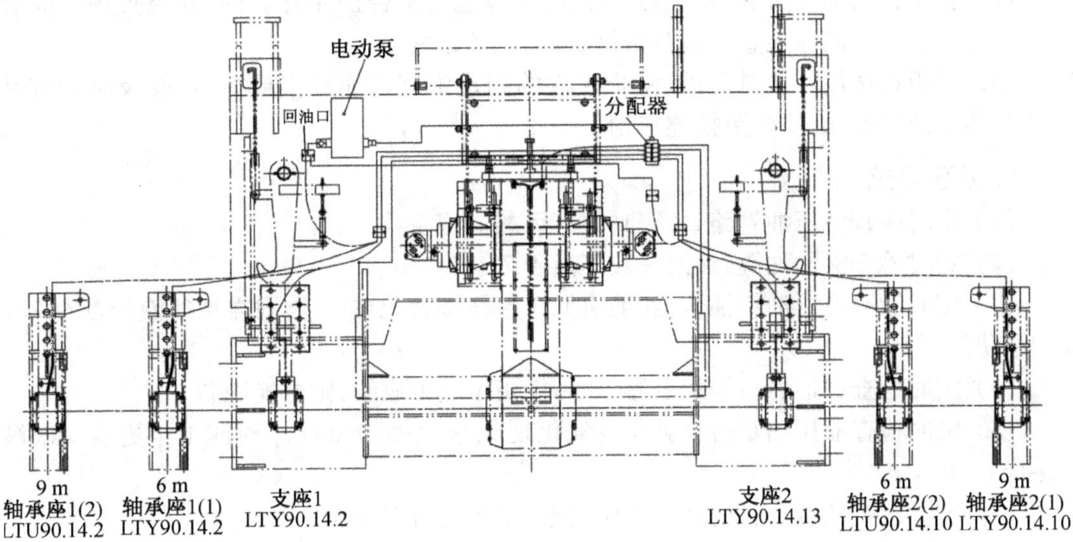

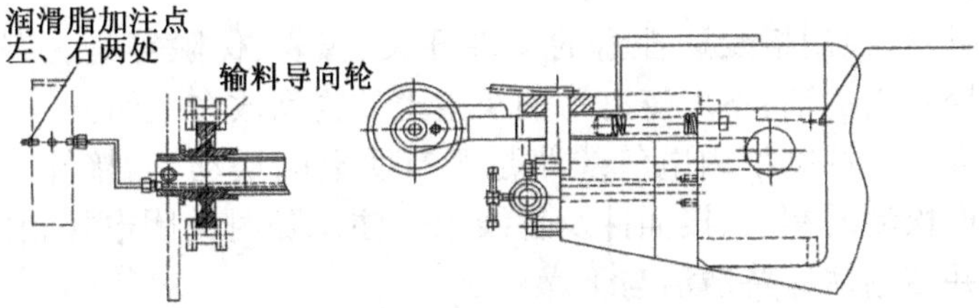

图5-25　主机润滑点

（3）其他各润滑点的检查和润滑按润滑图进行。

4．振捣梁、熨平板、分料器叶片、刮板

（1）振捣梁的安装位置对路面摊铺的平面度和光洁度有极大的影响。施工前要检查振捣梁底面与熨平板底板之间的相对位置。

（2）施工前，检查熨平板底板安装螺栓有无松动，如有松动，须拧紧螺母。另外，因熨平板每段使用频率不一样，使用频率大的底板，磨损程度相对较大。所以，在拼机时要注意每一段熨平板底板是否在同一平面，如不在同一平面，最大允差0.5 mm，否则要调整或更换底板。

（3）施工前还应检查熨平板板架与振捣梁之间的衬板（耐磨条）是否松动。在实践中经常出现由于衬板固定螺钉松动或定位销脱出导致衬板松脱现象，在摊铺时导致路面表层拉毛。因此，对熨平板衬板的日常检查很重要。

（4）在施工前检查螺旋叶片安装螺栓有无松动，螺旋叶片有无缺损。螺旋叶片在使

用过程中不可避免地存在磨损现象，如磨损过度，将导致摊铺材料离析。因此，为了获得高质量的路面，必须对有缺损的叶片予以更换。螺栓如有松动，应及时拧紧。螺旋箱两侧的法兰盘属于易损件，如发现法兰盘与机箱两侧之间的间隙增大，砂粒、碎石已大量积在间隙中，并将法兰盘磨出一个大的倒角，这时就需要更换法兰盘；否则法兰盘磨损后，就会将机箱里面的铜套磨掉，最后还会导致机箱报废。

（5）在工作之前，应检查刮板输送装置各润滑点是否加注好黄油，并检查各紧固螺栓是否拧紧。工作前应检查两条刮板链、传动链的张紧度。

输送刮板在使用一段时间后，刮板组件的固定销有可能破损或掉出，应及时检查刮板组件的安装情况，必要时更换连接销。

5．液压系统

（1）定时检查液压油管路、各密封件有无漏油现象。

（2）定时检查液压油温，油温一般不高于 75 ℃。

（3）定时检查液压油箱油位，如油液低于液压油标尺的 1/3，则需添加液压油至 2/3 以上刻度。

（4）定时检查滤油器污染指示器，如污染指示过警戒线，则更换滤芯。

（5）定时检查液压油是否有乳化或氧化现象，并按每 1 000 小时或 1 年更换一次液压油。

（6）定时检查液压泵和马达的工作状态，察听是否有异响。

6．电气系统

（1）检查操纵台、控制柜及远控盒的元件开关、仪表、保险等是否有明显的损坏，保持各操作台和电控箱内清洁，不可将有污油及尘土的物品放在上面。

（2）检查操纵台及控制柜内电气线路是否有明显的松动、插接件是否都插接完好。及时紧固电器部件松动的螺钉、接插件及各线束。注意随时关闭电控箱门，不让油污、尘土、水进入箱内，并使箱体保持清洁与干燥。

（3）启动发动机时，应检查操纵台上水温表、机油压力表等仪表是否指示正常，文本显示器信息显示功能是否正常，文本显示器显示发动机转速是否正常。

（4）料位仪、找平仪、输料料位仪、分料料位仪是摊铺机施工的关键器件，除了其本身价格昂贵、因拆装方便容易丢失外，它还属于精密器件，容易损坏，因此在每次施工完后应拆除，并做好清洁工作，最好是在干燥通风的环境中放置一段时间，让水汽全部干燥后再封存。封存要在防尘、防振、防水、防雷电的环境中，并放置干燥剂。每次摊铺作业前，应对料位仪、找平仪进行安装调试，测试是否正常。另外，应定期检查电源电缆，看是否有损坏，不要使电缆插头、插座与润滑油、沥青、水泥以及其他不洁物接触，用适当的溶剂擦去粘在传感器臂上的沥青和水泥。对于找平仪还应涂润滑油，保持轴承部分的润滑。

（5）定期对发电机与启动马达、蓄电池进行清扫与检查，紧固所有松动的接线端子。

7．行走系统

（1）在施工时注意观察履带支重轮的滚动情况，检查是否有支重轮不转动，支重轮是否发烫。如有问题，应及时排除故障或更换。施工完后，清除履带橡胶板之间夹杂的大块石头及沥青混合料。

（2）应每周检查台车架与机身连接螺栓的紧固情况，如有松动应立即紧固方可工作。履带梁前后支座连接螺钉的拧紧力矩为(927 ±95) N·m。

（3）检查主桥包、变速箱、轮边减速器的油位。

8. 熨平板

（1）摊铺结束后，要及时清除掉挡料板与板架之间的积料，清除振捣机构上的积料，否则在下次工作时，振捣等会因工作阻力过大而无法转动。

（2）摊铺结束后如较长时间不用，应及时在熨平板板架和底板上涂油，避免锈蚀。

二、每工作 50 小时保养

在投入使用之前，摊铺机应进行 50 小时试运行，否则不得投入正式使用。

磨合试运转结束后须按以下内容进行技术保养：

（1）更换柴油机机油、分动箱润滑油、所有减速机（包括行走、分料、输料减速机）润滑油。

（2）清洗机油滤清器。

（3）清洗柴油精滤器。

（4）检查液压油油位，加液压油至规定量。

（5）检查发动机冷却液液位，加冷却液至规定量。

（6）检查加热系统的喷头、连接管、气罐和各开关。

（7）检查各液压系统是否有渗漏现象，有则必须排除。

（8）柴油机每工作 50 小时必须清理空气滤清器一次。

（9）检查螺旋分料装置的叶片是否有裂纹，如有裂纹应更换。

（10）检查各自动找平装置是否正常。

（11）检查各工作油缸是否有渗漏现象，如有则排除渗漏。

三、每工作 100 小时保养

完成上一级保养内容。

按发动机使用说明书中 100 小时技术保养项目进行柴油机的保养。

四、每工作 200 小时保养

完成上一级保养内容。

按发动机使用说明书中 200 小时技术保养项目进行柴油机的保养。

五、每工作 500 小时保养

完成上一级保养内容。

（1）按发动机使用说明书中 500 小时技术保养项目进行柴油机的保养。

（2）检查机架、油箱等各重要部件的焊接处有无裂纹，履带梁有无变形，如有则予以解决。

（3）检查各操作开关、操纵监视装置的电气线路是否正常。如有损坏应立即修复。

（4）检查分料装置的磨损情况。

（5）检查蓄电池的基本情况、两极的氧化情况等。

六、每工作 1 000 小时保养

完成上一级保养内容。

（1）按发动机使用说明书中 1 000 小时技术保养项目进行保养。

（2）更换液压油滤清器。

（3）更换发动机机油。

（4）除以上介绍的周期性技术保养外，摊铺机在每年的冬季需要进行大保养，对摊铺机进行一次全面检查维修，更换各减速机和分动箱的润滑油。

七、长期停放技术保养

如果摊铺机将停放三个月以上不使用，为长期停放，应按下列要求保养：

（1）按发动机使用说明书要求，做长期停放技术保养，做防锈处理。

（2）将摊铺机内外表面、料斗、熨平板、螺旋分料装置和刮板输送装置等工作表面清洗干净。

（3）将熨平板用木块垫平。料斗、找平油缸全部放下，并且涂上润滑脂。

（4）清洗摊铺机的随机附件，做防锈处理，放在干净通风的房间内。

（5）对摊铺机各润滑点加注新润滑油或润滑脂。

（6）长期停放时，主机上只能有熨平装置、分料装置的基本段部分。有条件时，应将设备停放在库房内，露天应停放在通风处，并用帆布盖好。

单元六　压路机维护保养技术

课题一　压路机概述

一、压路机用途

压路机属于筑养路机械中最常用的设备，广泛用于高等级公路、铁路、机场跑道、大坝、体育场等大型工程项目的填方压实作业。压路机可以碾压砂性、半黏性及黏性土壤、路基稳定土及沥青混凝土路面层。

压路机的种类非常多，但在工程中最常用的是三轮静力式压路机、轮胎式压路机、单钢轮振动压路机、双钢轮振动压路机，其外形分别如图 6-1 ~ 图 6-4 所示。

图 6-1　三轮静力式压路机

图 6-2　轮胎式压路机

图 6-3　单钢轮振动压路机

图 6-4　双钢轮振动压路机

二、压路机总体结构

1. 三轮静力式压路机

各种静力式压路机的结构基本相同，一般包括动力装置(发动机)、传动系统、制动系统、碾压轮、转向系统、洒水系统、电器系统及附属装置等。

2. 轮胎式压路机

轮胎式压路机实际上是一种多轮胎特种车辆。它由发动机、传动系统、操纵系统和行走系统等组成。与三轮静力光面钢轮压路机相比，轮胎式压路机的压实轮是充气轮胎，充气轮胎的揉搓作用可以在保证路面平整度的同时，保护路面层的粗集料不被压碎，使路面平整度、粗糙度和封闭性能得到保证。

3. 单钢轮振动压路机

单钢轮振动压路机利用振动轮的高速振动压实基础和路面，使其具有足够的承载能力，并降低其透水性。其结构包括振动轮部分和驱动车部分两大单元，它们之间通过中心铰接架铰接在一起，采用铰接转向方式。振动轮部分包括振动轮总成、前车架总成（包括刮泥板）等部件。振动轮内的偏心轴通过弹性联轴器与振动马达轴相连，由液压泵组中的振动泵供应高压油给振动马达，带动偏心轴旋转而产生强大的激振力。振动频率和振幅可通过液压系统的控制来进行调整，以满足不同工况的要求。

此外，振动轮还具有行走功能。由液压泵组中的行驶泵输出高压油驱动振动轮上的行走液压马达旋转，从而驱动振动轮行驶。

驱动车部分是压路机行驶系统和液压系统的动力源。发动机、行驶和振动、转向系统、操纵装置、驾驶室、电气系统、安全保护装置等均装在驱动车上。

4. 双钢轮振动压路机

双钢轮振动压路机也称为串联式振动压路机，其使用最为普遍。目前，双钢轮串联振动式压路机多采用全液压系统，其行走、振动和转向均为液压驱动。

双钢轮振动压路机利用振动轮的高速振动压实路基和路面，前后车架通过中心铰接架联结在一起，采用铰接式转向方式。

振动轮内的轴与振动马达相连，由液压泵组中的振动泵供高压油给振动马达，带动振动轴旋转，轴上装有偏心的调幅装置，旋转时产生强大激振力。振动频率和振幅可通过液压系统的控制来进行调整。此外，振动轮还具有行走的功能。从液压泵组中的行驶泵输出的高压油驱动振动轮上的行走液压马达旋转，通过减速器驱动振动轮行驶。

动力系统装在后车架上，操纵装置、司机室、空调、电气系统的主要部件等均装在前车架上。

课题二　三轮静力式压路机维护保养技术

以 LGS1822B 为例。

一、制动系统维护保养技术

1. 压路机（拖式除外）制动系统性能要求

GB/T 13328—2005《压路机通用要求》第 5 条压路机（拖式除外）制动系统性能要求：

（1）压路机应具有停车和行车制动功能。

（2）压路机的制动系统应灵敏、可靠，压路机运行过程中不允许有自行制动现象。

（3）制动踏板的自由行程不大于 25 mm，全行程不大于 200 mm。制动操作手柄的全行程不大于 250 mm。

（4）制动系统在产生最大制动作用时，脚踏板力不得超过 300 N，制动操作手柄操作力不得超过 200 N。

（5）制动操纵装置的安装位置应在踏板全行程的 80% 以内达到最大制动效能，或在制动操纵手柄全行程的 75% 以内达到最大效能（不包括电控和液控制动操纵装置）。

（6）停车时应能通过机械装置将工作部件锁住。

（7）采用气压制动的压路机，当气压升至 590 kPa 时，在不使用制动的情况下，停止空气压缩工作 3 分钟，其气压的降低值不超过 9.8 kPa；在气压为 590 kPa 时，将制动踏板踩到底，待气压稳定后观察 3 分钟，气压降低值不超过 19.6 kPa。

（8）采用液压制动系统的压路机，当制动踏板压力最大时，保持 1 分钟，踏板不得有缓慢向底板移动现象。

（9）气压制动系统必须安装有限压装置，确保储气筒内气压不超过允许的最高气压，其工作最低气压为 392 kPa。储气筒应装有放水阀，其容量应保持在不持续充气的情况下，压路机连续 5 次全制动后，气压不低于 392 kPa。

（10）停车和行车制动系统应保证压路机在 20% 的坡道上制动停车后，10 分钟内不应有下滑现象。

（11）压路机以各种速度在清洁、干燥、平坦的沥青混凝土或水泥混凝土路面上的行车制动距离应符合表 6-1 的规定。

表 6-1　制动距离

单位：米

制动初速度（v）/（km/h）	工作质量（m）		
	$m \leqslant 5$ t	5 t $< m \leqslant 14$ t	$m > 14$ t
$v \leqslant 3$	0.6	0.8	1.0
$3 < v \leqslant 4$	0.9	1.1	1.4
$4 < v \leqslant 5$	1.2	1.5	1.9
$5 < v \leqslant 6$	1.6	1.9	2.4
$6 < v \leqslant 7$	2.0	2.4	2.9
$7 < v \leqslant 8$	2.6	2.9	3.5
$8 < v \leqslant 9$	2.9	3.4	4.1
$9 < v \leqslant 10$	3.4	4.0	4.8
$10 < v \leqslant 11$	4.0	4.6	5.5
$11 < v \leqslant 12$	4.6	5.3	6.2
$12 < v \leqslant 13$	5.2	6.0	7.0
$13 < v \leqslant 14$	5.9	6.7	7.8
$14 < v \leqslant 15$	6.6	7.5	8.7
$15 < v \leqslant 16$	–	8.3	9.6
$16 < v \leqslant 17$	–	9.5	10.5
$17 < v \leqslant 18$	–	10.0	11.5
$18 < v \leqslant 19$	–	11.0	12.5
$19 < v \leqslant 20$	–	12.0	13.8
$20 < v \leqslant 21$	–	13.0	14.7

续表

制动初速度(υ)/(km/h)	工作质量(m)		
	m≤5 t	5 t<m≤14 t	m>14 t
21<υ≤22	–	14.1	15.8
22<υ≤23	–	15.2	17.0
23<υ≤24	–	16.3	18.2
24<υ≤25	–	17.5	19.5

2. 制动系统维护保养技术

(1) 储气筒放水

在机身后下部设有储气筒,用于提供压缩空气。向上按动储气筒下部的放水阀,放掉储气筒积水,如图6-5所示。

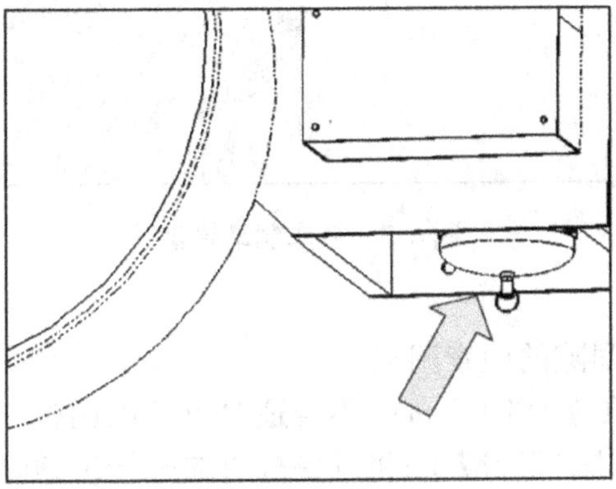

图6-5 放储气筒积水

(2) 检查制动液

该机工作制动(脚刹车)操纵机构设有加力器,位于操纵台下左侧的机架上,如图6-6所示。加力器有一个储油筒,检查时应拧开储油筒盖,观察内部制动液液位,液位应不低于储油室高度的3/4,必要的话,应及时添加制动液。

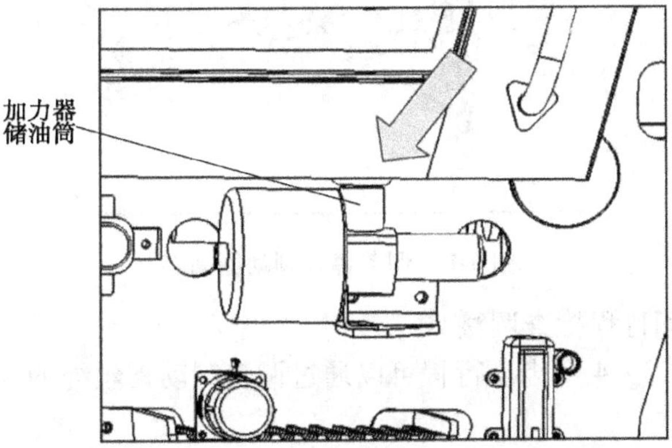

图6-6 检查制动液

（3）检查制动系统其他元件

检查制动系统各元件和管道有无泄漏。检查时注意保持储油筒附近的清洁，以防灰尘进入油压系统。

（4）停车制动系统检查与调整

① 停车制动检查

将压路机开上20%坡道，拉起制动手柄至位置2（见图6-7）进行停车后，10分钟内不应有下滑现象。

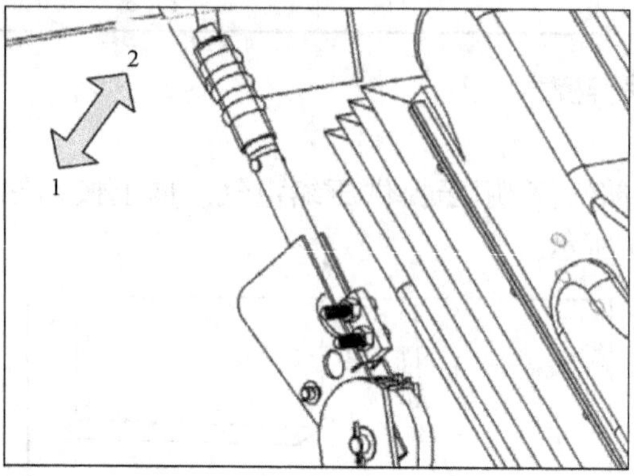

图6-7　停车制动检查

② 调节停车制动器

a. 制动带与制动鼓间隙的检查调整

制动带与制动鼓间隙应为1～3 mm，不合适时可予以调整。松开图6-8所示的锁紧螺母，将调整螺母向内拧进，间隙减小；将调整螺母向外拧出，间隙增大。调整合适后，拧紧锁紧螺母。

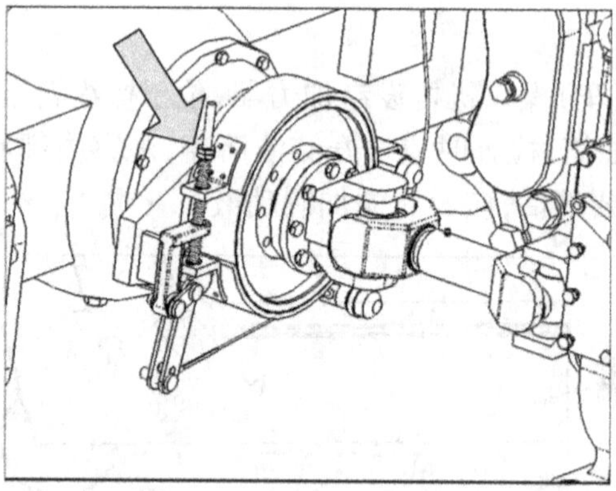

图6-8　调节停车制动器间隙

b. 停车制动手柄行程检查调整

手柄行程应是拉3～4个齿。行程可以通过调整制动钢丝绳的长度来进行，如图6-9所示。

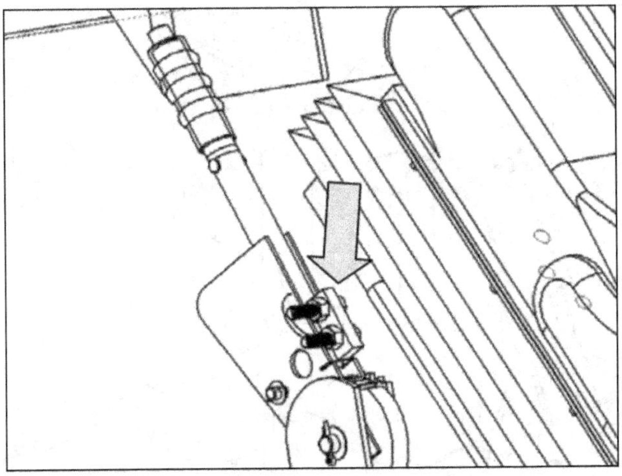

图 6-9 停车制动手柄行程检查调整

(5) 工作制动(行车制动)维护

根据 GB/T 13328—2005 的要求检查行车制动:一是检查在坡道的停车性能,二是检查制动距离。

进行制动试验时,必须选择清洁、干燥、平坦的沥青混凝土或水泥混凝土路面,并保证行车的安全。

该压路机的行车制动器采用钳盘式制动器,利用气顶油加力器驱动。对制动系统的维护可参照单元三装载机部分进行。

(6) 更换制动液

① 拧开前轮制动器的排气孔,用导管接于容器,踏动制动踏板,放掉制动液。

② 打开加力器上盖,清理储液筒。

③ 拧上连接法兰。

④ 启动发动机使空压机工作,观察压力表气压达到 0.6 MPa 以上。

⑤ 慢慢向储液筒加注制动液,同时脚踏制动踏板上下摆动,直到储液筒加满液位稳定不动为止。

⑥ 依次拧开前轮两侧制动器的通气螺丝,继续踏动脚踏板,观察通气螺丝直到制动液无气泡排出为止,拧紧通气螺丝。

⑦ 向储液筒补充制动液,拧上加力器上盖。

除定期更换制动液外,当制动操纵机构大修时也必须更换制动液。

二、液压转向系统维护

1. 检查液压油箱油位

如图 6-10 所示,在玻璃观察口 1 可以看到油面,正常油面在上刻度线之下 1 cm 处。若在日常检查中发现油面下降,要检查所有管道和连接处是否有泄漏。必要的话,及时从加油口 2 添加液压油。

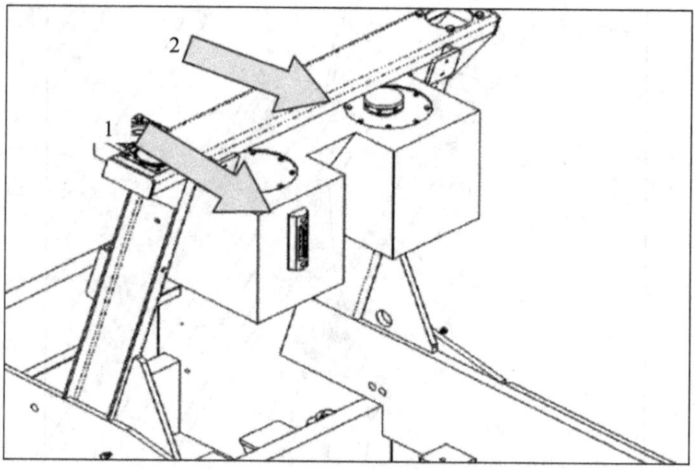

1—玻璃观察口;2—加油口

图 6-10　检查液压油箱油位

2．更换液压油,清洗或更换液压油滤清器

(1) 更换液压油注意事项

① 换液压油须在液压油温热时进行。

② 清洁油箱外表面、加油口及空滤器芯。

③ 不允许液压泵无油运转。

④ 不要用洗涤剂清洗液压系统。

⑤ 放去液压油之后,绝不要启动发动机。

(2) 换油步骤

① 拧掉液压油箱底部的放油螺塞,将液压油放至容器内,拧上放油螺塞。

② 去掉加油口盖板的螺丝,拆下加油口盖板。

③ 用不带纤维绒毛的布擦干净油箱。

④ 拆开加油口,取出滤网,洗干净。

⑤ 检查盖板密封圈,必要时更换。

⑥ 重新安装好加油口滤网。

⑦ 通过过滤网加注新油,盖上油盖并上紧。

⑧ 检查油标上的油位线。

(3) 更换液压油滤清器滤芯

除了正常定期换油外,在液压系统进行大修后也必须更换液压油。

3．排除液压系统中的空气

低速运转发动机 5 ~ 8 分钟,液压系统中的空气即可排除,再补充一些液压油,使油位达到要求。

三、传动系统维护

1. 离合器轴承加注润滑脂

轴承有两个(见图6-11),一个是分离轴承,在离合器壳的内部,另一个是用于支撑离合器轴的轴承。

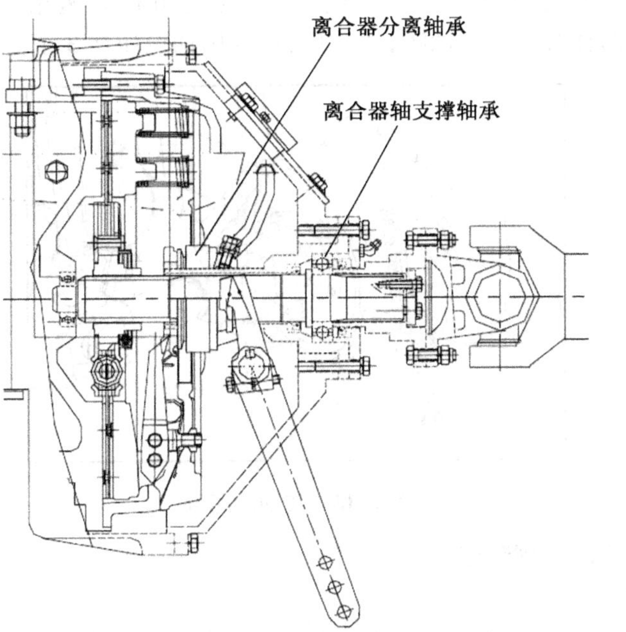

图6-11　离合器轴承加注润滑脂

注油前须先做清洁工作,每个注油嘴用油枪压约5下即可。

2. 离合器分离轴承间隙调整

离合器分离杠杆与分离轴承间的间隙为1～3 mm。间隙不当可导致分离不清或打滑,如图6-12所示。

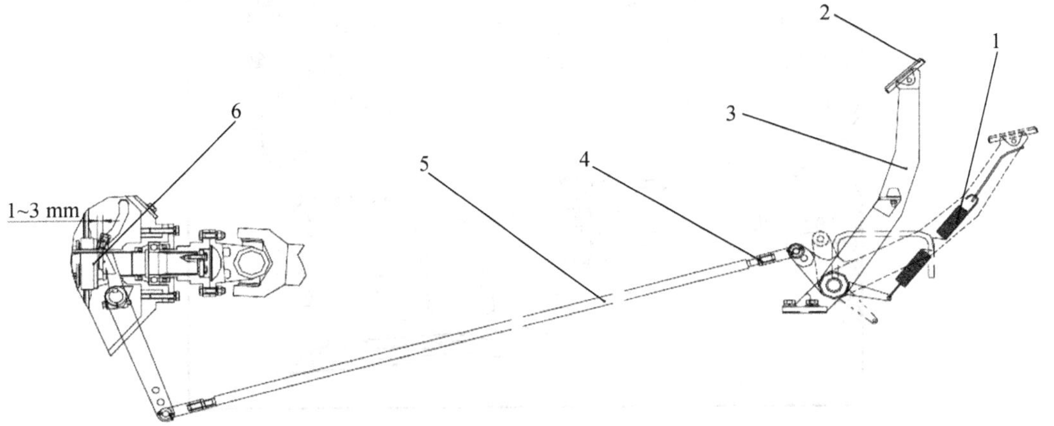

1—回位弹簧;2—离合器踏板;3—传动臂;4—锁紧螺母;5—拉杆;6—分离轴承

图6-12　离合器分离轴承间隙调整

（2）更换驱动桥润滑油

只可在机器热态时进行换油。

① 清洁加油螺塞 1 及其四周（见图 6-17），并拆下。

② 清洁放油螺塞 2 及其四周，并拆下。

③ 放出并收集桥壳内的油。

④ 装上放油塞，要可靠无渗漏。

⑤ 从加油口注入新油直到螺孔 1 口下边缘。

⑥ 装上加油螺塞，上紧。

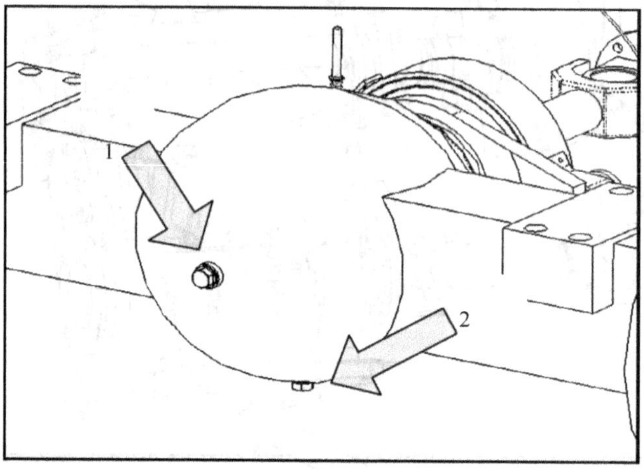

图 6-17　更换驱动桥润滑油

四、铰接架及转向油缸加注润滑脂

铰接架及转向油缸接叉处附近有润滑脂注油嘴（见图 6-18），注油前须先做清洁工作，每个注油嘴用油枪压约 5 下即可。

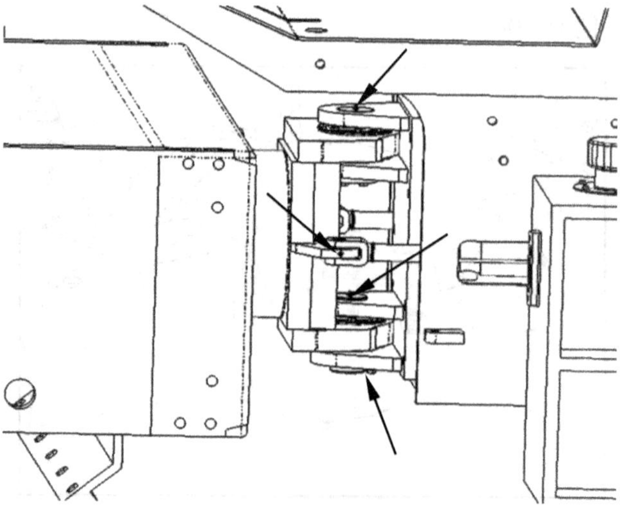

图 6-18　铰接架及转向油缸加注润滑脂

五、碾压轮部分维护

1. 前轮轴承加注润滑脂

前轮两侧行走轴承各有一个润滑脂注油嘴（见图 6-19），注油前须先做清洁工作，每个注油嘴用油枪压约 5 下即可。

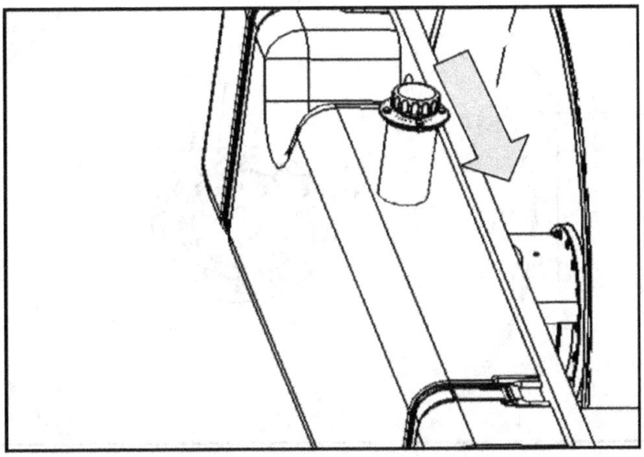

图 6-19　前轮轴承加注润滑脂

2. 检查轮边行星减速器润滑油油位

（1）将油位塞（见图 6-20）转到水平位置。

（2）拧掉油位塞，观察油面。油面应在螺孔下边缘，如不足应及时添加。

（3）拧上螺塞，注意不要有泄漏。

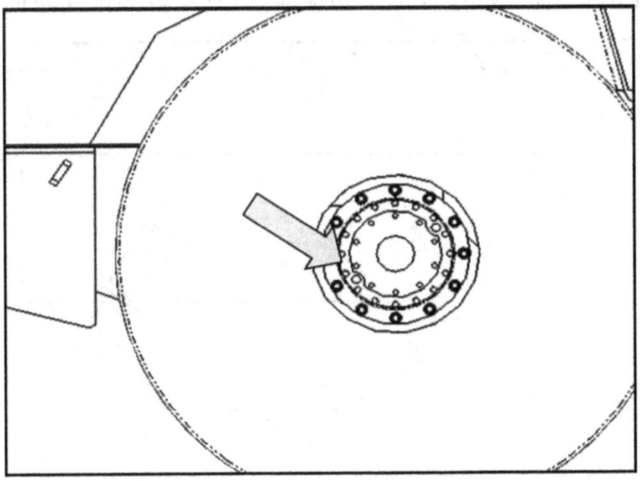

图 6-20　检查轮边行星减速器润滑油油位

3. 更换轮边行星减速器润滑油

换油要在机器热态时进行，左右两轮要同时更换。

（1）开动压路机，使油塞 1 处于最低位置，清洁油塞及其周围，拆下油塞，如图 6-21

所示。

（2）放出润滑油，收集于容器中。

（3）再次开动压路机，使行星齿轮壳体油塞 2 成水平位置，油塞 1 处于止方。

（4）从加油孔注入润滑油，直至孔口下边缘。

（5）拧上加油螺塞。

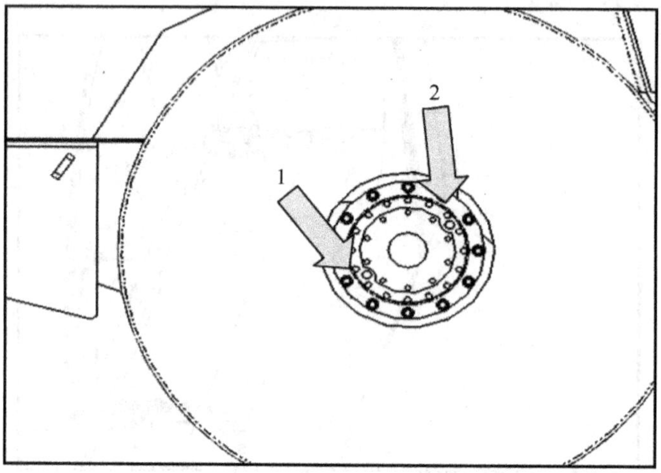

图 6-21　更换轮边行星减速器润滑油

4．调节前后轮刮泥板

该机前后轮共设有六组刮泥板（见图 6-22、图 6-23），刮泥板采用高强度工程塑料制造。

（1）检查刮泥板与轮面配合及其磨损情况，适当调整或更换。

（2）如果需要调节刮泥板，松开槽中的螺栓，将刮泥板架推向轮面，再上紧螺栓。

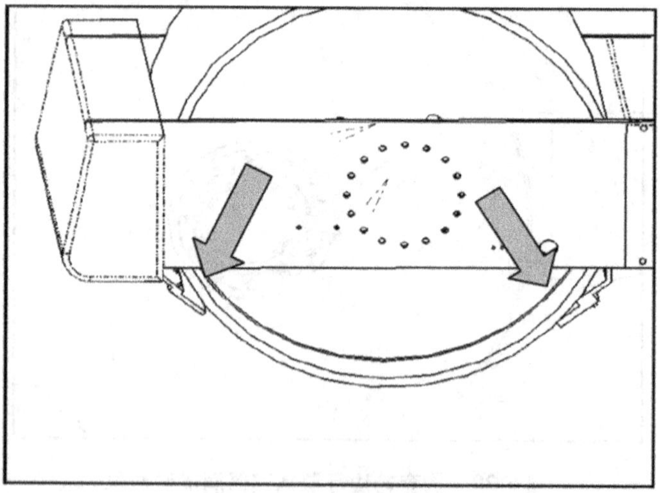

图 6-22　前轮刮泥板

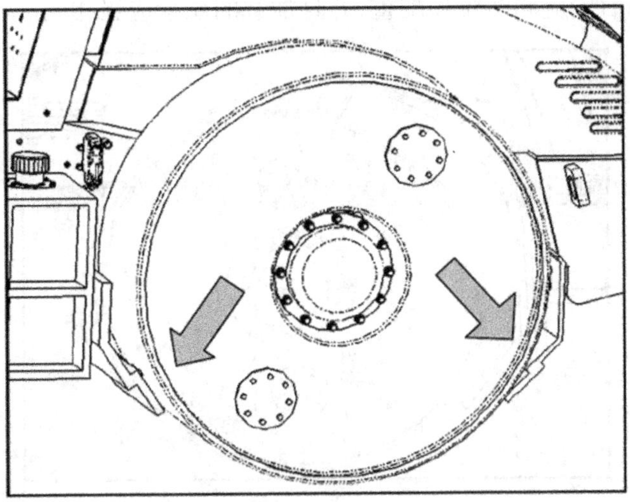

图 6-23 后轮刮泥板

六、调整压路机压实线载荷

可根据施工要求、碾压材料和碾压遍数，调节前后轮配重和线载荷。一般来说，铺层的初压和终压宜减少工作重量，中压时应增加压路机线载荷。在压路机运输过程中应卸掉前后配重，压路机在工地间行驶时特别要注意放掉前轮配重。

1. 调节前轮配重（加水）

开动压路机，使前轮的水塞处于最高位，打开上水塞，加入洁净水到所需位置，重新拧上水塞，如图 6-24 所示。注意在冬天要及时放掉前轮的存水。

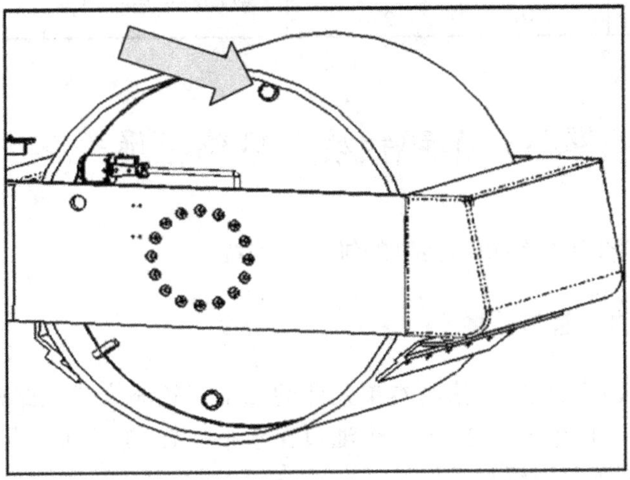

图 6-24 调节前轮配重（加水）

2. 调节后轮配重（加沙）

(1) 开动压路机，使后轮的两盖板呈垂直状态，打开上盖板，加入洁净砂到所需位置，重新拧上盖板，如图 6-25 所示。

（2）注意两侧后轮应同时添加配重，并且加载的质量应当相同。

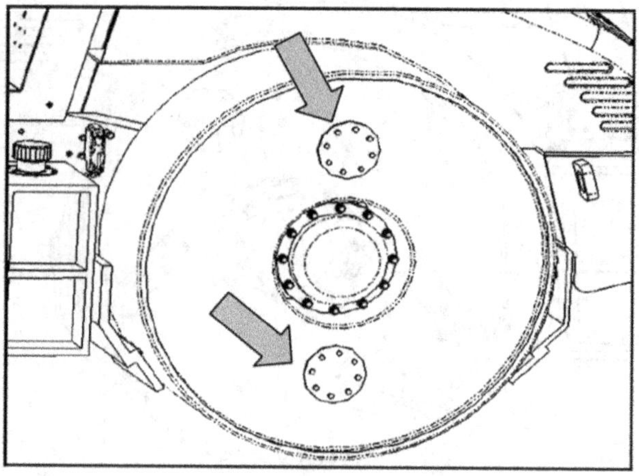

图 6-25 调节后轮配重（加沙）

七、上紧各部接连螺栓

LGS1822B 压路机主要部位螺栓上紧力矩如表 6-2 所示。

表 6-2 压路机主要部位螺栓上紧力矩

螺母与螺栓连接	规格	力矩/N·m	螺母与螺栓连接	规格	力矩/N·m
后轮—驱动桥	M22	450	铰接架—前车架	M16	300
前轮—前车架	M20	450	铰接架—后车架	M22	550
发动机—机架	M22	350	驱动桥—后车架	M24	500
	M16	220			

课题三 单钢轮压路机维护保养技术

以 YZ18C 为例介绍单钢轮压路机的维护保养技术。

一、振动轮润滑油检查与更换

振动轮润滑油检查、更换方法与本单元课题二中三轮静力式压路机检查更换方法相似。检查时将一个油口置于上方，另一个油口在水平位置，拆下水平位置油口检查油量，油位应与下口齐平，不足应添加。

更换时，将压路机停在水平地面上，使振动轮两个油口之一位于轮轴的正下方，拧开上面的螺塞，再拧下最低位油塞，放尽旧油；然后将压路机稍许移动，与当初检查油量的位置相同，从上方的油口注入规定牌号的润滑油，直至水平口溢油；最后将油口螺塞擦干净并重新装上、拧紧，换油完毕。

注意:振动轮润滑油的更换必须在热车的情况下进行。

二、后桥总成维护

1. 制动盘检查

(1) 拧开油位检查口(见图 6-26a)。

(2) 从检查口将工具 T1 插入相邻两制动片之间(见图 6-26b),检查其距离"S",此距离不能小于 4.5mm。

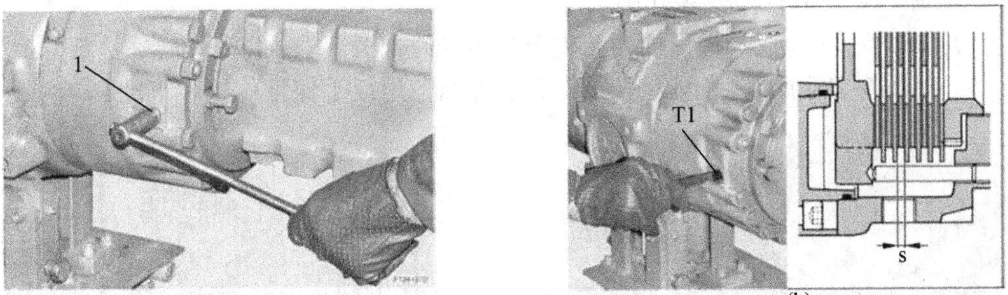

(a)　(b)

图 6-26　制动盘检查

2. 制动盘间隙调整

(1) 将外接油泵接至图中 P 点(见图 6-27a),加压 15 ~ 30 bar。

(2) 反时针旋转调整齿轮 4(见图 6-27b),直至制动间隙(即动片与静片之间的间隙)完全消除。旋转扭矩为 8 ~ 10 N·m。

(3) 顺时针旋转调整齿轮 4 四圈(见图 6-27c),将制动间隙调整为 1 mm(每旋转一圈,制动间隙为 0.25 mm)。

(4) 安装安全垫片 3 和固定螺母 2(见图 6-27d),拧紧力矩为 10 ~ 11 N·m。

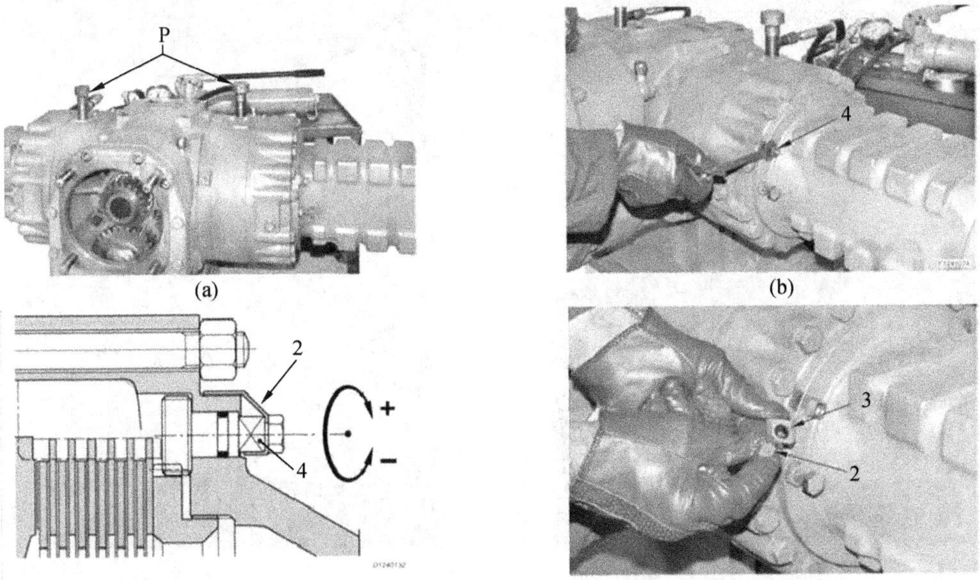

(a)　(b)　(c)　(d)

图 6-27　制动盘间隙调整

3．手动解除制动装置的使用与调整

（1）松开螺母 7（见图 6-28a），向后旋出大约 8 mm。

（2）拧紧螺栓 ，直到与压盘 6 接触（见图 6-28b）。

（3）用扳手继续拧紧螺栓 8（见图 6-28b，c），克服膜片弹簧 5（见图 6-28b ）的压力，松开制动（注意：要两边交替拧紧螺栓，每次不要超过 1/4 圈，螺栓总共拧紧不要超过 1 圈）。

（4）完成手动解除制动的操作后，要重新调整解除制动装置。首先完全拧下螺栓 8，取下旧密封垫片 9（见图 6-28d），将新的密封垫片表面涂上硅基润滑脂后，套在螺栓上，与螺栓 8、螺母 7 一起拧回安装孔中。

（5）如图 6-28e 所示，将螺栓 8 调整至与桥壳距离为 34 ~34. 5 mm。

（6）如图 6-28f 所示，将固定螺母 7 上紧（注意：用扳手保证螺栓 8 不动）。

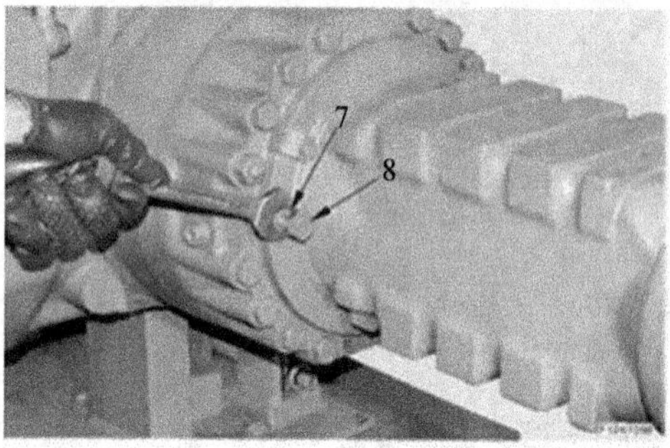

(a)

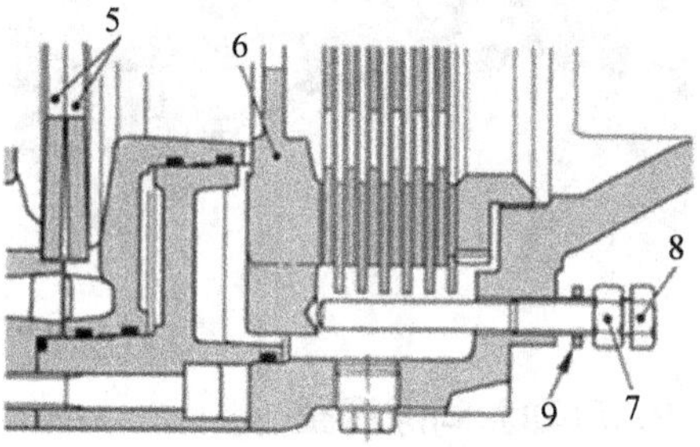

(b)

(c)

(d)

(e)

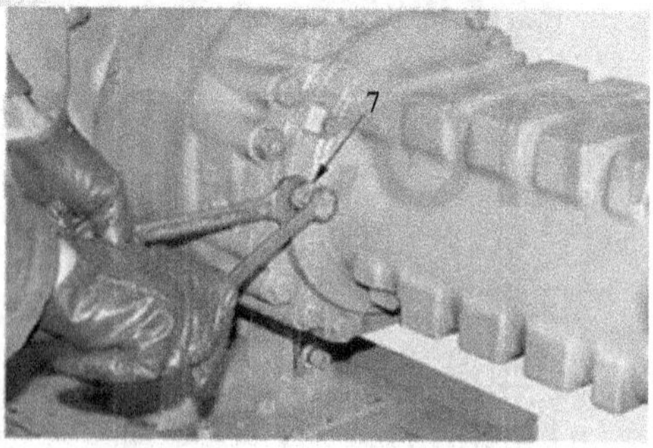

(f)

图 6-28　手动解除制动装置的使用与调整

课题四　压路机维护保养周期

一、轮胎压路机（LRS2030）维护保养周期

1. 日常保养

（1）检查液压油箱油量。
（2）检查燃油箱油量。
（3）检查手刹车。
（4）检查脚刹车。

2. 每工作50小时保养

完成日常保养内容。
（1）给储气筒放水。
（2）给前轮轴承加注润滑脂。
（3）给转向油缸、立轴和前轮摆动架加注润滑脂。
（4）给后轮轴承加注润滑脂。
（5）给链条链轮加注机油。
（6）给停车制动器、传动轴加注润滑脂。
（7）检查变速箱润滑油油位。
（8）检查制动液液位。
（9）调节前后轮刮泥板。
（10）检查轮胎气压。
（11）检查电瓶。

3. 每工作250小时保养

完成上一级保养内容。
（1）检查驱动桥润滑油油位。
（2）检查紧固轮胎螺栓、螺母。

4. 每工作1 000小时保养

完成上一级保养内容。
（1）清洗洒水箱滤水网和滤清器滤芯。
（2）调节停车制动器及操纵机构。
（3）调节工作制动器及操纵机构。
（4）调节离合器及操纵机构。
（5）调节发动机油门操纵机构。

5. 每工作2 000小时

完成上一级保养内容。

(1) 排放燃油箱的沉淀物。

(2) 更换液压油(至少每年一次),清洗或更换液压油滤清器。

(3) 更换驱动桥润滑油(至少每年一次)。

(4) 更换变速箱润滑油(至少每年一次)。

(5) 更换制动液(至少每年一次)。

6. 根据情况需要保养的项目

(1) 排除各种报警故障。

(2) 清理整机。

(3) 上紧各部螺栓螺母。

(4) 调整洒水调节阀。

(5) 调整压路机配重和充气压力。

二、双钢轮振动压路机(YZC12 Ⅱ)维护保养周期

1. 日常保养

(1) 清洁压路机。

(2) 检查洒水系统的喷嘴、接头和过滤器。

(3) 检查压路机各零部件的连接和紧固情况。

(4) 检查和排除压路机各部位的渗漏现象。

(5) 检查各电气线路连接是否牢靠,有无断路、短路现象。

(6) 检查各处胶管、软管外观是否正常,各接头是否牢靠。

(7) 检查发动机的机油、燃油、冷却液及液压油油量并按规定添加。

(8) 检查、清洗空调冷凝器。

(9) 通过贮液器观察窗检查制冷系统制冷剂量。

(10) 洗车时注意保护发电机及停车电磁阀,不得进水!

2. 50 小时磨合保养

完成日常保养内容。

(1) 更换发动机机油。

(2) 更换振动轮润滑油。

(3) 更换减速机润滑油。

(4) 更换机油滤清器。

(5) 清洗柴油预滤器滤芯。

(6) 检查液压油油位,加液压油至规定量。

(7) 检查发动机冷却液液位,加冷却液至规定量。

(8) 检查洒水系统的喷嘴、接头和过滤器。

(9) 检查减振块是否有裂纹,如裂纹长度大于 15 mm 必须更换。

(10) 检查振动轮、液压系统是否有渗漏现现象,有则必须排除。

(11) 柴油机每工作 50 小时,必须清理空气滤清器一次。

3. 每工作 100 小时保养

完成日常保养内容。

按发动机使用说明书中 100 小时技术保养项目进行柴油机的保养。

4. 每工作 200 小时保养

完成上一级保养内容。

按发动机使用说明书中 200 小时技术保养项目进行柴油机的保养。

5. 每工作 500 小时保养

完成上一级保养内容。

(1) 按发动机使用说明书中 500 小时技术保养项目进行柴油机的保养。

(2) 检查减振块的弹性,对变形大、已破裂缺损的予以更换。

(3) 检查车架、振动轮等各重要部件的焊接处有无裂纹,传动件有无变形,如有则予以解决。

(4) 检查振动开关、操纵监视装置的电气线路是否正常。如有损坏则需立即修复。

(5) 更换振动轮润滑油。

6. 每工作 1 000 小时保养

完成上一级保养内容。

(1) 按发动机使用说明书中 1 000 小时技术保养项目进行柴油机的保养。

(2) 更换液压油滤清器。

7. 换季保养

除以上介绍的定期性技术保养外,压路机在每年的冬季需进行大保养:对压路机进行一次全面检查维修,并更换振动轮内的润滑油。

8. 长期停放保养

如果压路机将停放三个月不使用,应按下列要求保养:

(1) 按发动机使用说明书要求做长期停放的技术保养,做防锈处理。

(2) 将压路机内外表面清洗干净,有条件时应停放在库房里,露天应停放在通风处,用帆布盖好。

(3) 平行垫起前后车架,调整垫块厚度,直至减振块完全不产生剪切、拉伸变形。

(4) 用中心铰接架限位装置将前后车架固定在一起。

(5) 对压路机各润滑点加注新润滑油或润滑脂。

(6) 不管空调是否使用,都应定期对管路和其他装置进行检查维护。应每月开动空调一次,每次约 10 分钟,以利于系统正常运行。

单元七 挖掘机维护保养技术

课题一 挖掘机概述

一、挖掘机用途

挖掘机是用来进行土方开挖的一种施工机械，按作业特点分为周期性作业式和连续性作业式两种，前者为单斗挖掘机，后者为多斗挖掘机。本单元着重介绍单斗挖掘机。

单斗挖掘机在建筑、道路、水利、电力、采矿、石油等工程中被广泛使用。单斗挖掘机的主要用途是：在筑路工程中用来开挖堑壕，在建筑工程中用来开挖基础，在水利工程中用来开挖沟渠、运河和疏浚河道，在采石场、露天采矿等工程中用于剥离、挖掘装载作业。更换工作装置后，挖掘机还可进行浇筑、起重、安装、打桩、夯土和拔桩等工作。履带式单斗挖掘机外形如图 7-1 所示。

图 7-1 履带式单斗挖掘机

二、履带式单斗挖掘机总体结构

履带式全液压单斗挖掘机由动力装置、工作装置、回转机构、操纵机构、传动系统、行走机构、电气控制系统和辅助设备等组成，其结构与名称如图 7-2 所示。

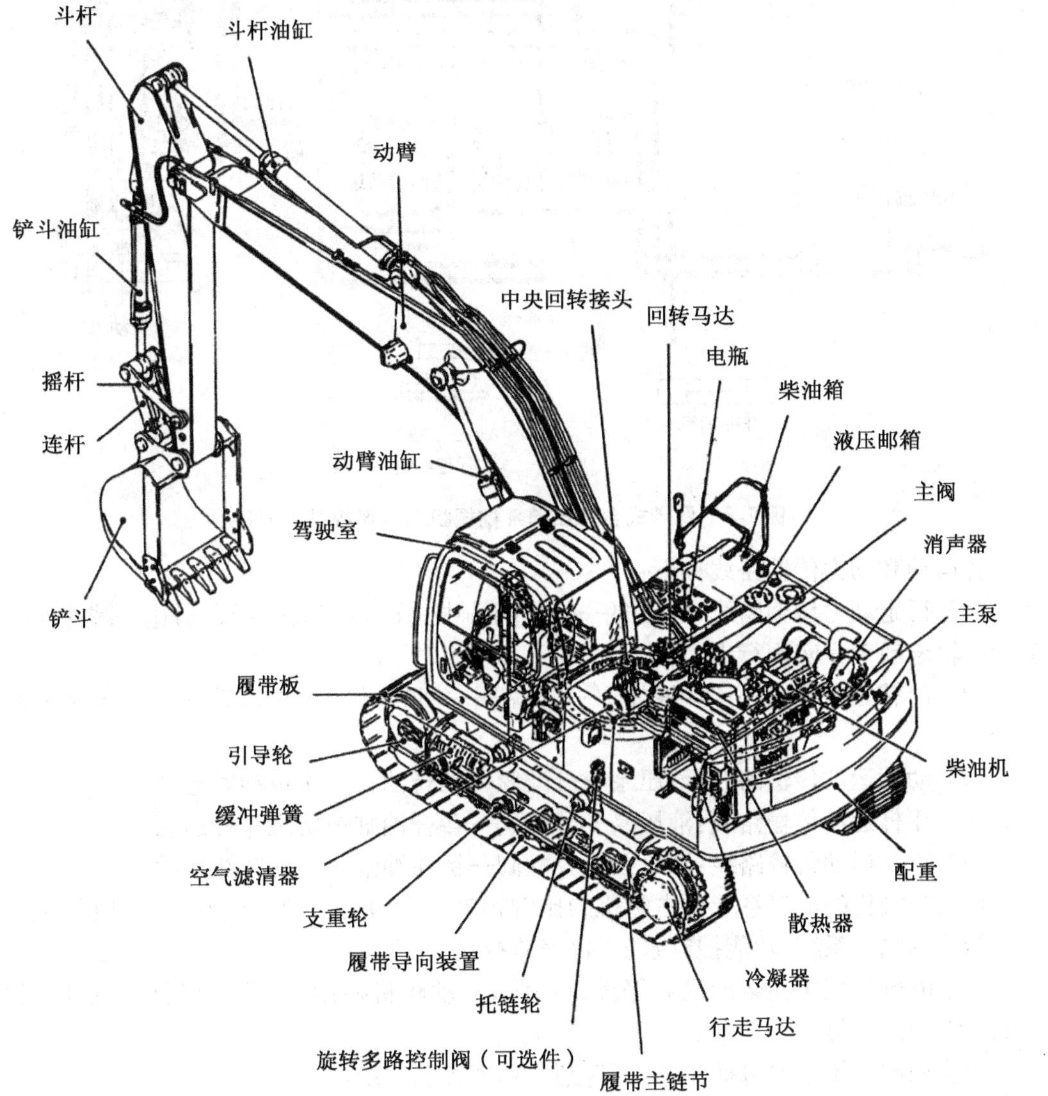

图 7-2　挖掘机总体结构

柴油机驱动液压柱塞泵，液压柱塞泵把机械能转换成液压能，通过液压系统把液压能分配到各执行元件（液压油缸、回转马达 + 减速机、行走马达 + 减速机），由各执行元件再把液压能转化为机械能，实现工作装置动作、回转平台回转、整机行走。液压系统基本工作原理如图 7-3 所示。

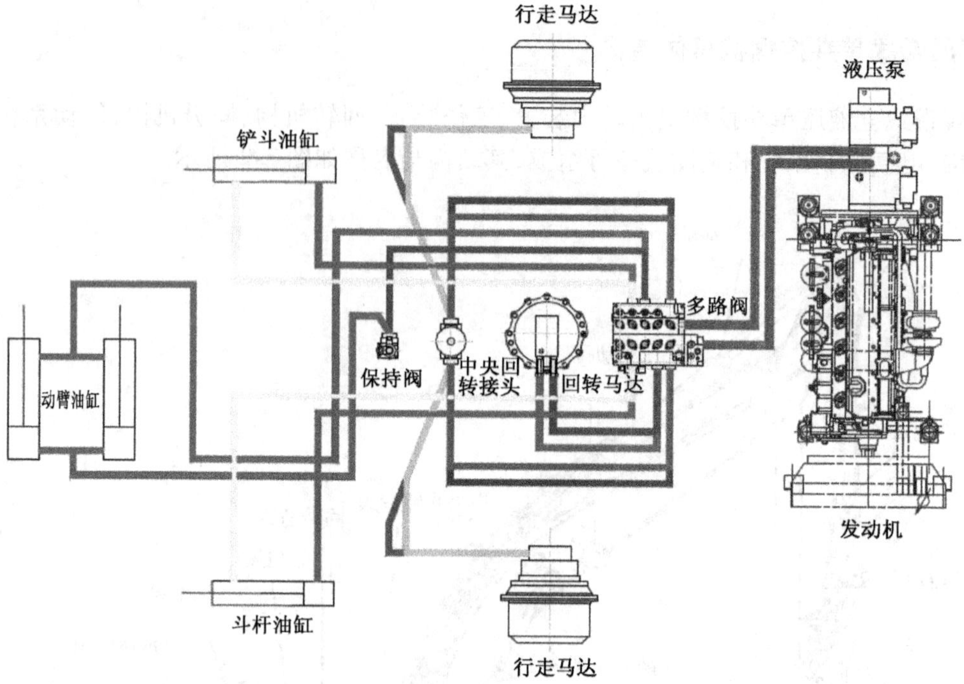

图 7-3　履带式全液压单斗挖掘机液压系统基本原理

各运动和动力传输路线如下：

（1）行走动力传输路线：液压泵—分配阀—中央回转接头—行走马达—减速箱—驱动轮—轨链履带—实现行走。

（2）回转运动传输路线：液压泵—分配阀—回转马达—减速箱—回转支承—实现回转。

（3）动臂运动传输路线：液压泵—分配阀—动臂油缸—实现动臂运动。

（4）斗杆运动传输路线：液压泵—分配阀—斗杆油缸—实现斗杆运动。

（5）铲斗运动传输路线：液压泵—分配阀—铲斗油缸—实现铲斗运动。

现代挖掘机的电气系统所占整机的比例越来越大，功能也越来越强大。电气控制系统包括基本电气系统、功能控制系统、仪表监控系统。

基本电气系统包括柴油机启停控制系统、自动暖机控制、电源系统、灯光控制系统、音响与空调系统等。

功能控制系统主要包括车辆工况控制、功率控制系统。

仪表监控制系统主要包括柴油机状态监测、电气系统监测、液压系统监测、工况监测系统等。

课题二　挖掘机维护保养技术

以 920D 和 922D 挖掘机为例。

一、工作装置维护保养技术

1. 工作装置连接销润滑

（1）铲斗和连杆的销轴（见图 7-4）。

图 7-4　铲斗和连杆销轴

（2）动臂基部销轴（见图 7-5）。

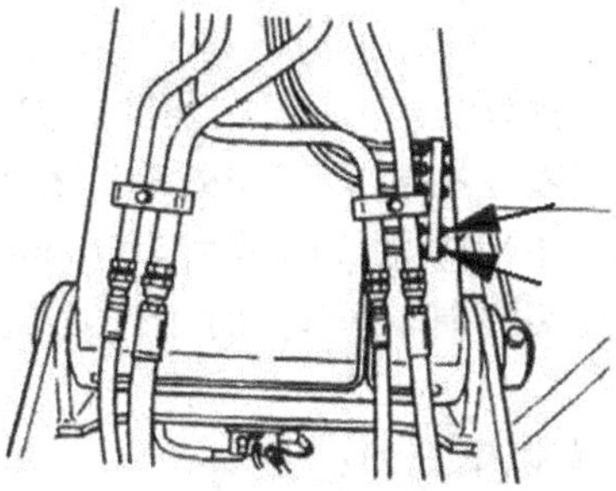

图 7-5　动臂基部销轴

（3）动臂油缸底部销轴（见图 7-6）。

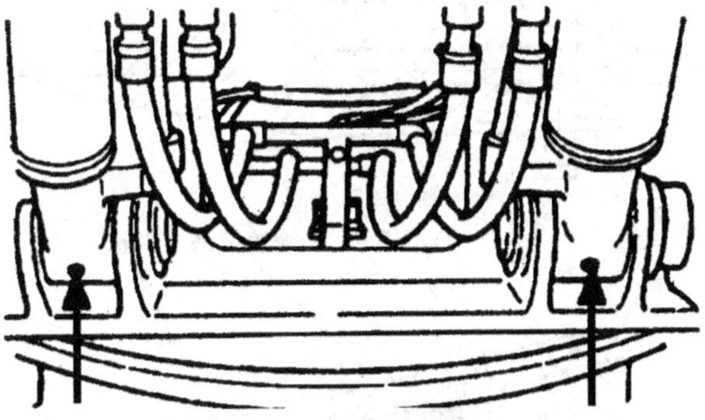

图 7-6　动臂油缸底部销轴

（4）动臂和斗杆连接销、斗杆油缸活塞连接销和铲斗油缸底销（见图 7-7）。

（5）动臂油缸活塞杆连接销和斗杆油缸底销（集中加润滑脂系统），如图 7-8 所示。

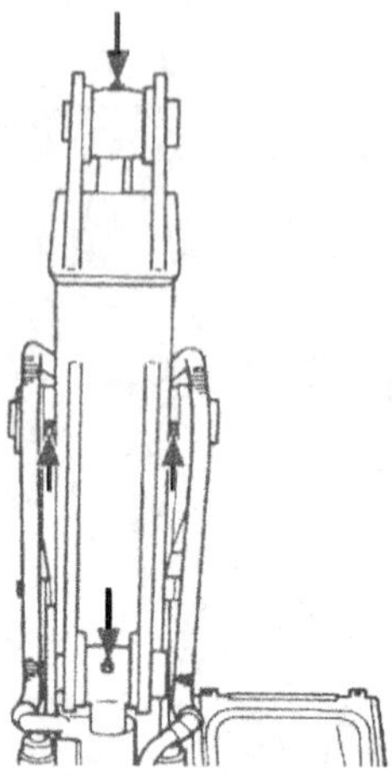

图 7-7　动臂和斗杆连接销、斗杆油缸活塞连接销和铲斗油缸底销

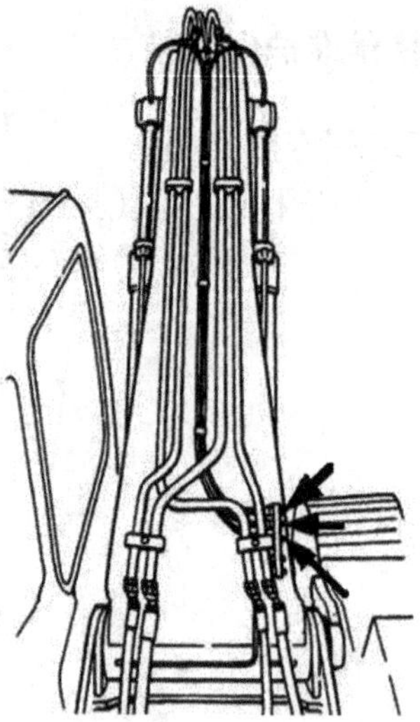

图 7-8　动臂油缸活塞杆连接销和斗杆油缸底销

2. 铲斗维护保养技术

（1）斗齿检查与更换

每天检查斗齿的磨损和松动情况。斗齿工作条件恶劣，是工作装置中最易磨损的部件，斗齿的锐利与否将直接影响着挖掘机的工作效率。在实际使用中，一般斗齿磨损超过总长度的 1/3 以上就应更换，斗齿的总长通常为 200 mm 左右。有的挖掘机说明书上标明磨损接近一半时应更换，其实磨损 1/3 以上时工作效率就会明显降低。

① 斗齿的安装连接方式

斗齿的安装连接方式主要有以下三种：

a. 螺栓连接方式（见图 7-9a）；

b. 橡胶锁销连接方式（也称纵销式）（见图 7-9b）；

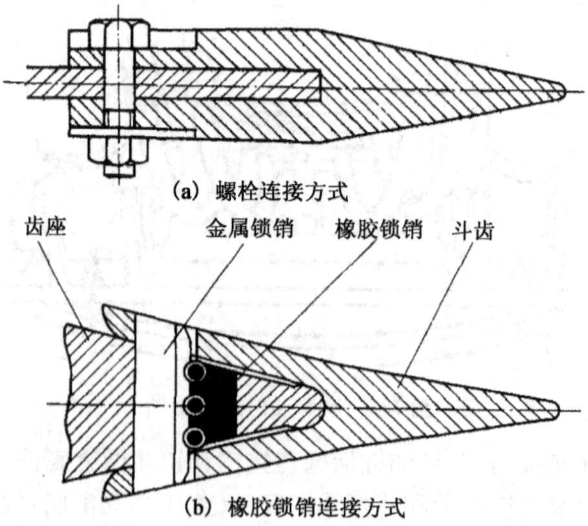

图 7-9　斗齿的结构

c. 销轴锁圈连接方式，也称横销式（见图 7-10）。

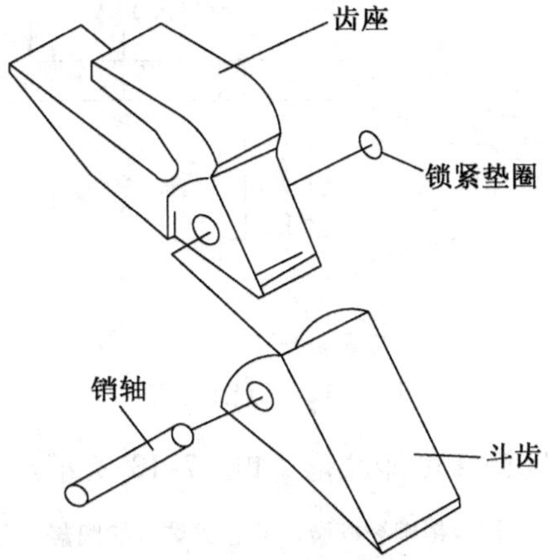

图 7-10　轴锁圈连接方式

② 斗齿的更换

为了便于用榔头敲下销子，应在铲斗下放置一木质垫块。在发动机停止后 15 秒内，全行程操作各操纵杆。在确认工作装置置于稳定状态后，锁紧安全锁定杆。铲斗底面应放置水平，如图 7-11 所示。

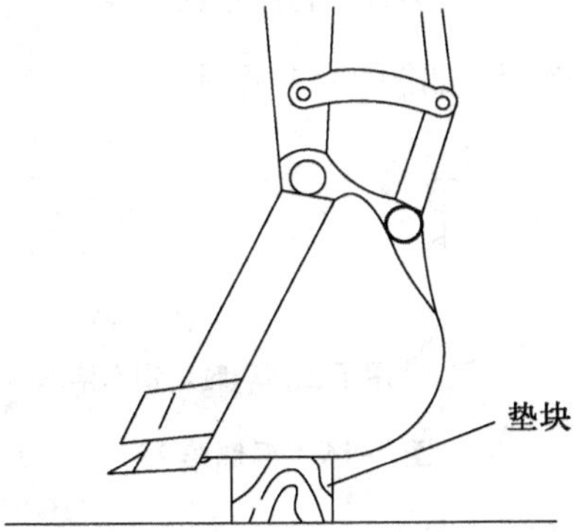

图 7-11　用垫块垫起铲斗

A. 用螺栓固定的斗齿更换时较为简单，如果螺母拧不下来，可以用割枪割下，但注意保护斗齿座。

B. 竖销式固定的斗齿的更换。

a. 注意要打准金属锁销，拆下金属锁销后，再拆下橡胶锁销。

b. 检查即将使用的金属锁销、橡胶销锁，具有下列缺陷应予以更换：

• 金属锁销太短，锁销下沉的深度超过 A/3，如图 7-12 所示。

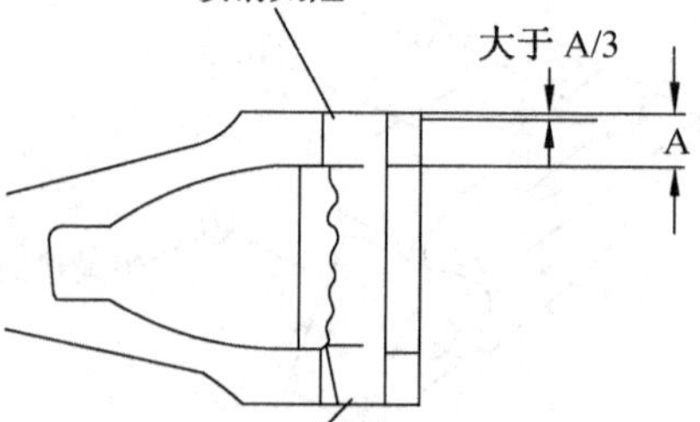

图 7-12　锁销太短

• 橡胶销锁被撕裂,并且钢珠可能脱落,如图 7-13 所示。

图 7-13　橡胶销锁撕裂

• 当用手压钢珠时,钢珠陷入,如图 7-14 所示。

图 7-14　钢珠陷入

c. 清理齿座表面,用小刀刮去泥土。

d. 用手或榔头将完好的橡胶卡销压入齿座内,注意不要使橡胶卡销突出齿座表面。

e. 清洁斗齿内侧,然后将其安装到齿座上。确保斗齿用力压入时斗齿销孔的后面与齿座销孔的后面齐平。

f. 在斗齿的孔内插入金属锁销,并将其敲至其顶面与斗齿的表面平齐。

g. 更换后的检查:在锁销完全敲入后,应检查它在孔内是否牢固;按锁销敲入的相反方向轻轻敲击锁销;上下、左右轻轻地敲击齿尖;核实两个锁销都装在准确的位置上。

注意:将斗齿上下翻转使用,使斗齿磨损均匀,可延长斗齿的使用寿命和减少更新齿的频次。更换斗齿时,应同时更换新的橡胶锁销和金属锁销,以防止斗齿脱落。

C. 横销式固定的斗齿更换。

a. 用直径小于销轴的圆杆放在销头上(装锁紧垫圈的一侧),用锤子敲出击销轴。

b. 拆下用过的斗齿,将锁紧垫圈定位处清理干净,如图 7-15 所示。

c. 清洗安装面,将新的斗齿装入齿座,用手将销轴部分推入销孔,如图 7-16 所示。

d. 然后用榔头敲打销轴,将斗齿安装到齿座上。

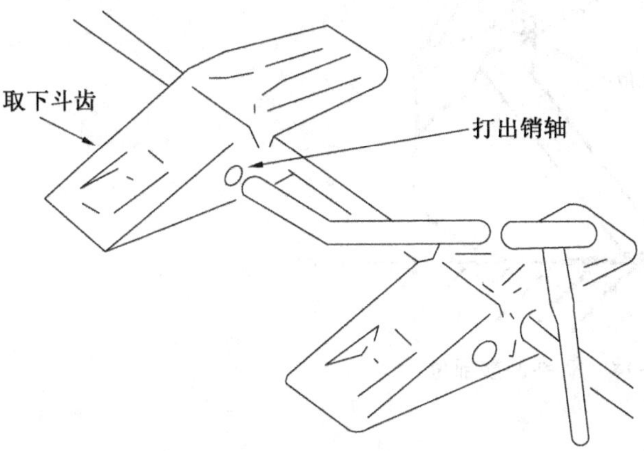

图 7-15 斗齿拆卸

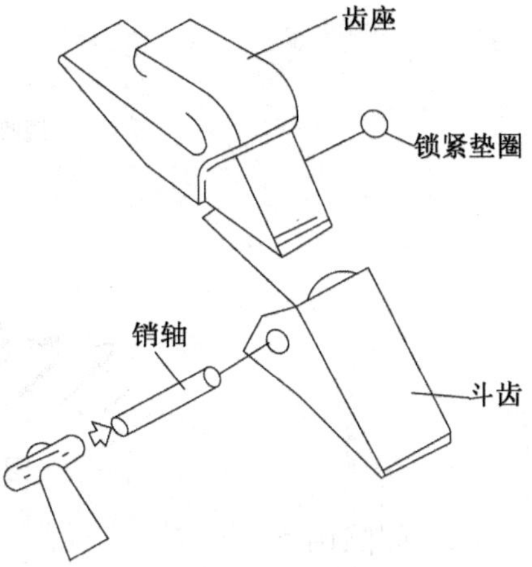

图 7-16 斗齿安装

(2) 侧齿检查与更换

每天应检查侧齿的磨损和松动情况,松动加以紧固,磨损则予以更换,如图 7-17 所示。

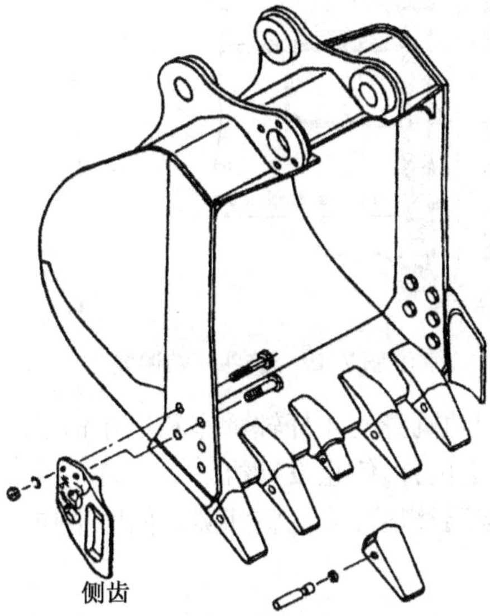

图 7-17 侧齿更换

将螺栓和螺母周围清理干净→拆下螺栓和螺母→将安装侧齿的铲斗周围清理干净→安装侧齿并拧紧螺栓。拧紧力矩为 500 N·m 左右。

3. 调整铲斗的连接

铲斗轴承座与斗杆轴承座之间间隙调整不正确会使铲斗和斗杆的接触面上产生擦伤,导致噪声过大,装有 O 形圈的将导致 O 形圈的损坏。

(1) 调整部位

铲斗调整部位如图 7-18 所示。

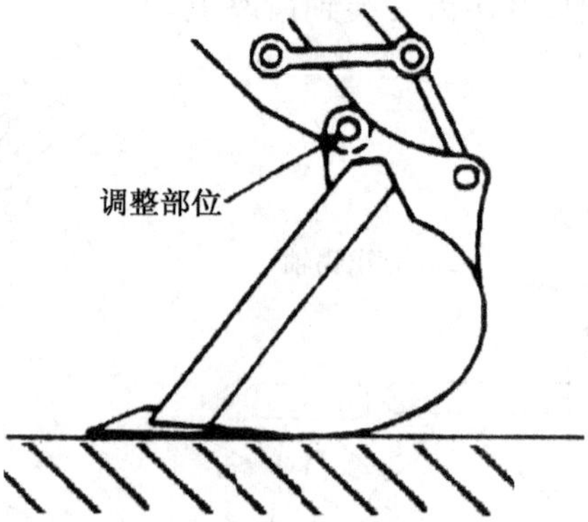

图 7-18　铲斗调整部位

（2）间隙调整

间隙调整部位如图 7-19 所示。

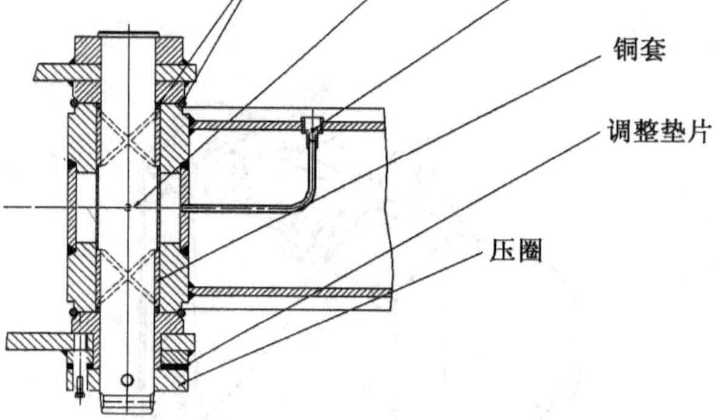

图 7-19　铲斗间隙调整

① 将铲斗降至地面，转动机身使斗杆轴承座和铲斗轴承座的一侧完全接触。

② 液压操纵杆置于固定位置，停止发动机。

③ 测量间隙，通过增减调整垫片来调整间隙。间隙值应为 0.5 ~ 1.0 mm。

4. 更换铲斗

注意：在打出或敲入连接销时，谨防飞出的金属屑或者碎片伤人，须佩戴护目镜或安全眼镜和适合工作的安全器具。

（1）将机器停放在平地上，将铲斗降至地面，并把它的平面定位在地面。确保在移去销后铲斗不会滚动。

（2）如图 7-20 所示往外滑出 O 形圈。

（3）移去铲斗销 A 和 B，分开斗杆和铲斗。清洗销和销孔，给销和销孔涂上足够的润滑脂。

（4）把斗杆和新铲斗调准，并确保铲斗不会滚动。

（5）装上铲斗销 A 和 B。

（6）给销 A 和 B 装上锁销和扣环。

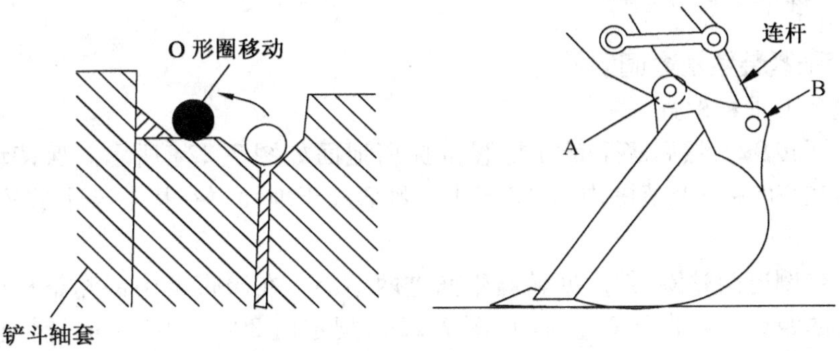

图 7-20　更换铲斗

（7）给销连接处 A 和 B 加上润滑脂。

（8）启动发动机并以低速运转。操纵铲斗动作，向两个方向上缓慢地转动铲斗，以检查在铲斗移动上是否有任何干涉。不可使用有任何干涉的机器；如果发现有干涉，应及时处理。

5. 变换铲斗连接到正铲

（1）确保给铲斗旋转 180°留有足够空间。

（2）具体方法如图 7-21 所示，步骤与更换铲斗相似。

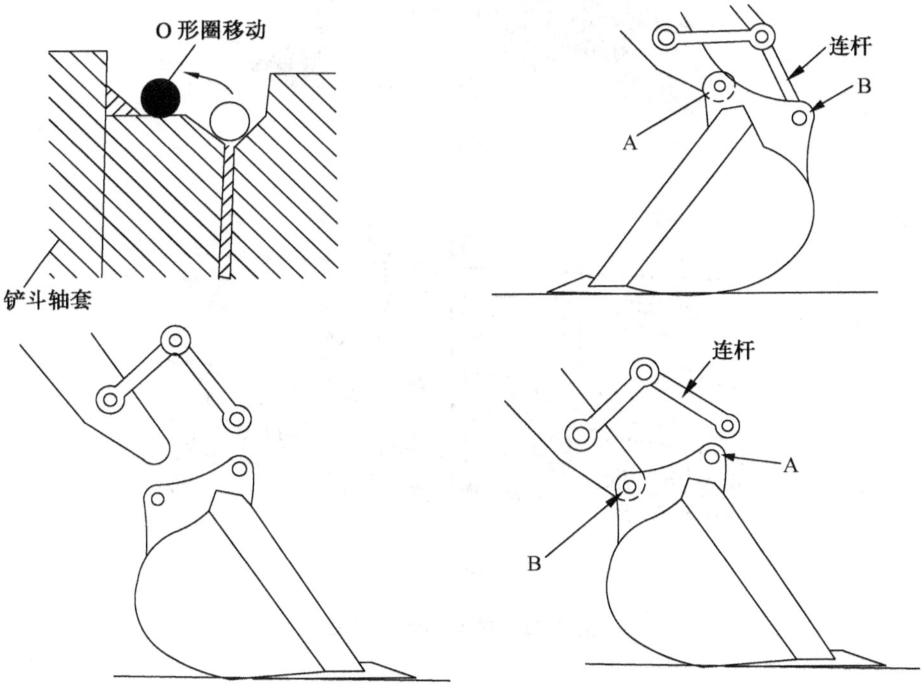

图 7-21　变换铲斗连接到正铲

二、行走系统维护保养技术

1. 履带张紧装置检查调整

（1）履带下垂量检查

把上车回转90°，然后降下铲斗把履带提离地面如图7-22a所示。保持动臂和斗杆之间的夹角在90°～110°范围内，并将铲斗圆弧部放于地面。在机器架下放置垫块，以支撑机器。

回转履带倒退两整圈，然后回转履带前进两整圈。在履带架中部测量从履带架到履带板底面间的距离。履带下垂量A（见图7-22b）规定值300～500 mm。需要注意的是，不同机型的下垂量是不同的，请参阅各具体机型的说明书。

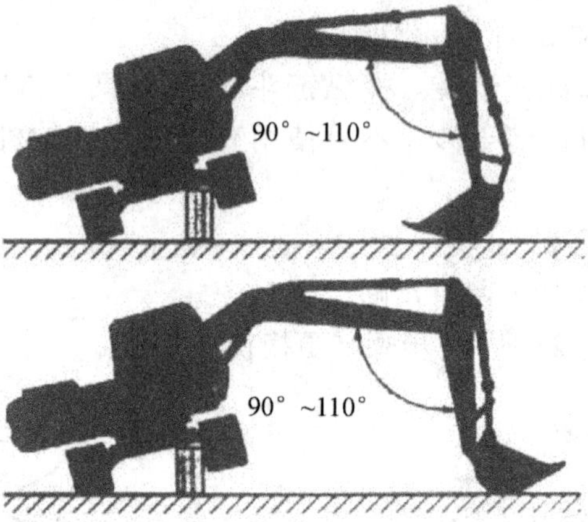

(a)

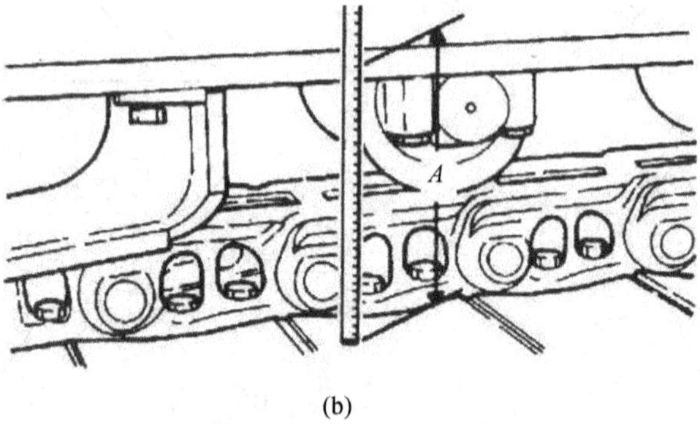

(b)

图7-22　履带下垂量检查

（2）调松履带

注意：不要快速地或过多地松开阀1（见图7-23），否则履带张紧油缸中的润滑脂会喷出。应谨慎地把阀1松开，且不能把身体和脸部对着阀1！绝对不可松开润滑脂嘴2！

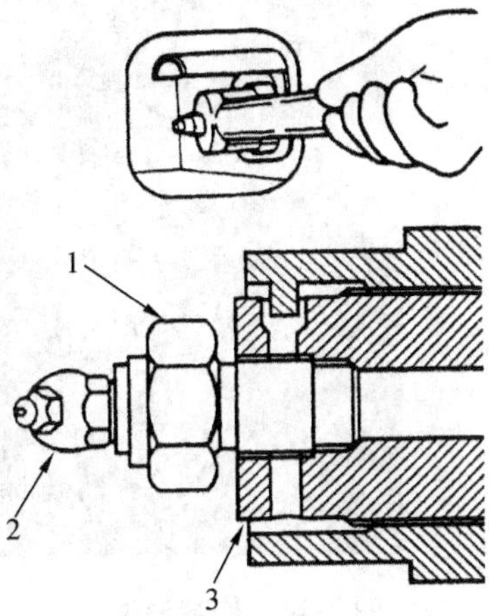

1—阀；2—润滑脂嘴；3—润滑油出口

图7-23　履带松紧度调整

重要：如果链轮与轨链之间夹有碎石或泥土，应在调松履带前将它们清除掉！

① 要调松履带时，用24寸长套筒扳手按逆时针方向缓慢地旋转阀1。润滑脂将从润滑脂出口3排出。

② 转开阀1～1.5圈，便足以放松履带。

③ 如果润滑脂不能顺利地排出，可把履带提离地面，并缓慢地回转履带。

④ 在获得适当的履带下垂量后，按顺时针方向把阀1拧紧到147 N·m。

（3）调紧履带

调紧履带时可把润滑脂枪接在润滑脂嘴上，加入润滑脂，直到履带下垂量达到规定为止。

注意：当按逆时针方向转开阀后履带仍然过紧，或者在往润滑脂嘴加入润滑脂后履带仍然过松，都属于不正常的现象。此时，绝对不可试图拆卸履带或履带调节器，因为履带调节器内的高压润滑脂会带来危险，应立即与指定经销商或机械生产厂家服务工程师联系！

（4）张紧装置保养

挖掘机每工作半年或1 000小时，需要将张紧油缸内黄油释放，油缸缩回约5厘米，重新张紧履带到正常位置，反复3次。

2. 行走减速装置维护保养

（1）检查与添加行走减速机齿轮油

① 将机器停放在水平地上。

② 使行走马达的水平油位线处于水平位置，油位检查口处于水平油位线上方，如图7-24所示。

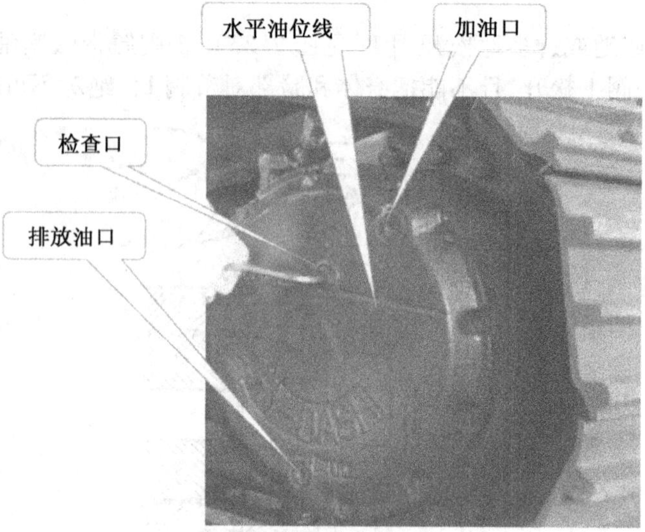

图 7-24　检查油位

③ 将铲斗降到地面。

④ 关掉自动怠速开关。

⑤ 低速空载运转发动机 5 分钟。

⑥ 关闭发动机,从钥匙开关下取下钥匙。

⑦ 把先导控制开关杆拉到锁住的位置,静止 10 分钟后检查油位。

⑧ 在齿轮油冷却后,缓慢地松开加油口螺塞,释放空气压力。

注意:保持身体和脸部远离空气释放口。齿轮油是烫的,须等到齿轮油冷却后,才能缓慢地松开加油口螺塞,释放压力!

⑨ 拆下油位检查螺塞,油位应与检查孔底边平齐。

⑩ 如果需要,添加相同牌号齿轮油,加油至溢出油位检查孔,如图 7-25 所示。

图 7-25　行走减速器加油

⑪ 用密封带包缠螺塞的螺纹部分,装上螺塞,拧紧至 49 N · m。

⑫ 检查另一个行走减速装置的齿轮油位。

(2) 更换行走减速机齿轮油

① 将机器停放在水平地上。

② 使行走马达的水平油位线处于水平位置，油位检查孔处于水平油位线上方，如图 7-26 所示。

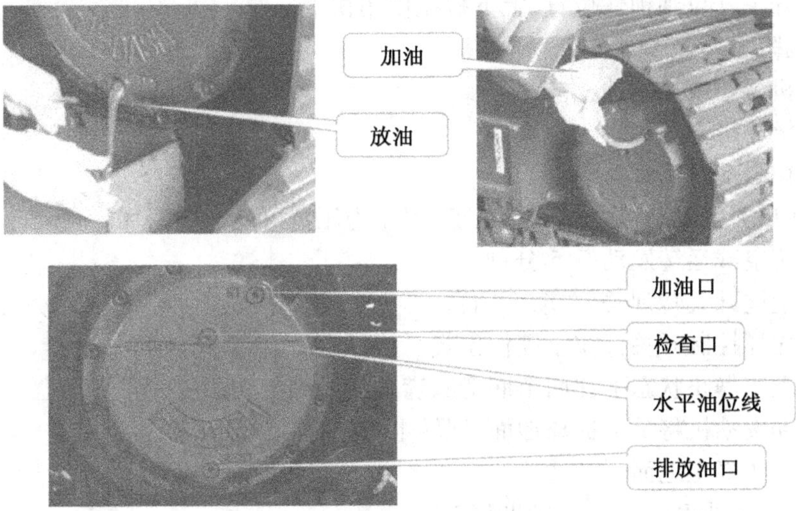

图 7-26　更换行走减速机齿轮油

③ 在齿轮油冷却后，缓慢地松开加油口螺塞，释放空气压力。

④ 拆下排放油孔螺塞，放油并用容器盛接。

注意：废齿轮油不可随意倒放，注意环保。

⑤ 用密封带包缠排放油孔螺塞的螺纹部分，装上螺塞，拧紧至 49 N · m。

⑥ 拆下油位检查螺塞。

⑦ 加油到油溢出油位检查孔为止。

⑧ 用密封带包缠螺塞的螺纹部分，装上油位检查螺塞、加油口螺塞，扭紧至 49 N · m。

⑨ 更换另一个行走减速装置齿轮油。

三、回转装置维护保养技术

1. 回转支承轴承润滑（见图 7-27）

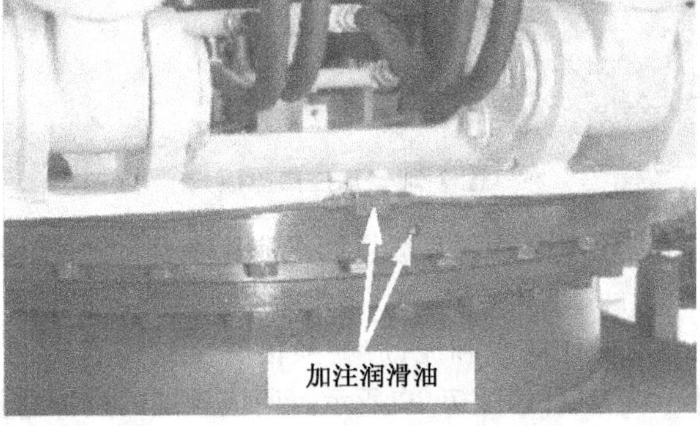

图 7-27　回转支承轴承润滑

注意：润滑回转支承、齿轮和回转上部结构应只由一个人进行。在润滑回转支承之前，使周围的所有人员离开现场！每当离开驾驶室时，应将铲斗降至地面，关掉发动机，把先导控制开关杆拉到锁住位置，上下机械使用扶手。

作业步骤：

（1）将机器停放在平地上。

（2）将铲斗降至地面。

（3）关掉自动怠速开关。

注意：如果关闭发动机的步骤不正确，涡轮增压器可能会被损坏。

（4）低速空载运转发动机 5 分钟。

（5）将钥匙开关转到关，并取下钥匙。

（6）把先导控制开关杆拉至锁住位置。

（7）在上车静止状态下往两个润滑脂嘴中加入润滑脂。

（8）启动发动机将铲斗提离地面，回转上车结构 45°（1/8 圈）。

（9）将铲斗降至地面。

（10）从第 3 步开始重复上述步骤 3 次。

（11）给回转支承加润滑脂直到看到润滑脂从回转支承密封处渗出为止。润滑脂容量约 0.3 L。

（12）注意不可过度的加润滑脂。

2. 回转支承内啮合齿轮润滑

本项作业的注意事项及作业步骤的前 6 步与“回转支承轴承润滑”相同。

（7）打开工具箱左边的加注口盖板，如图 7-28 所示。

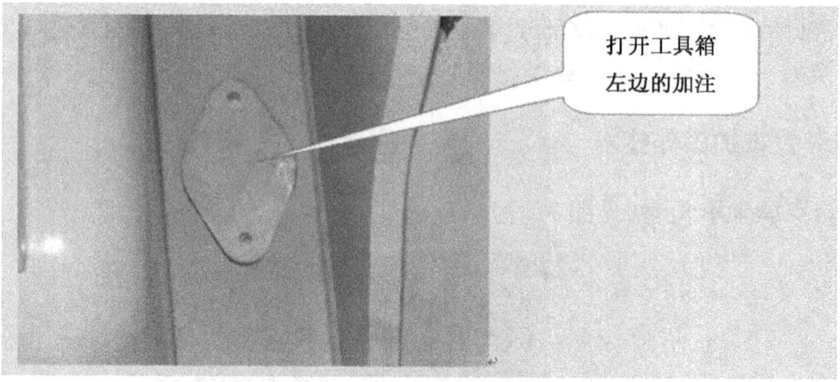

图 7-28　加注口盖板

（8）观察回转支承齿轮室内是否有适量润滑脂浮在齿轮上，如无则加上大约 0.5 千克的润滑脂。

（9）如果在黄油上发现任何水和泥，应替换齿轮上的所有黄油。从回转齿轮室底，移开位于中心接头附近的盖板，如图 7-29 所示。所应该加的黄油总量大约是 4 千克。恢复安装加注口盖板，并清洁盖板附近的润滑脂，保持机体清洁。

注意：废黄油不可随意倒放，应注意环保。

图 7-29　回转齿轮室底盖板

（10）装上盖板。

3. 回转减速器维护保养

（1）油位检查与添加

① 抽出油标尺，检查齿轮油液位，液位在两刻度线之间为合适，如图 7-30 所示。

图 7-30　回转减速器油位检查

② 如果需要加油，打开加油塞，根据需要添加相同牌号齿轮油到正常液位，如图7-31所示。

图 7-31　回转减速器加油

③ 装回油标尺。

（2）更换回转减速机齿轮油

① 正确驻停机械，等油温冷却。

② 拧松油标尺上的橡胶排气栓，释放齿轮室内的压力。

③ 打开排放管上排放阀，完全排放齿轮油后关闭排放阀。

注意：废齿轮油应妥善处理，注意环保。

④ 打开油标尺与加油口螺塞，注入新的齿轮油至正常液位。

⑤ 装回油标尺和套盖。

4. 回转马达输出轴轴承润滑

（1）正确驻停机械。

（2）确保回转减速机排气口（阀）畅通，否则会对回转马达与减速机齿轮室之间的密封性造成影响。

（3）向该处润滑点的黄油嘴加注润滑脂（见图7-32），排气口（阀）有少许润滑脂冒出即可。

（4）清洁加注处和排气口（阀）外溢的润滑脂，保持机体清洁。

图7-32　回转马达输出轴轴承润滑

四、液压装置维护保养技术

1. 液压装置维护保养中注意事项

注意：在操作过程中，液压系统的部件会变得很热，在开始检查或保养前须让机器冷却！检查和保养高温、高压液压部件有可能引起高温零件、液压油的突然飞出、喷出。导致人员受伤！

（1）保养液压装置时，确保将机器停放在水平坚硬的地面上。

（2）将铲斗降至地面，关掉发动机。

（3）在完成操作后不久，液压装置中残留有余热和余压，应该在部件、液压油和润滑油完全冷却之后，方可开始保养液压装置。

① 排放液压油箱内的空气以释放内压。

② 在拆卸螺塞或螺母时，不要将身体和脸对着它们。液压部件即使在冷却后仍可能具有压力。

③ 绝对不要试图在斜坡上保养或检查行走和回转马达回路，它们会因自重而具有高压。

（4）当连接液压管路时，特别要注意保持密封面无污物并避免受到损伤。

① 用清洁液洗涤软管、管路各油箱内部，并且在连接前，把它们彻底擦干。

② 使用完好的 O 形圈，组装时小心，避免其受到损伤。

③ 连接高压软管时，不可使高压软管扭曲。被扭曲软管的寿命将会大大缩短。

④ 谨慎地拧紧低压软管夹子，不可过度拧紧。

（5）加液压油时，必须使用同一牌号的油，不可混合使用不同牌号的油。机器在出厂时已被加油，所以应使用推荐的油品。

（6）一定要一次更换系统内所有的油。

（7）不可在液压油处于无油状态下启动发动机。

2．液压油位检查

（1）以斗杆液压缸完全缩回和铲斗液压缸完全伸出状态停放机械，如图 7-33 所示。

图 7-33　液压油位检查时的停机状态

（2）检查液压油箱上的油位计，油必须在表上的记号之间（见图 7-34），否则需加油。

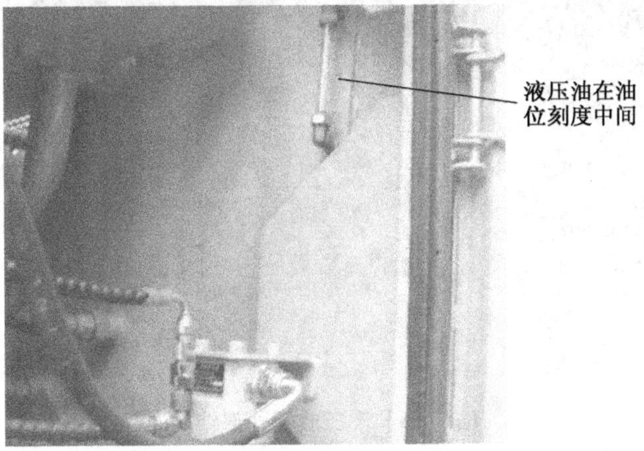

图 7-34　检查液压油箱油位

（3）以逆时针缓慢拧松液压油箱盖的空气滤清器，释放系统压力后拧开添加液压油至正常液位，恢复安装空气滤清器并拧紧。

（4）再次检查油位计。

3．更换吸油滤芯、回油滤芯

（1）为容易接近，将上车回转90°，将机器停放在水平地上。

（2）以斗杆油缸完全缩回和铲斗油缸完全伸出状态来定位机器。

（3）将铲斗降到地面，如图7-35所示。

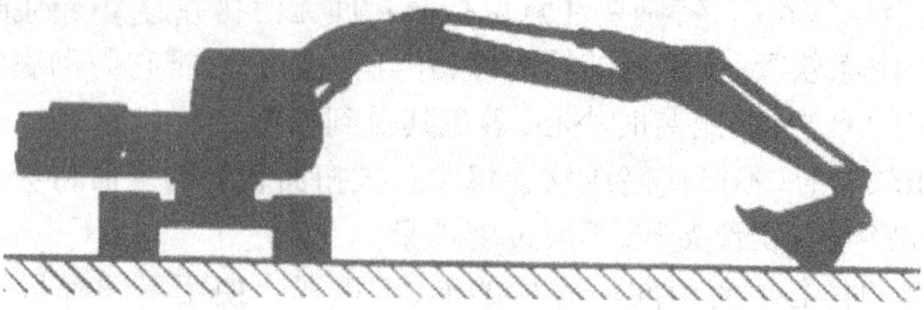

图7-35　更换滤芯时的停机状态

（4）关掉自动怠速开关。

（5）低速空载运转发动机5分钟。

（6）关闭发动机，从钥匙开关下取下钥匙。

（7）把先导控制开关杆拉到锁住的位置。

（8）清洁液压油箱顶部，以免污物侵入系统。

（9）慢慢拧开油箱盖，释放压力（见图7-36）。

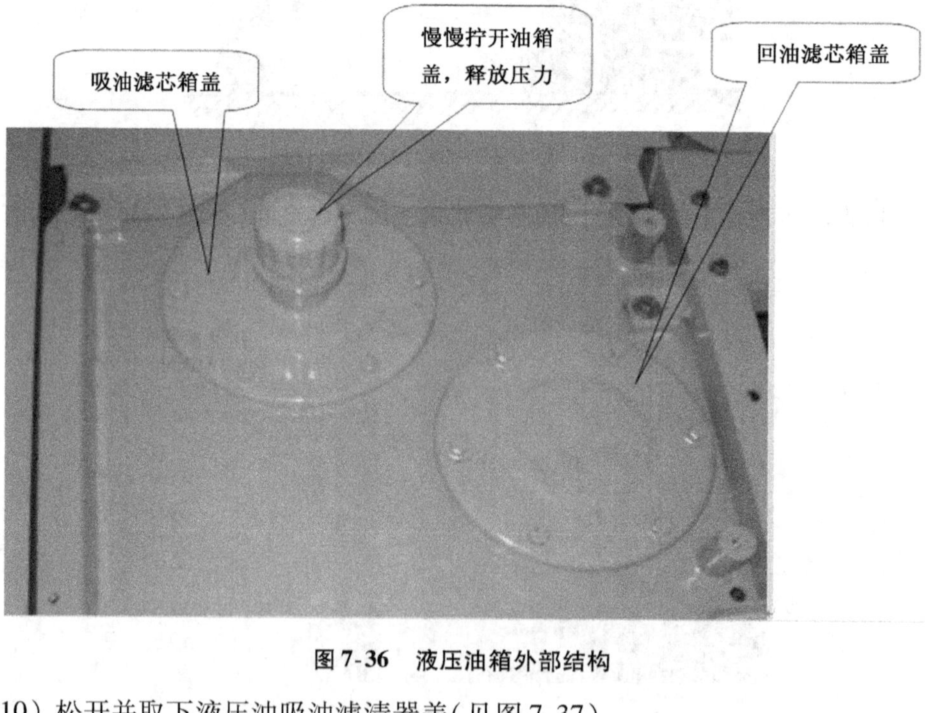

图7-36　液压油箱外部结构

（10）松开并取下液压油吸油滤清器盖（见图7-37）。

图 7-37　松开并取下液压油吸油滤清器盖

（11）取出吸油滤清器组件（见图 7-38）。

图 7-38　取出吸油滤清器组件

（12）更换新的吸油滤芯，装到组件上并上紧。

（13）装上吸油滤清器盖，确保过滤器和悬杆组件在正确的位置上，拧紧螺栓（49 N·m）。

（14）松开液压油回油滤清器盖。箱盖底有弹簧，此时不能全部一起松开，要留下两个螺栓。

（15）当余下最后两个螺栓时，要用手按住过滤器盖子（见图 7-39），卸下这两个螺栓，慢慢松开手，防止盖子猛力弹起。

图 7-39　打开回油滤清器盖

（16）取出弹簧和滤芯（见图 7-40）。

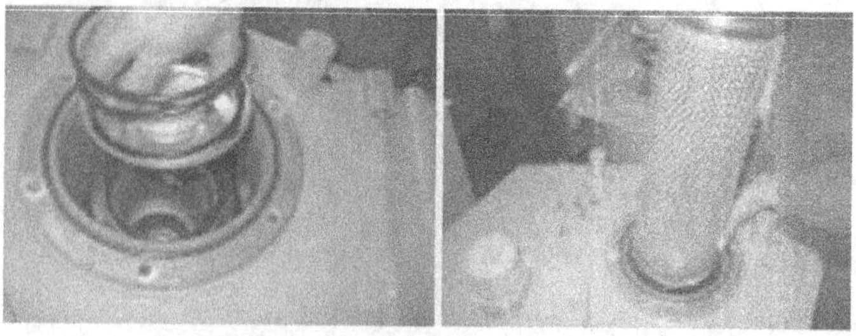

图 7-40 取出回油滤清器弹簧和滤芯

（17）检查滤清器罐底部是否有金属粒和碎屑。过量的青铜和钢的粒子表示液压泵、马达、阀已损坏或将要损坏；橡皮类碎屑则表示液压缸密封损坏。

（18）废弃旧滤芯，装上新滤芯和弹簧。

（19）装上回油滤芯箱盖和螺栓，拧紧螺栓（49 N · m）。

（20）拧紧油箱盖，锁上油箱盖钥匙。

（21）低速空载运转发动机，并且缓慢、平稳地操作控制杆 15 分钟，以清除液压系统中的空气。值得注意的是，先导回路中设有排气装置，因此，在完成该步操作后，先导回路中的空气会被清除。

4. 更换先导滤芯

前 9 个步骤与“更换吸油滤芯、回油滤芯”相同。

（10）用扳手按逆时针方向转动，把滤油器壳体从滤芯座上拆下，如图 7-41 所示。

（11）卸下先导滤芯。

（12）清洗滤油器头盖和滤芯接触的区域。

（13）清洁滤油器壳体，把新的先导滤芯拧到滤芯器座上固定好。

（14）按顺时针方向转动，把过滤器壳体装到滤油器座上，把壳体紧固（39 N · m）。

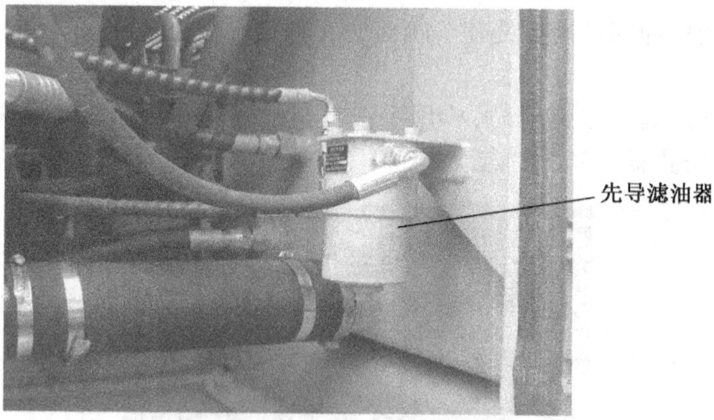

图 7-41 先导滤油器

5. 更换液压油

更换液压油时，须同时更换吸油滤芯、回油滤芯、先导滤芯！

前 9 个步骤与“更换吸油滤芯、回油滤芯”相同。

（10）拧松并取下液压油箱底部的排放螺塞（见图7-42），让油箱内的液压油排出。

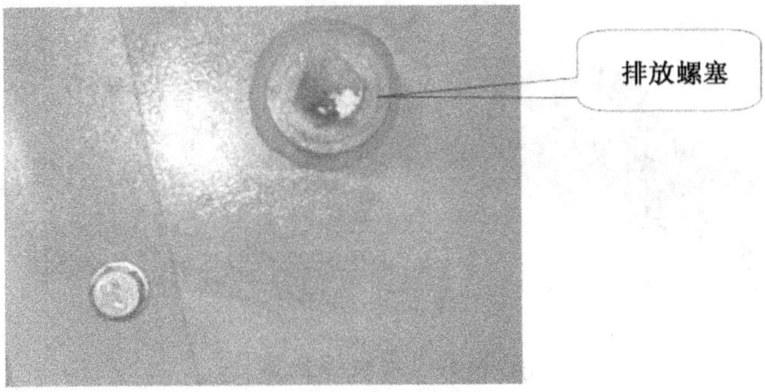

图7-42　液压油箱底部的排放螺塞

（11）清洗油箱内部。

（12）用油泵吸尽油箱底部的剩油。

（13）更换吸油滤芯、回油滤芯、先导滤芯。

（14）把油加至规定油位。

（15）拧紧油箱盖，锁上油箱盖钥匙。

（16）低速空载运转发动机，并且缓慢、平稳地操作控制杆15分钟，以清除液压系统中的空气。值得注意的是，先导回路中设有排气装置，因此，在完成该步操作后，先导回路中的空气会被清除。

（17）以斗杆油缸完全缩回和铲斗油缸完全伸出的状态定位机器。

（18）将铲斗降至地面。

6．管路维护

（1）注意事项

① 压力下喷出的液体能穿透皮肤，造成伤害（见图7-43）！

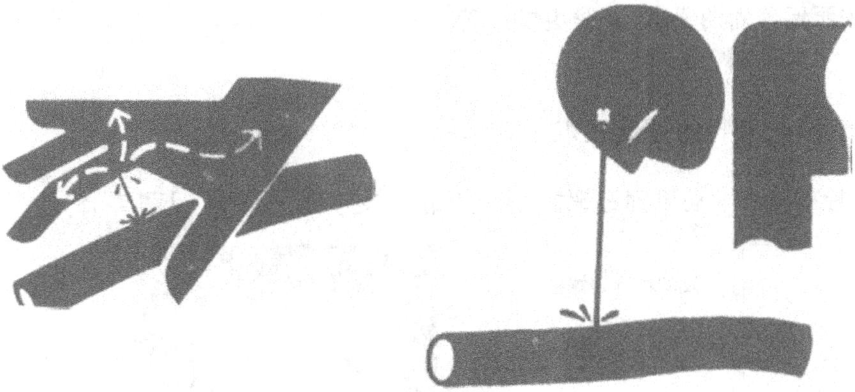

图7-43　压力下喷出的液体能导致伤害

② 为了防止受伤，应用一块纸板查漏（见图 7-44）。

图 7-44　用纸板查漏

③ 万一事故发生，须立即请有此类外伤经验的医生进行治疗。射入皮肤内的任何液体必须在几小时内进行外科去除，否则会导致坏疽。

④ 外漏的液压油和润滑剂能引起火灾，造成人身伤亡！

（2）检查步骤与内容

① 将机器停放在坚实的场地上，将铲斗降至地面，把先导控制开关杆拉到锁住位置，关掉发动机，从钥匙开关上取下钥匙。

② 检查是否有遗失或松动的管夹、扭曲软管、相互摩擦的管路或软管，油冷却器是否损坏，其法兰螺栓是否松弛、有无漏油。

③ 检查油管表面是否有泄漏、破损、凸起。

④ 检查油管是否有扭曲、过度弯曲或弯折。

⑤ 检查管接头是否有泄漏和其他损坏情况。

⑥ 紧固、修理或更换任何松动、损坏或遗失的管夹、软管、管路、油冷却器及其法兰螺栓。

⑦ 不要弯曲或碰撞高压管路。

⑧ 绝对不可安装弯曲或损坏的软管或管路。

⑨ 按照保养周期要求，及时更换油管。

⑩ 使用纯正油管配件。

六、检查螺栓、螺母的拧紧扭矩

（1）检查紧固发动机固定螺栓、发动机前后支座固定螺栓（见图 7-45）。

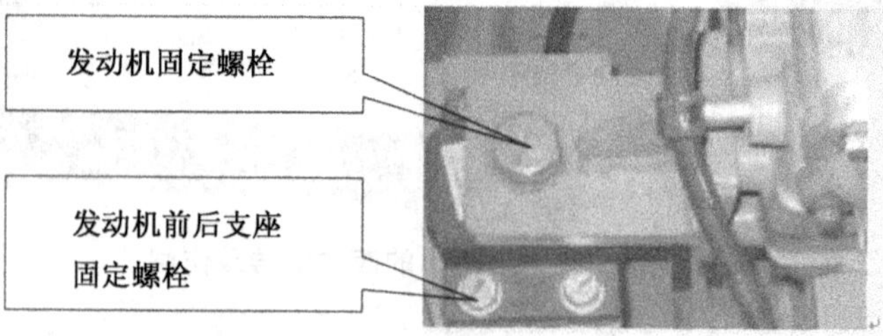

图 7-45　发动机固定螺栓

（2）检查紧固液压油箱固定螺栓。

（3）检查紧固燃油箱固定螺栓。

（4）检查紧固泵、阀、马达固定螺栓。

（5）检查紧固蓄电池固定螺栓（见图 7-46）。

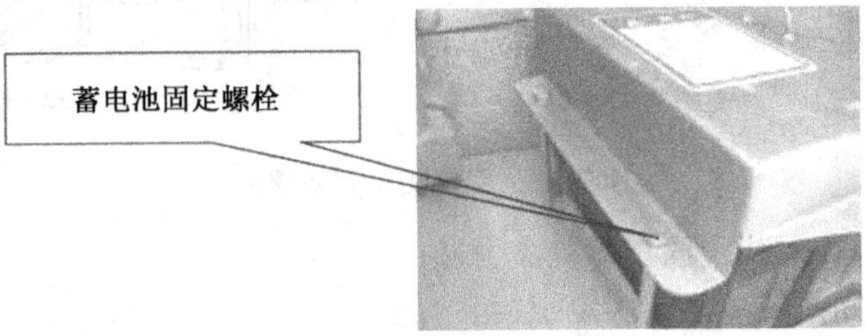

图 7-46 蓄电池固定螺栓

（6）检查紧固驾驶室固定螺栓（见图 7-47）。

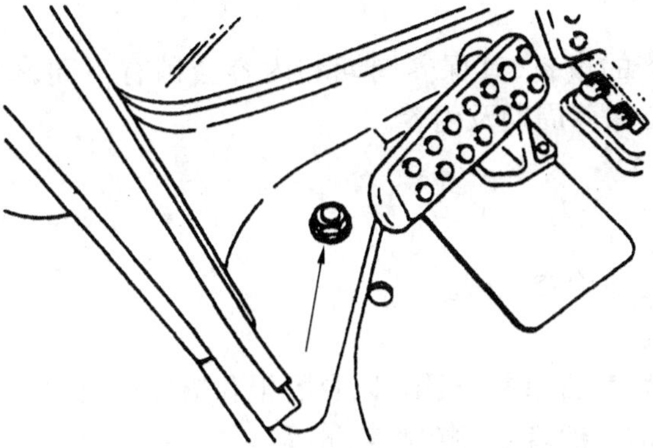

图 7-47 驾驶室固定螺栓

（7）检查紧固驾驶座椅固定螺栓（见图 7-48）。

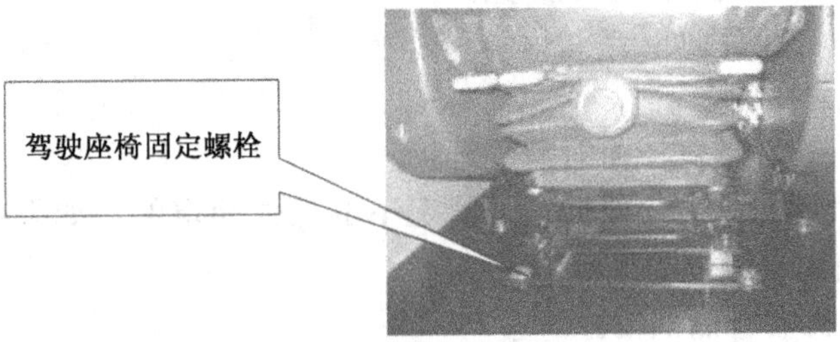

图 7-48 驾驶座椅固定螺栓

（8）检查紧固上车、下车与回转支承的固定螺栓（见图 7-49）。

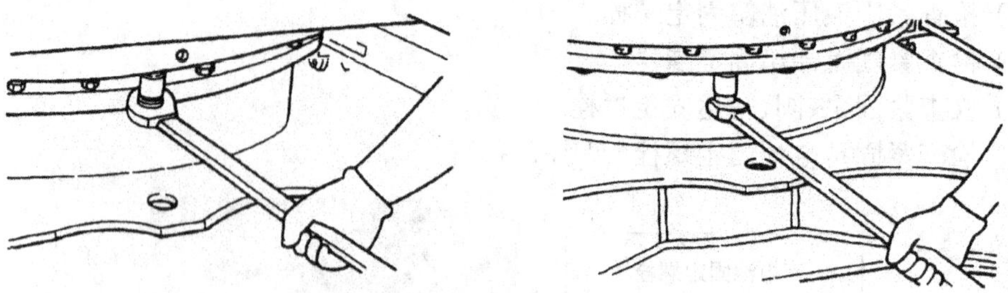

图 7-49 回转支承固定螺栓

（9）检查紧固行走装置固定螺栓。

（10）检查紧固回转减速器固定螺栓。

课题三 挖掘机维护保养周期

各个不同厂家生产的设备，其保养周期和内容会稍有不同，但总体相仿。以 920D，922D 挖掘机为例，介绍保养周期及内容。

一、日常保养

（1）每天在起动之前检查机械。

① 检查仪器、仪表。

② 检查软管和钢管是否渗漏、扭结，以及磨损和损坏情况。

③ 巡回检查机械的一般现象、声音、热量等。

④ 检查松弛或遗失的零件。

⑤ 使用所推荐的燃料和润滑油。

⑥ 保护电器元件以免接触水或水蒸汽。

⑦ 不可分解电器组件，如传感器等。

（2）检查作业累计时表。

① 作业累计时表决定机械何时需要维护。

② 定期维护表上的时间是根据正常状况下的操作而定的。如果在重载或恶劣工况下工作，必须缩短维护间隙时间。

（3）检查发动机润滑油油位。

（4）排放燃料箱水及污物。

（5）燃料预滤器放水，油水分离器放水。

（6）检查冷却水水位。

（7）检查液压油位。

（8）检查铲斗齿的磨损和松弛情况。

（9）检查制冷剂是否泄漏。

二、每工作50小时保养

完成日常保养内容。

（1）润滑动臂销。

（2）润滑动臂液压缸底销。

（3）润滑斗杆、斗、铲斗液压缸活塞杆销和连杆连接销。

（4）检查和调整履带的下垂量。

（5）清洁空气滤清器。

三、每工作100小时保养

完成上一级保养内容。

检查和调整空调压缩机皮带张力。

四、每工作250小时保养

完成上一级保养内容。

（1）清扫空调冷凝器外部。

（2）检查回转减速机齿轮油油位。

（3）检查行走减速机齿轮油油位。

（4）检查螺栓和螺母的扭矩。

（5）更换发动机油。

（6）更换机油滤清器。

（7）排放柴油箱沉淀水、脏物。

（8）更换柴油预滤器

（9）更换燃油滤清器。

五、每工作500小时保养

完成上一级保养内容。

（1）润滑回转支承内啮合轴承。

（2）润滑回转支承内啮合齿轮。

（3）清扫散热器组外部。

（4）更换空气滤清器外部和内部过滤零件。

（5）检查各铰接间隙、定位套、螺栓。

（6）检查和调整风扇皮带张力（第一次调整在100小时）。

六、每工作1 000小时保养

完成上一级保养内容。

（1）清洗燃料系统输油泵过滤器。

（2）更换回转减速机齿轮油(第一次更换齿轮油在500小时)。

（3）更换行走减速机齿轮齿轮油(第一次更换齿轮油在500小时)。

（4）更换先导油滤清器。

（5）润滑回转减速机输出轴轴承。

（6）更换液压箱回油滤(第一次更换回油滤芯在500小时)。

七、每工作2 000小时保养

完成上一级保养内容。

（1）更换液压油(同时更换吸油滤芯、回油滤芯、先导油滤清器)。

（2）更换冷却液和清洗散热器内部。

单元八 路面铣刨机维护保养技术

课题一 路面铣刨机概述

一、路面铣刨机用途

路面铣刨机是一种利用安装数只铣刨刀头的滚筒（简称铣刨鼓）做旋转运动，对路面进行铣刨的高效率路面修复机械，常用它来铣刨需要维修的破损沥青、水泥混凝土路面，铣刨后形成整齐、平坦的铣刨面和齐直的铣刨边界，为重新铺设沥青混合料或水泥混凝土创造条件。修复后的新老铺层衔接良好、接缝平齐。另外，路面铣刨机还可用于变形沥青路面的平整、路面切除、路面坑槽及沟槽的开挖、混凝土路面拉毛、面层错台的铣平等作业。铣刨机外形如图 8-1 所示。

图 8-1 路面铣刨机

二、路面铣刨机总体构造

铣刨机由动力系统、传动系统、铣刨系统、升降系统、行走系统、转向系统、车架系统、液压系统、集料系统、覆盖件系统、电气系统、洒水系统组成，其总体结构如图 8-2 所示。各种规格型号的铣刨机结构略有区别，但主要结构基本相同。

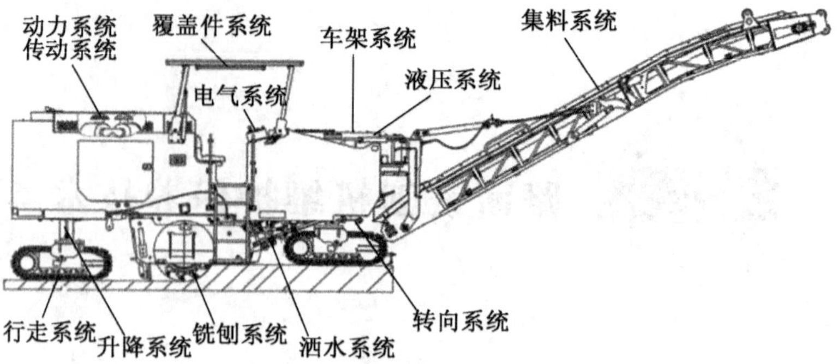

图 8-2　路面铣刨机总体结构

铣刨机在四个液压马达驱动的行走履带支承下，整机沿需要剥离的路面运动，在控制系统的操纵下，回转的切削工具（铣刨鼓）被放下，利用铣刨刀头对路面进行铣刨。铣刨产生的旧路面材料被铣刨机前置（或后置）的回收输送带运送到停在其前面（或后面）的自卸汽车里。被剥离的旧物料可利用再生，作为再生混合料重新铺回。

课题二　路面铣刨机维护保养技术

主要以 2000DC 为例。

一、维护保养中的注意事项

（1）进行液位检查时，机器一定要停放在水平场地，并且降到最低位置。

（2）仅允许使用符合国家标准或由制造商指定认可的油料。

（3）加液时应保证油料和加油用具的洁净，油液加入系统之前必须经过沉淀和过滤处理。

（4）在拆除加液管路前必须保证接头处清洁。清理时仅允许使用无绒毛抹布。

（4）保证加液孔及连接口盖子安装良好。

（5）换机油应在机油热态时进行，注意防止烫伤。

（6）液压油放出时和放出后，不要启动发动机。

（7）液压系统的检查和测量应在液压油处于工作温度范围内进行。液压油工作温度可能达到很高，应注意防止烫伤。通常可以等油温降到 40 ~ 50 ℃时进行检查。

（8）用有足够量程的压力计来测量液压系统压力。压力计应定期检查。

（9）在加注黄油之前须将黄油嘴清理干净。

二、安全装置检查

1. 紧急停机按钮

在主控制面板、控制面板、折叠输送带控制面板上都有紧急停机按钮，如图 8-3 ~ 图 8-5所示。

设置紧急停机按钮的目的是保证路面铣刨机在紧急情况下能及时停止发动机。使用机器之前,应对紧急停机按钮进行测试。测试的方法是:在发动机怠速运转时,按下按钮,发动机应马上停止运转,否则应检修。

需要注意的是,紧急停机按钮只在紧急情况下或测试时使用,一般停止发动机运转不用此按钮。

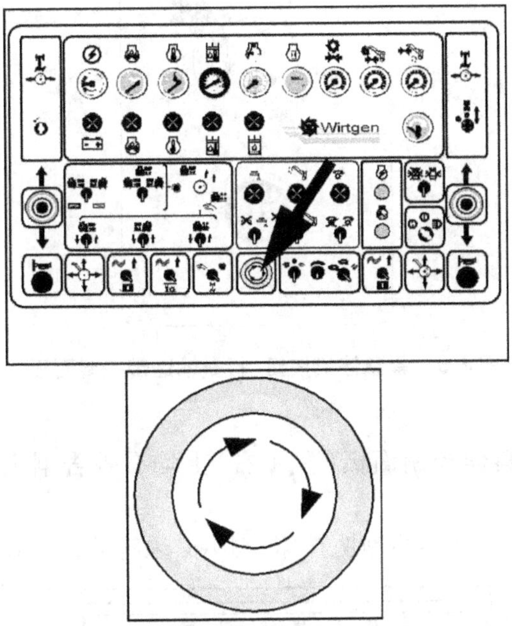

图 8-3 紧急停机按钮(主控制面板)

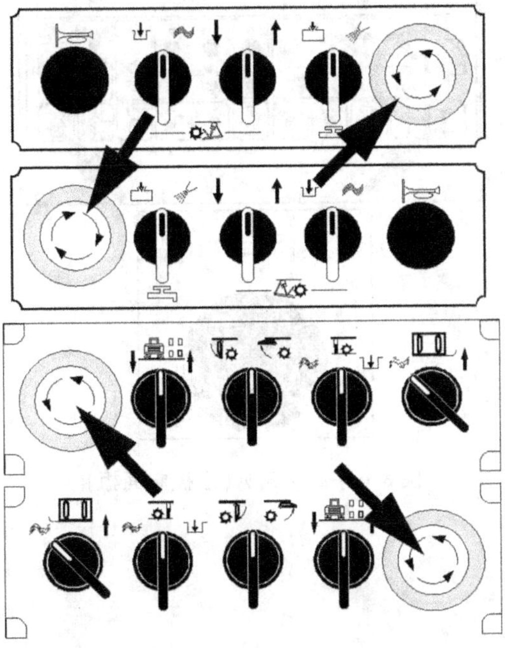

图 8-4 紧急停机按钮(控制面板)

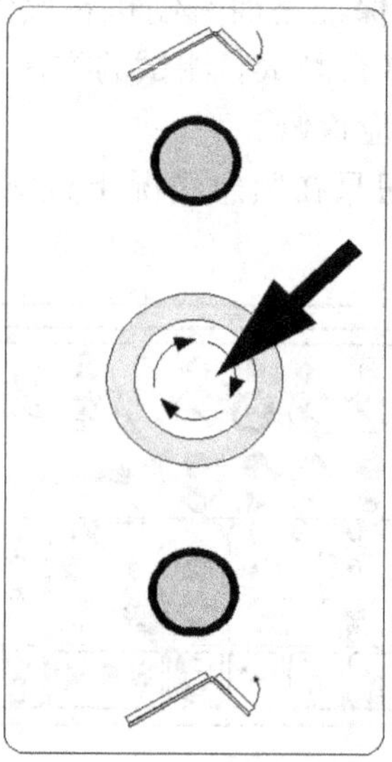

图 8-5　紧急停机按钮(折叠输送带控制面板)

2. 警告喇叭

在主控制面板、输料器控制面板(左 + 右)上均有警告喇叭按钮,如图 8-6、图 8-7 所示。

当点火开关打开后,按下警告喇叭按钮,喇叭必须鸣笛,否则应检修。

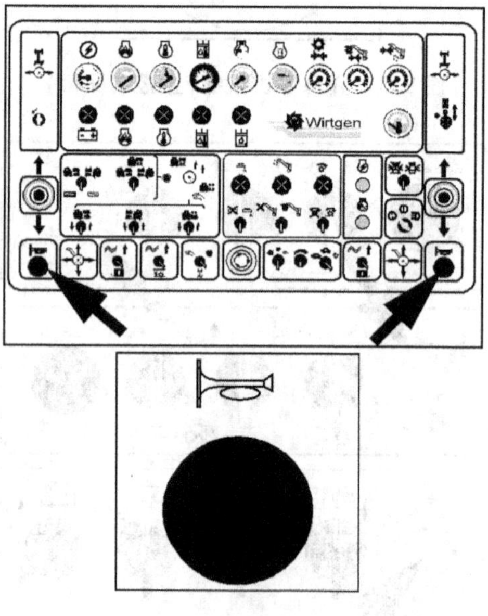

图 8-6　警告喇叭(主控制面板)

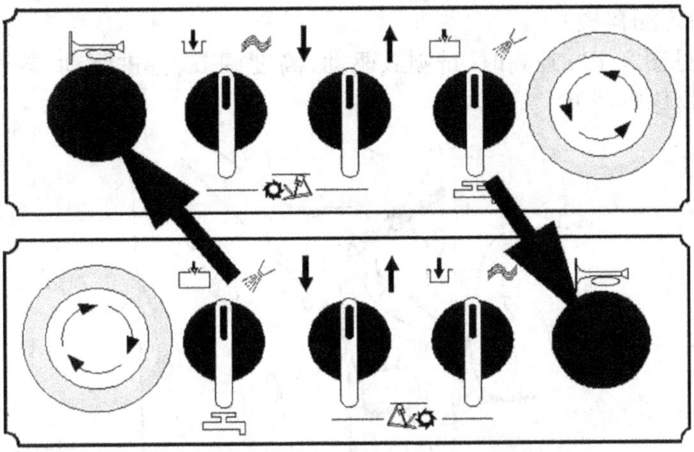

图 8-7　警告喇叭(输料器控制面板)

3. 后退喇叭

当行走驱动操纵阀杆调节到后退位置和机械开始后退时,后退喇叭必须鸣笛,否则应检修,如图 8-8 所示。

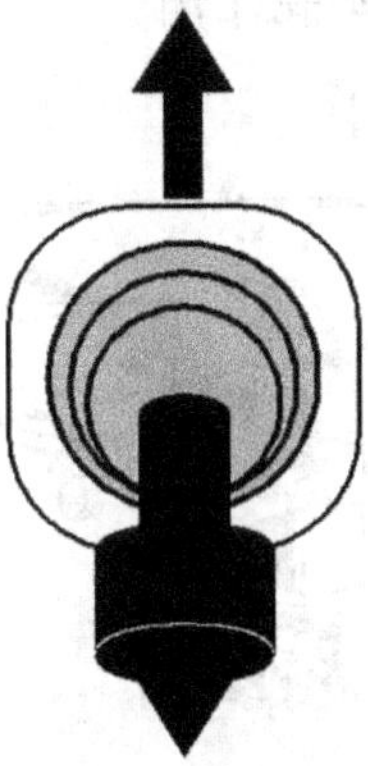

图 8-8　后退喇叭

4. 警示灯

在点火开关打开后,打开警示灯开关(见图 8-9),警示灯应立即开始闪烁,否则应检修。

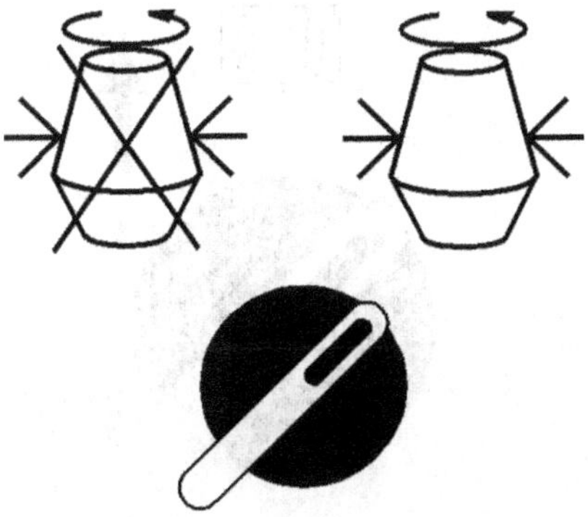

图 8-9　警示灯及其开关

5. 限位开关(刮料板)

当刮料板(见图 8-10)升高时,铣刨鼓驱动、高度调节、行进驱动、输送带驱动必须自动停止,否则应检修限位开关。

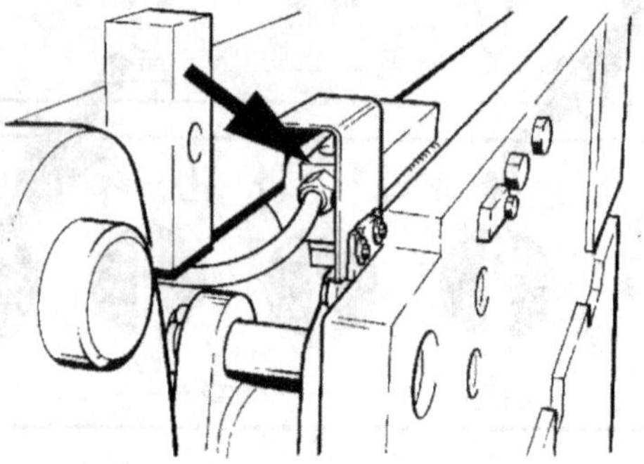

图 8-10　限位开关(刮料板)测试

6. 安全插销(刮料板)

安全插销(见图 8-11)的作用是保证刮料板升高后能安全地保持在高位。

升高刮料板后,检查安全插销是否起作用。

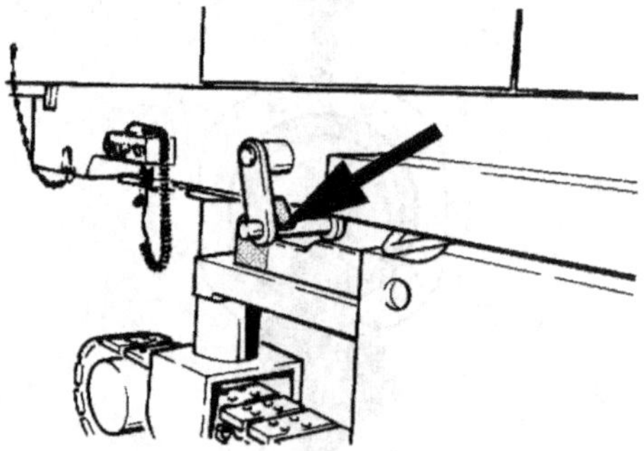

图 8-11　安全插销(刮料板)

7. 边板

当松开旋钮开关时,边板应能自动降低。测试应对两边板都进行(见图 8-12)。

注意:只有当边板自动正确降低时,机器才能进行作业,否则会有危险。

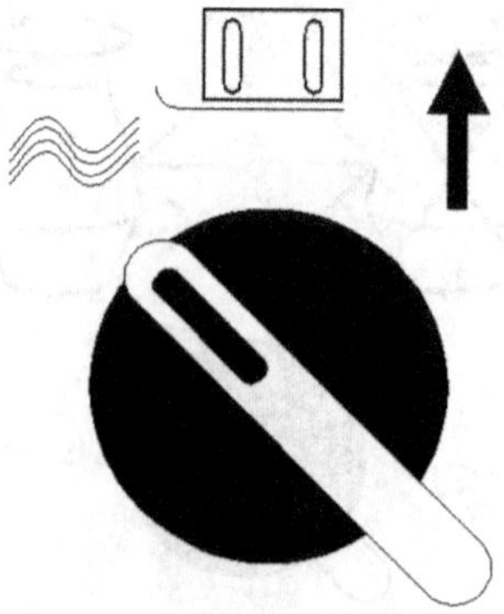

图 8-12　边板测试

8．安全插销（发动机罩）

当打开发动机罩时，安全插销必须起作用，如图 8-13 所示。

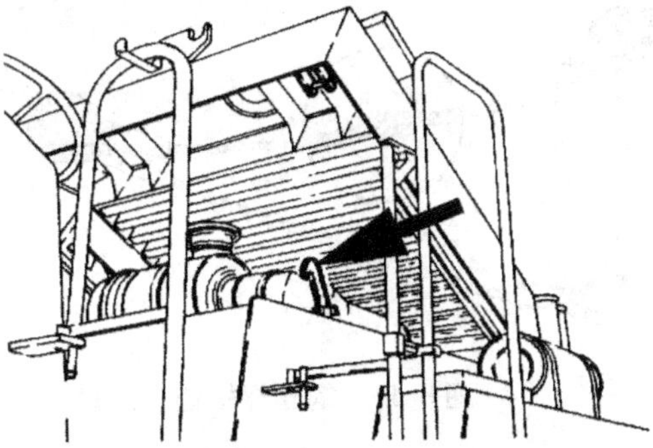

图 8-13　安全插销（发动机罩）测试

9．支架（发动机罩）

发动机罩支架必须能可靠地支撑发动机罩（见图 8-14）。

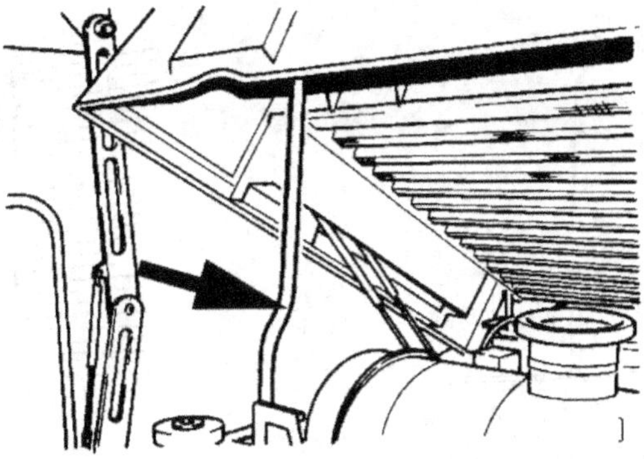

图 8-14　支架（发动机罩）

10．悬浮支架

检查支架的回转接合点（见图 8-15）。在进行机器维修时，支架必须展开，与支腿底盘保持垂直。

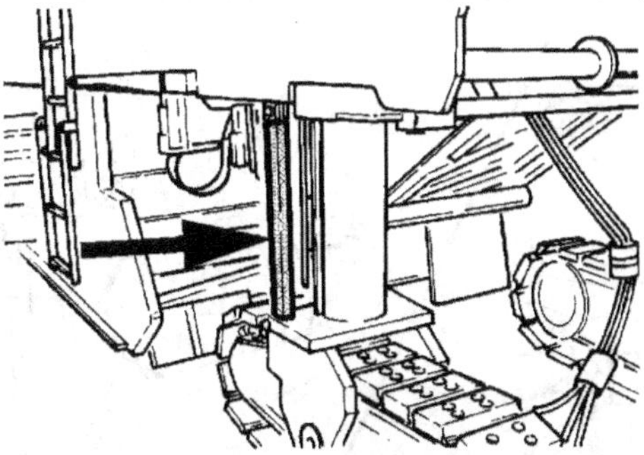

图 8-15　悬浮支架测试

11. 钢丝绳

磨损的钢丝绳必须立即更换(见图 8-16)。

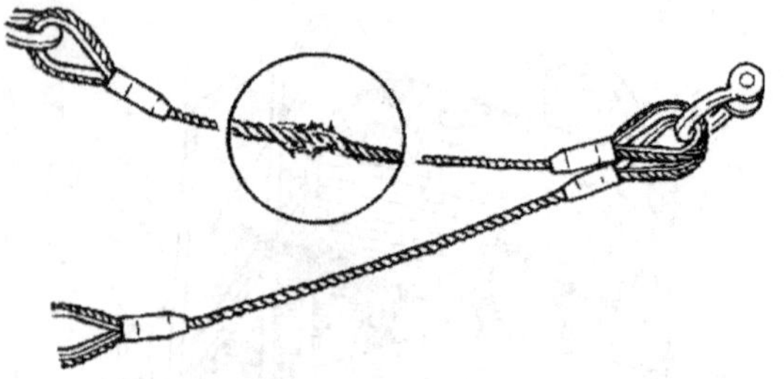

图 8-16　钢丝绳检查

12. 警示标志

检查机器左右两边警示标志(见图 8-17)的完好情况,检查其是否能正常地向外展开,以给其他人员提供警示。施工时还应根据不同的工地情况,采取其他具体恰当的安全措施(如警戒线隔离、安装警示灯等)。

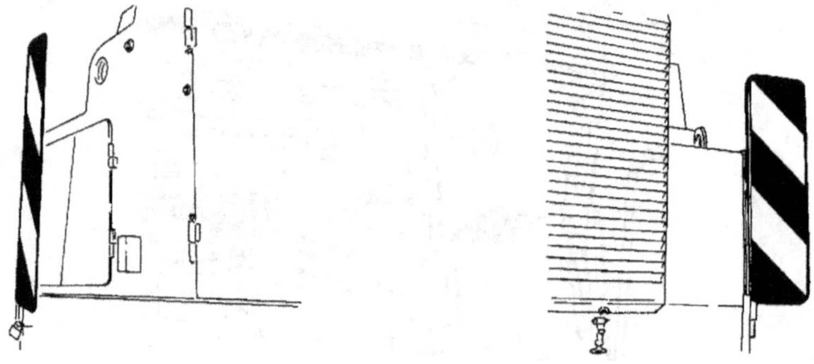

(a)　(b)

图 8-17　警示标志

13. 灯光及报警装置

(1) 警示灯

每 50 个工作时检查触点一次,必要时进行清洁,如图 8-18 所示。

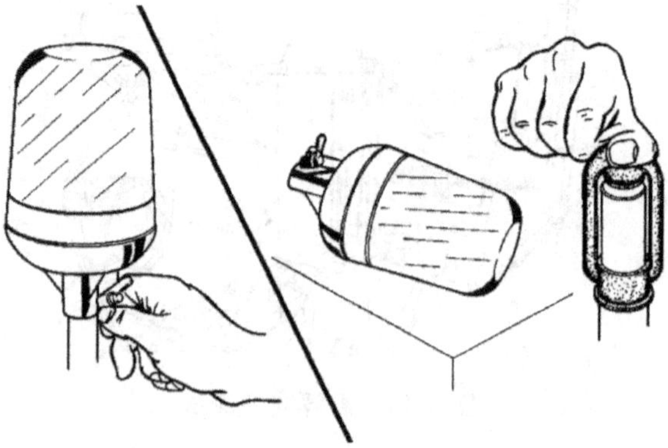

图 8-18　警示灯

（2）工作照明灯

每 50 个工作时检查触点一次，必要时进行清洁，如图 8-19 所示。

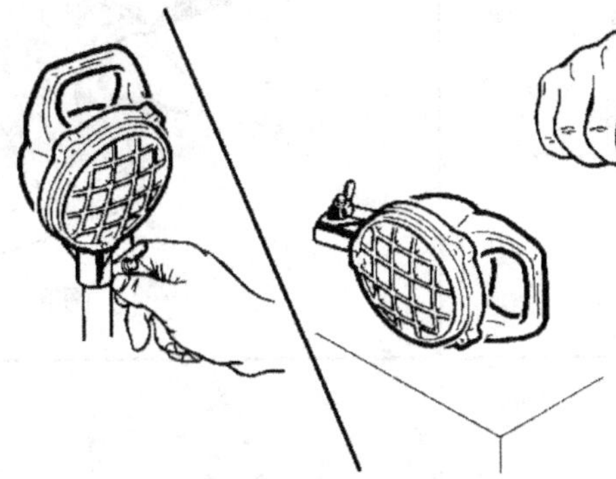

图 8-19　工作照明灯

三、刀座、刀头磨损的判断

1. 刀座

刀座与刀头配合良好	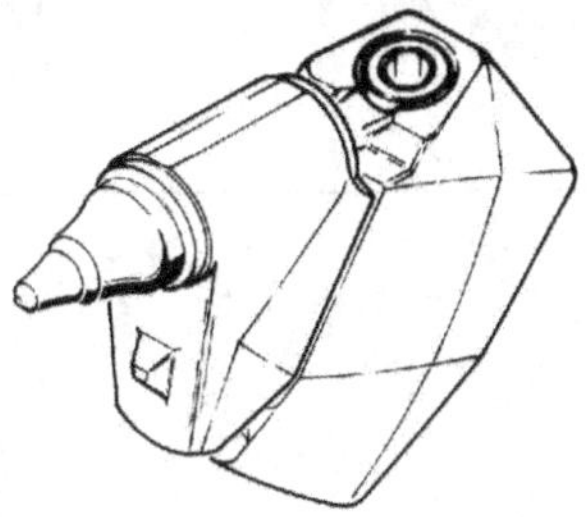 图 8-20
刀座良好	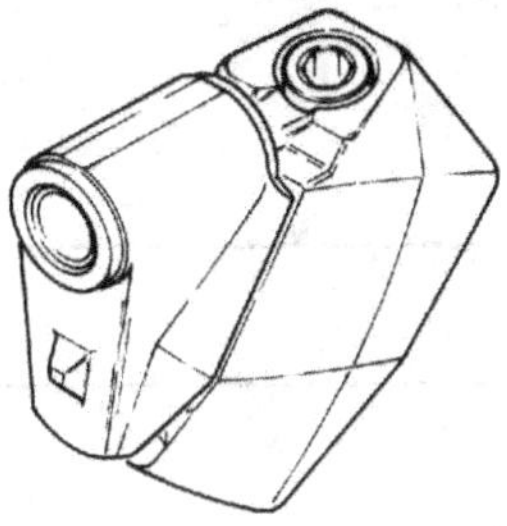 图 8-21

刀座稍有磨损,应尽快更换	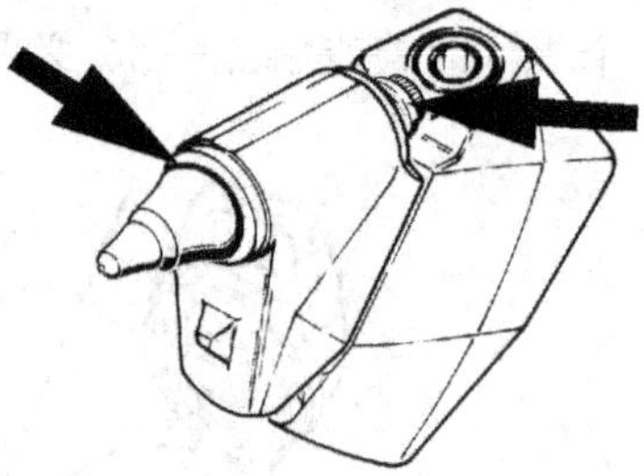 图 8-22
严重磨损,应立即更换	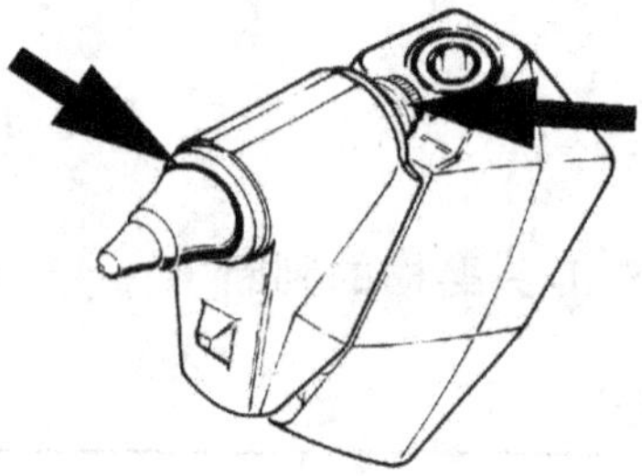 图 8-23
刀座磨损报废,立即更换	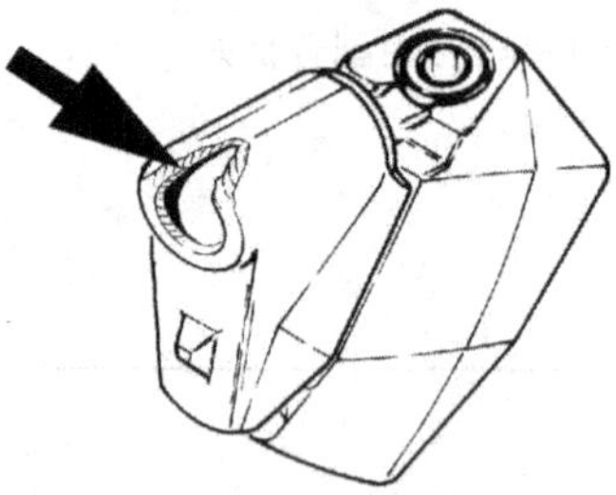 图 8-24

2. 刀头

新刀头	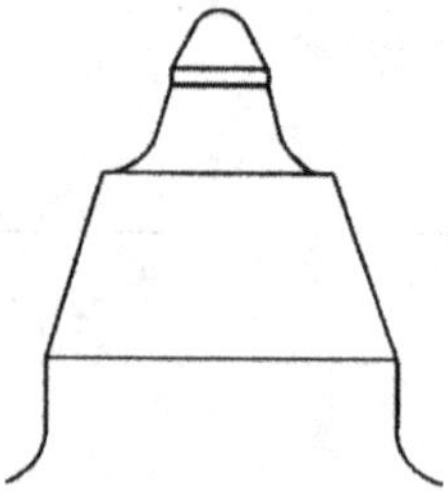 图 8-25

磨损的刀头，应尽快更换	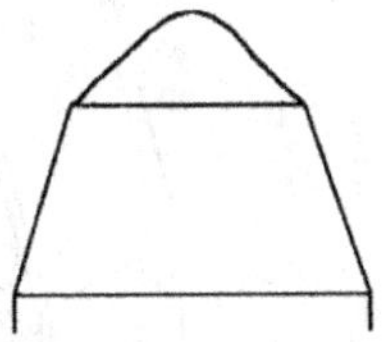 图 8-26
刀头单面磨损，应立即更换	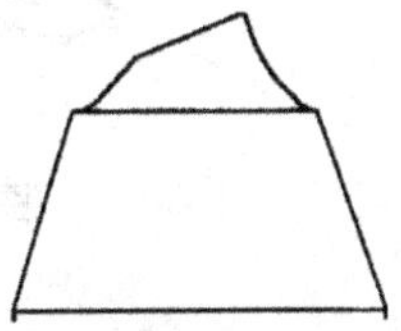 图 8-27
刀头严重磨损，应立即更换	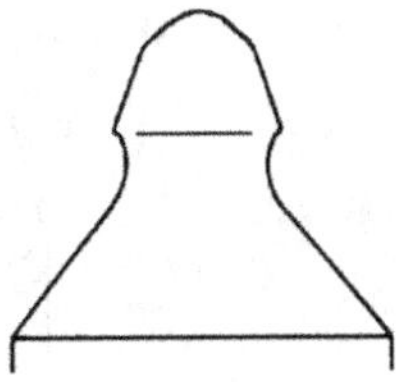 图 8-28
刀头破损，应立即更换	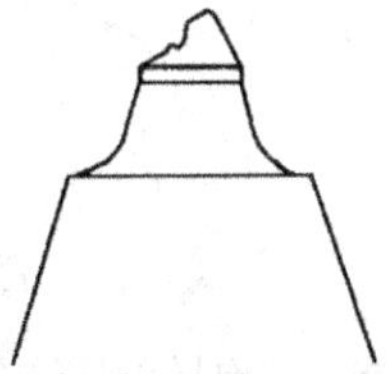 图 8-29

四、铣刨鼓装置维护保养技术

1. 铣刨鼓驱动装置油位检查与换油

(1) 油位检查

检查或换油时铣刨鼓必须为水平状态。

日常从外观检查有无泄漏，每 50 工作小时检查一次油位。拿掉罩盖及检查孔螺塞，油应该慢慢地从孔中流出，正常的油位应如图 8-30 所示，油位过低应加油，检查或加油后将螺塞装回。磨合期(50 工作小时)后为第一次更换油，以后每 500 工作小时换一次油，但最长换油周期为一年。

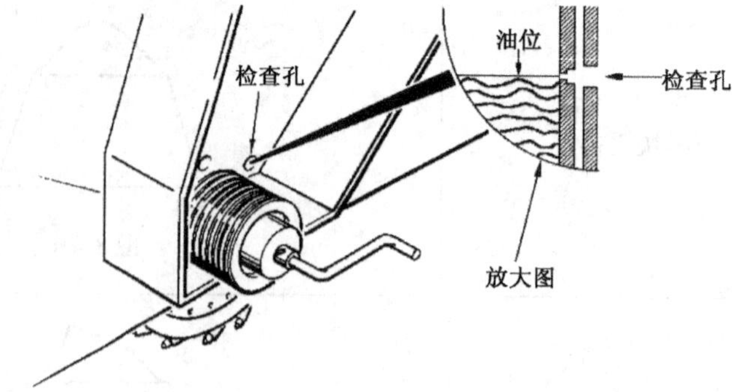

图 8-30　铣刨鼓驱动装置油位

（2）换油

升起并锁定边板，用摇把摇动铣刨鼓直至可以看见放油孔。如图 8-31 所示，旋出放油螺塞，将废油放出到适当的容器，然后盖上放油螺塞。有时油是热的，应注意防护。

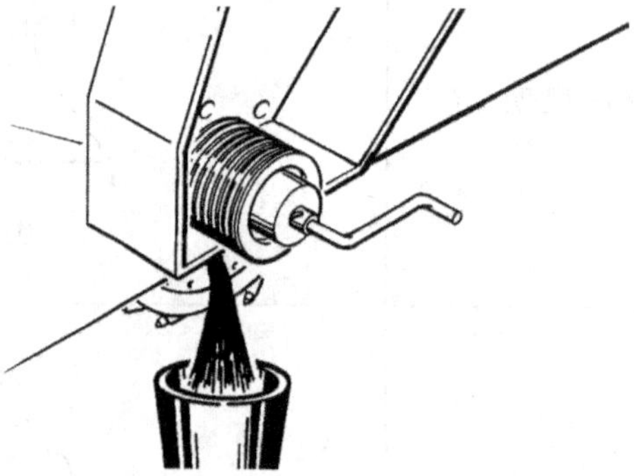

图 8-31　铣刨鼓驱动装置放油

在加入新油前，铣刨鼓齿轮箱应该用清洗油清洗。完全放尽清洗油后，拧上放油螺塞。用漏斗加油如图 8-32 所示。注意及时检查油位，完成后拧上各螺塞，注意保证其密封性能。

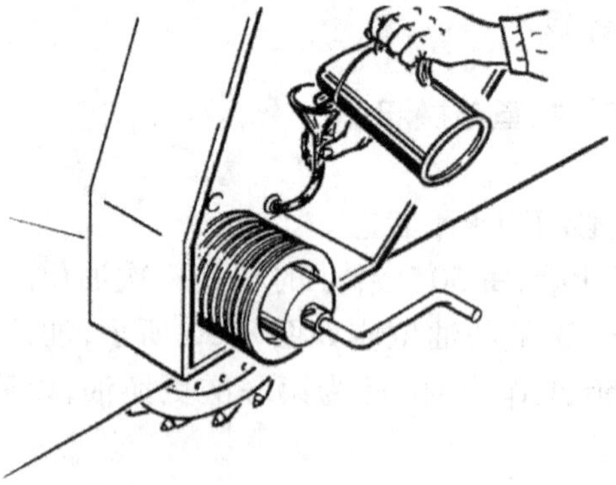

图 8-32　铣刨鼓驱动装置加油

2. 更换刀头

（1）注意事项

进行保养工作前,应关闭发动机并取下开关钥匙,保证机器不会被他人发动,并且要在机器操作盘上放置警示标志。

检查刀头磨损情况(见图8-33),必要时更换刀头。

图8-33　检查刀头

检查上部刀座的磨损情况(见图8-34),必要时更换刀座。

图8-34　检查刀座

（2）作业步骤

① 关闭铣刨鼓。将图8-35所示开关向左旋转直至指示灯熄灭。

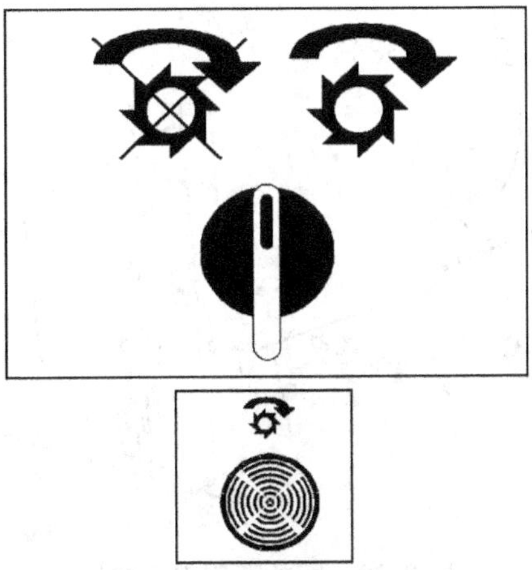

图8-35　关闭铣刨鼓

危险：由于自身的惯性，铣刨鼓关闭后仍会转动一段时间。在铣刨鼓完全停止之前不要接近铣刨鼓。

② 完全升起机器（见图 8-36）。

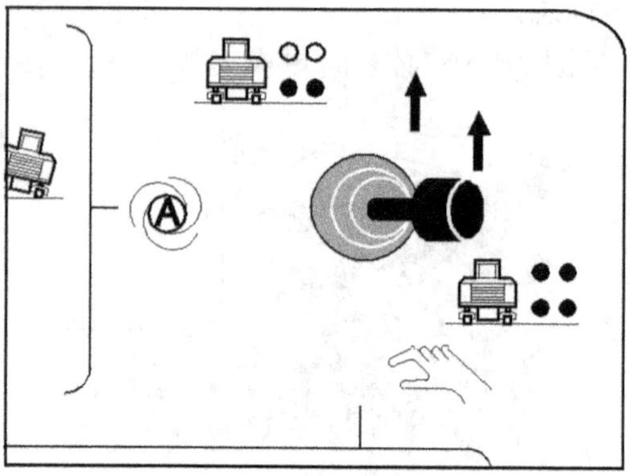

图 8-36　完全升起机器

③ 支撑机器。将四个支撑杆打开，使其支撑在机体和履带装置之间，如图 8-37 所示。降低机器直至机架被支撑杆可靠支撑。

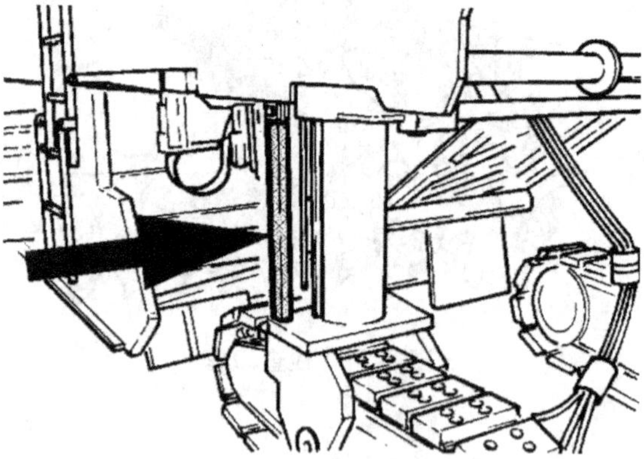

图 8-37　支撑机器

④ 释放两侧安全螺栓（见图 8-38）。

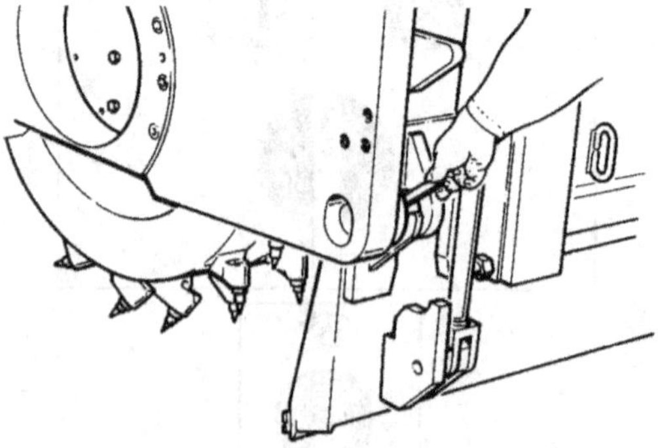

图 8-38　释放两侧安全螺栓

⑤ 铣刨鼓刮板提升，直到安全螺栓自动锁紧。

⑥ 停止发动机。按住按钮直至发动机停止转动。

⑦ 使用工具凿出损坏的刀头（见图 8-39）。

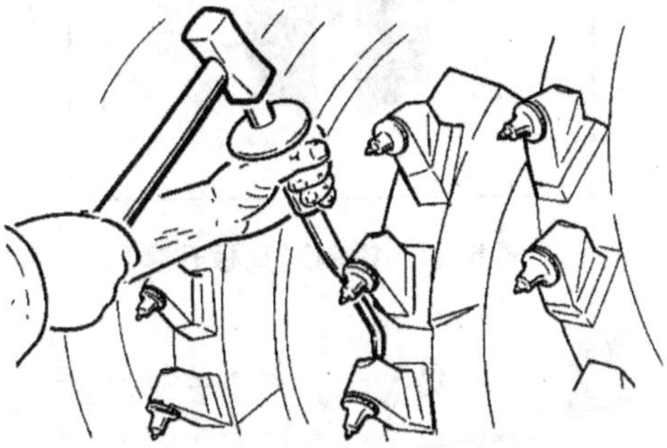

图 8-39 打出刀头

⑧ 将新刀头打入（见图 8-40）。

a. 新刀头仅允许用铜锤或硬尼龙锤等工具打入，普通的硬锤打击会损坏刀头的硬质头。

b. 确认刀头正确坐落在刀座内（在铣刨作业前后，应能用手轻易转动），以避免刀头偏磨。

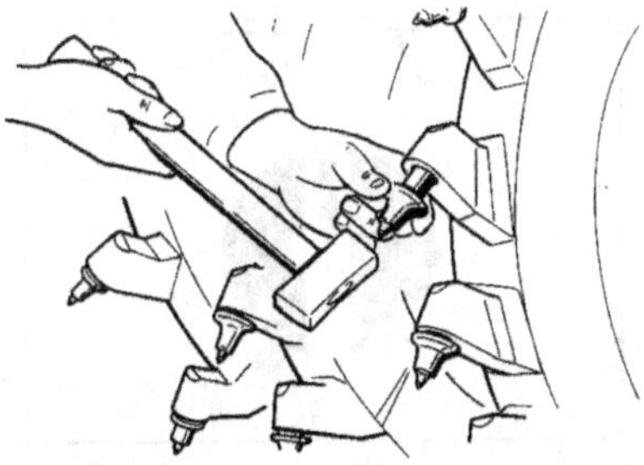

图 8-40 新刀头打入

铣刨鼓可以用手柄慢慢转动（见图 8-41），以便检查和更换所有刀头。

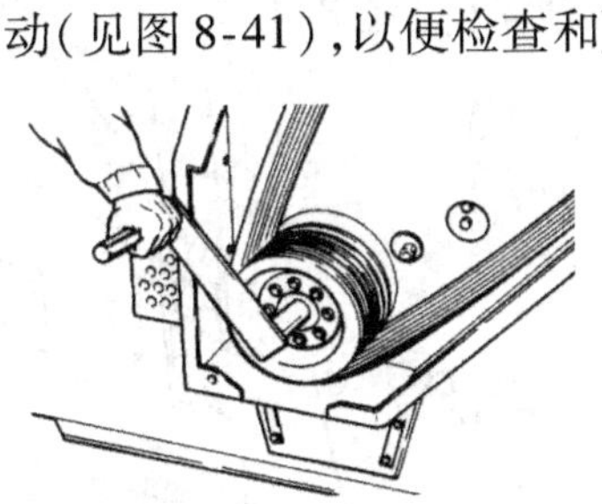

图 8-41 用手柄转动铣刨鼓

⑨ 检查和更换过刀头后启动发动机使其怠速运转。运转前应确定无人在危险区域内，且铣刨鼓已经关闭。

⑩ 铣刨鼓刮板轻轻升起（见图 8-42），以便释放安全螺栓（见图 8-43）。

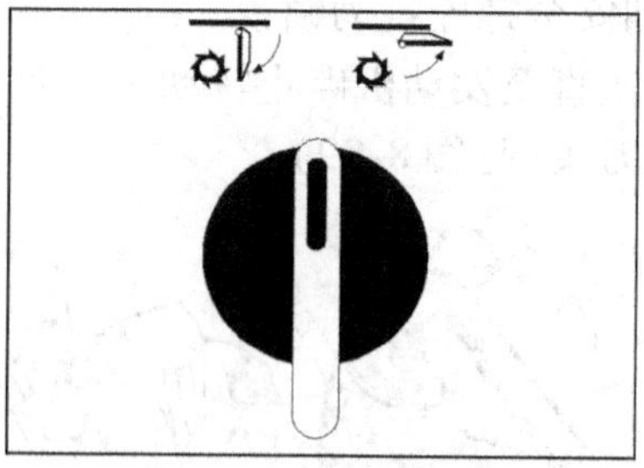

图 8-42　铣刨鼓刮板升起

图 8-43　释放安全螺栓

⑪ 完全降低铣刨鼓刮板(见图 8-44)。

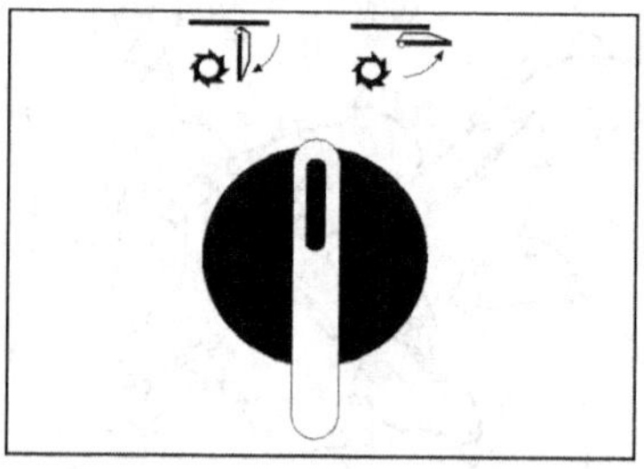

图 8-44　降低铣刨鼓刮板

⑫ 确保铣刨鼓刮板被螺栓锁紧(见图 8-45)。

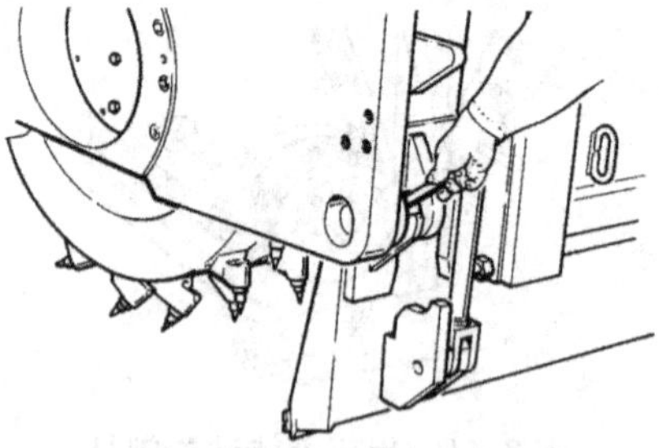

图 8-45　锁紧铣刨鼓刮板螺栓

⑬ 轻轻升起机器，向上折起支撑梁(见图 8-46)。

图 8-46　折起支撑梁

3. 快速更换系统

(1) HT2 系统刀座拆装(见图 8-47)

① 松开螺栓 1。

② 移开刀座 2。

③ 清洁螺纹孔，确保螺纹孔滑顺。

④ 确保刀座底部清洁。

⑤ 润滑刀座并安装。

⑥ 润滑螺丝并用 380 N · m 力矩拧紧。

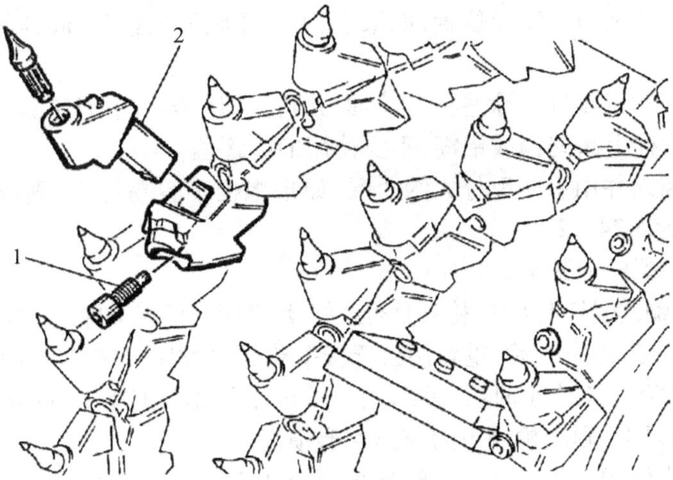

1—螺栓；2—刀座；

图 8-47　HT2 系统

(2) HT3 系统刀座拆装(见图 8-48)

① 刀座取出

a. 彻底清理螺栓 1 的内六角孔。

b. 用扳手将螺栓 1 放松。

c. 完全取出螺栓 1，这个螺栓不能再使用。

d. 将上刀座 2 取出。

e. 彻底清理螺纹孔、上刀座安装孔及五角导槽，并检查是否有任何损坏。

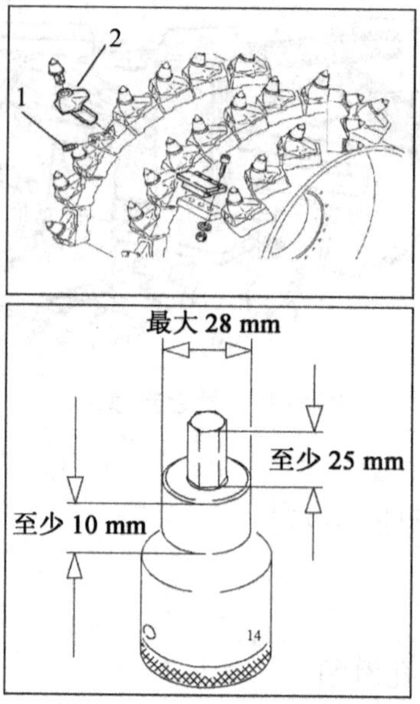

1—螺栓；2—刀座；

图 8-48　HT3 系统

② 刀座安装

a. 确认正确的上刀座安装位置，如果上、下刀座间隙超过 2 mm，则应该检查、更换下刀座。

b. 在上刀座的五角杆上涂些标准黄油，并将上刀座插入下刀座。

c. 在新的螺栓上涂些铜或铝糊，不要使用旧的螺栓。

d. 将螺栓插入并用手向里拧大约 3 圈，如果螺栓不容易拧入，则应该在螺孔中重新攻丝，丝锥规格为 M24 ×2。

e. 用扳手将螺栓上紧至 200 N · m。

f. 用 1 千克铜锤轻打上刀座，检查是否装好，然后用公斤扳手将螺栓拧紧(500 N · m)。

g. 大约 10 个工作小时后，重新用公斤扳手将螺栓拧紧(500 N · m)。

h. 大约每 250 个工作小时后，重新用公斤扳手将螺栓拧紧(500 N · m)。如果该螺栓可以被拧一圈以上，则应检查下刀座是否磨损。

注意：仅允许使用手工扳手来将螺栓拧紧(500 N · m)；确认所有螺栓均上紧，否则将严重破坏铣刨鼓后挡板；一定要在初始 10 个工作小时后进行螺栓的第一次上紧(500 N · m)，并且以后每 250 个工作小时上紧一次。

4. 驱动皮带及驱动轮

(1) 旧驱动皮带拆下

① 提升机器到铣刨鼓不接触地面。

② 关闭发动机。

③ 打开驱动皮带箱(见图 8-49)。

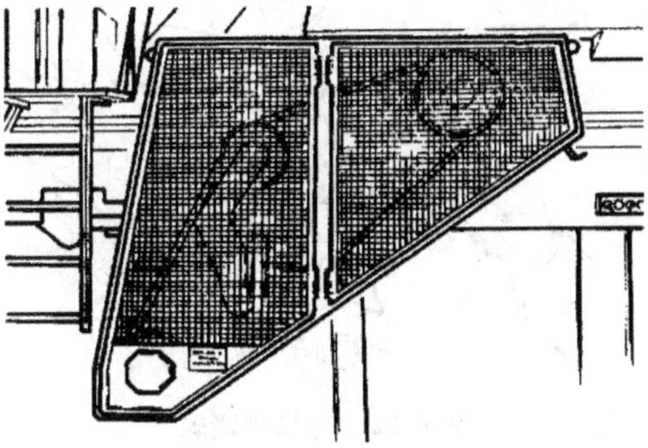

图 8-49　驱动皮带箱

④ 当切断铣刨鼓驱动时，张紧装置将会松弛，但必要时可松开张紧轮的固定螺丝（见图 8-50）。

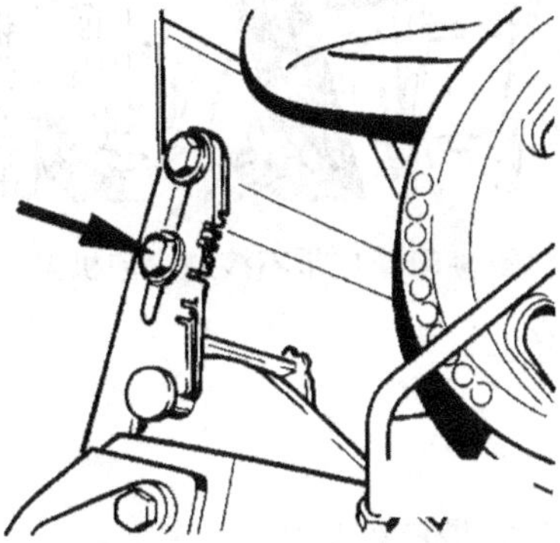

图 8-50　张紧轮固定螺丝

⑤ 用手柄摇动铣刨鼓（见图 8-51），以便卸下皮带。

图 8-51　用手柄转动铣刨鼓

（2）安装新驱动皮带

① 应正确地将三角皮带落入槽内。

② 用两个螺丝起子升高张紧轮（见图 8-52），直至安装的驱动皮带不再触到驱动皮带机架（见图 8-53）。

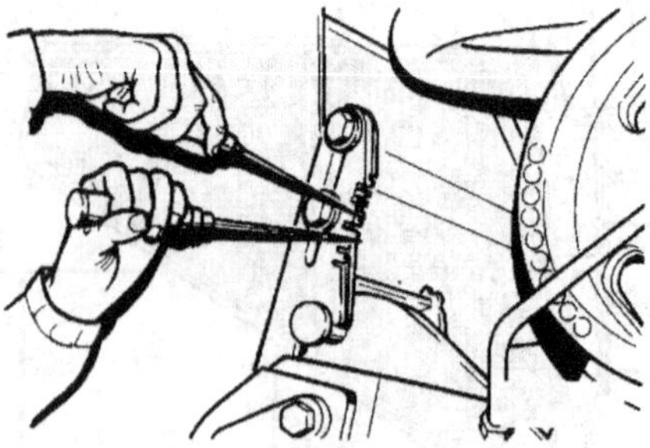

图 8-52　升高张紧轮

图 8-53　皮带不接触皮带机架

③ 拧紧张紧轮的固定螺丝。

④ 关闭驱动皮带箱。

(3) 驱动皮带轮检查

① 要求:发动机关闭,驱动皮带已经取下。

② 检查皮带轮的截面形状。如果皮带轮侧槽磨损大于 1 mm,那么运转时皮带表面将有随机的破坏,所以应更换皮带轮,如图 8-54 所示。

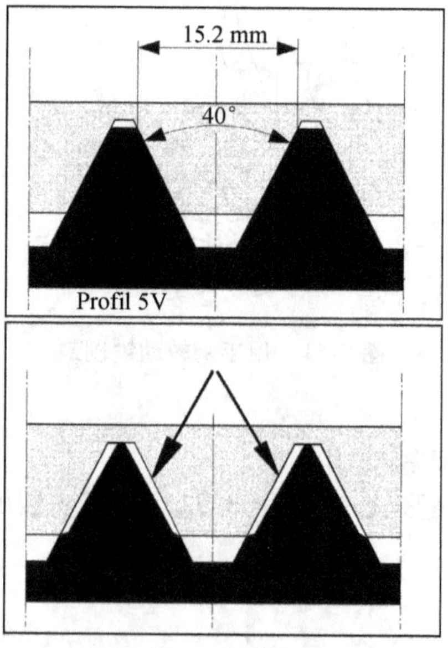

图 8-54　驱动皮带轮

5. 铣刨鼓冷却液更换

（1）排空铣刨鼓冷却液。关闭发动机，摇动铣刨鼓使排油塞处于铣刨鼓下部，取下排油塞把冷却液排到适当容器中，如图 8-55 所示。

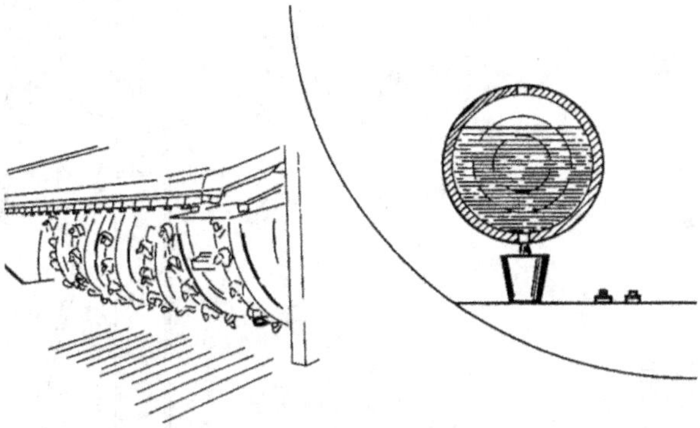

图 8-55　铣刨鼓冷却液排空

（2）添加冷却液。转动铣刨鼓直到油孔的角度与水平面接近 30°，用漏斗加入冷却液直至冷却液达到油孔位置，如图 8-56 所示。

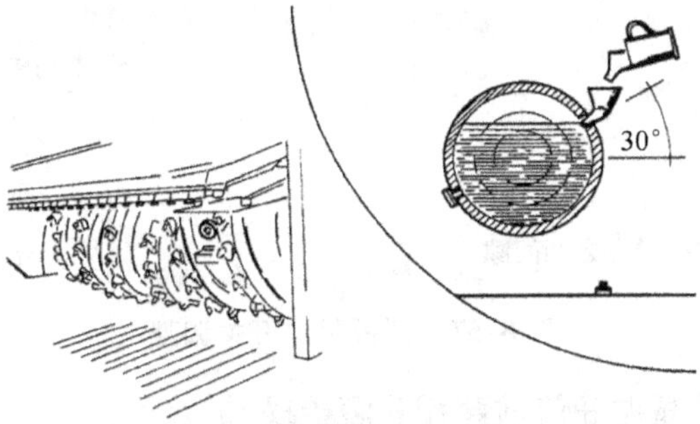

图 8-56　铣刨鼓冷却液添加

（3）拧紧油塞。

6. 刮板限位开关

刮板限位开关主要作用是用于切断电路，即当刮板升高时，停止铣刨鼓驱动。每当在执行维修工作之后（如更换铣刨鼓上刀具等），应予以重新调整。

（1）基本要求

刮板应保持密封和锁紧。

（2）调整

将开关滚轮置于刮板外形断面的最高点位置进行调整，以使滚轮和开关的接触点之间间隙保持为 2 mm（见图 8-57a）。

（3）调整试验

打开铣刨鼓驱动，升高刮板，在刮板的开启角度达到 15° ~20°时（见图 8-57b），离合器应将铣刨鼓驱动予以断开，并且即便是刮板下落后也不能再次接合，这种断路方法也适应维持刮板的升起角度，直至刮板完全升起。

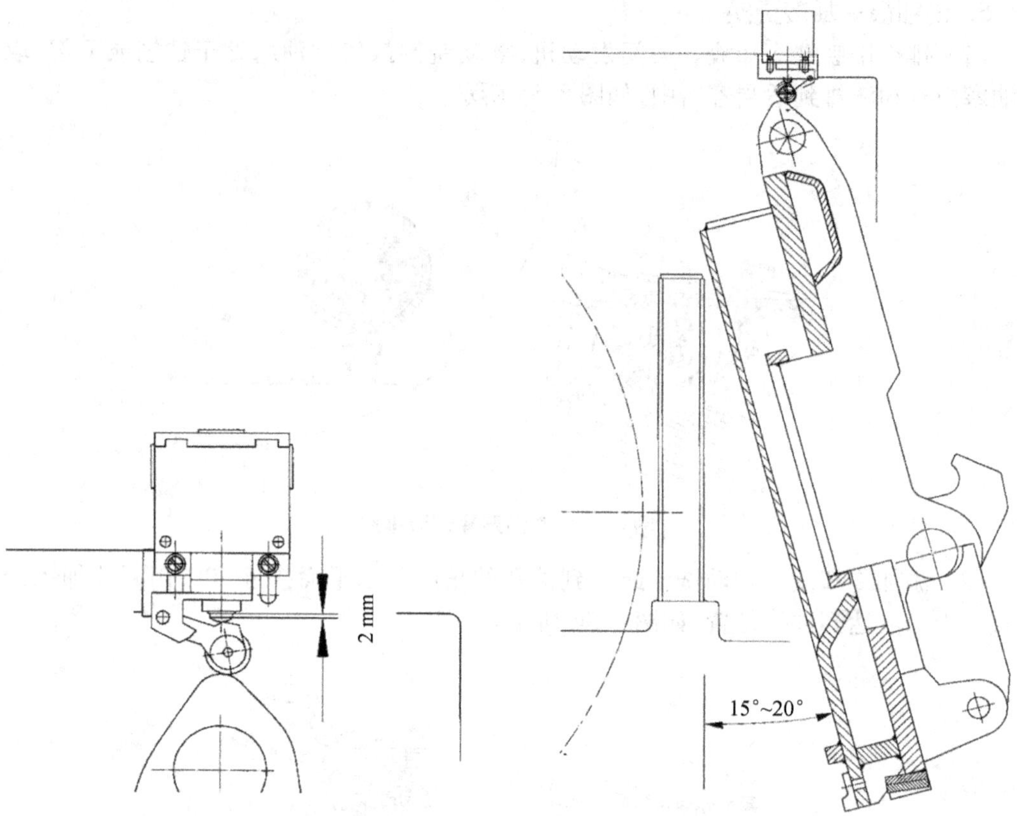

(a) 滚轮和开关的接触点之间间隙　　　　（b） 刮板开启角度

图 8-57　刮板限位开关调整

7. 铣刨鼓行星齿轮减器油位检查和油液更换

在检查油位或换油时铣刨鼓必须保持水平状态。每 50 工作小时检查一次油位。第一次换油间隔为 50 个工作小时，以后为每 500 工作小时，但最长一年必须更换一次。

（1）检查油位

取出检查孔螺塞，里面的油位须达到孔的下边缘（见图 8-58），否则应加油。

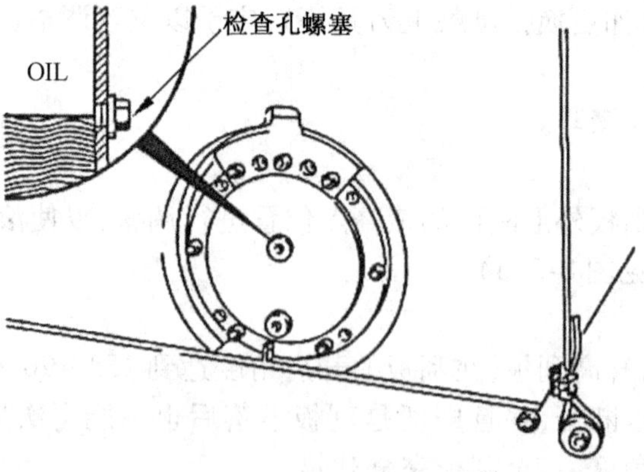

图 8-58　铣刨鼓行星齿轮减器油位检查

（2）换油

将检查孔的螺塞打开，然后将下面的放油螺塞打开，将废油排放到适当的容器内，如图 8-59 所示，然后将放油螺塞上紧。

注意：当铣刨鼓热态时应注意烫伤，必须穿戴防护服。

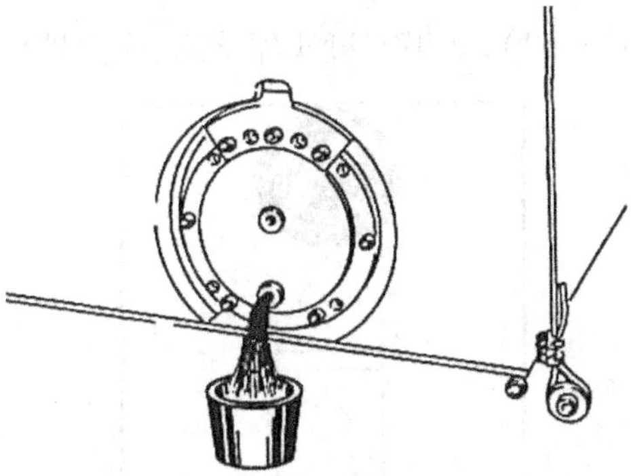

图 8-59　铣刨鼓行星齿轮减器放油

（3）加油

用漏斗和软管将新油加入（见图 8-60），油面应达到孔的下边缘，然后将螺塞上紧。

注意：在加新油前，铣刨鼓轴承应用清洗油冲洗。

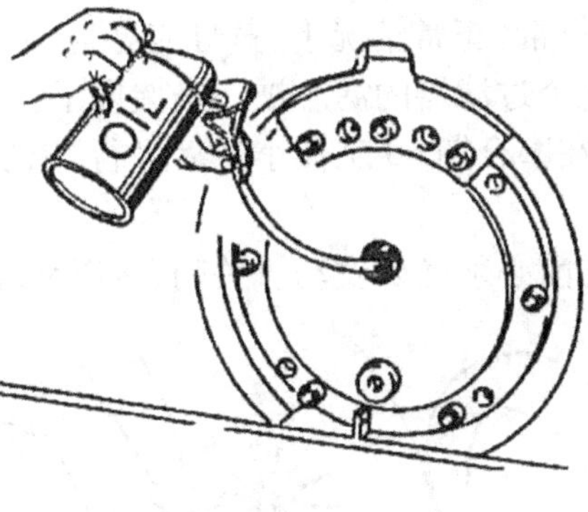

图 8-60　铣刨鼓行星齿轮减器加油

（4）清理磁性螺塞

当检查油位或放油时，应检查磁性螺塞（见图 8-61）并将其彻底清理干净。

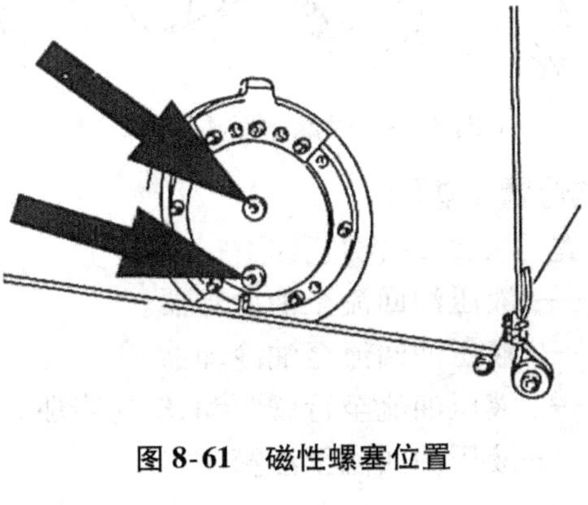

图 8-61　磁性螺塞位置

五、液压油及滤清器更换

更换液压油及其滤清器时，应将液压油收集于适当容器内，旧滤芯应作妥善处理。

1. 滤芯堵塞检查

每天查看报警灯（见图8-62），如果有过滤器堵塞，应立即更换相应的滤芯。

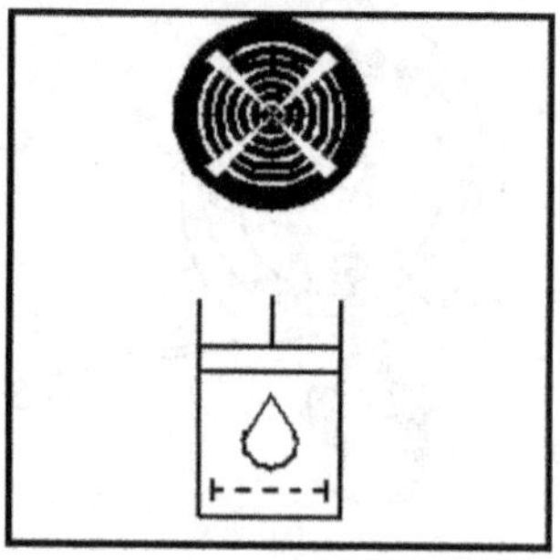

图8-62　滤芯堵塞报警灯

2. 确认堵塞的过滤器

所有安装在过滤器上的插头均有两个指示灯（见图8-63），一个为黄色，另一个为绿色。

黄灯亮表示系统供电正常（正常情况下，黄灯应亮）。

黄、绿灯同时亮说明这个过滤器的滤芯被污染堵塞了，应该立即更换。

第一次更换过滤器是在磨合期50工作小时后进行，以后每500工作小时更换一次，但最长一年必须更换一次。

注意：在更换过滤器之前必须确认发动机关闭、液压系统的所有压力均已释放。

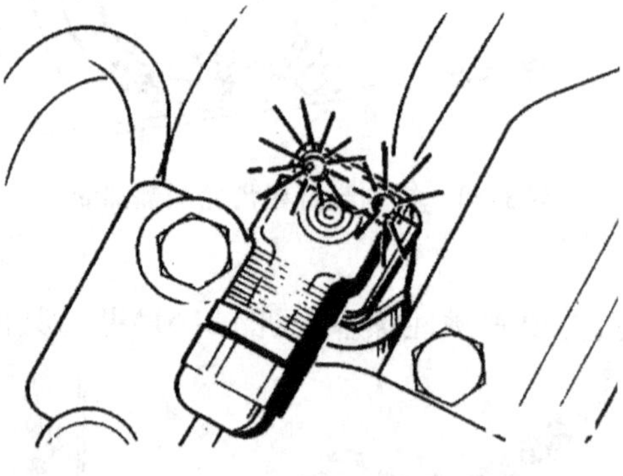

图8-63　过滤器插头指示灯

3. 各液压油滤清器的位置及功能

各液压油滤清器的位置见图8-64，功能如下：

（1）液压油滤清器1——液压油回流至油冷却器。

（2）液压油滤清器2——液压油回流至油冷却器。

（3）液压油滤清器3——液压油流至行驶驱动、输送带驱动，提供液压。

（4）液压油滤清器4——液压油回流至油箱。

(5) 液压油滤清器 5——液压油流至各动作油缸。

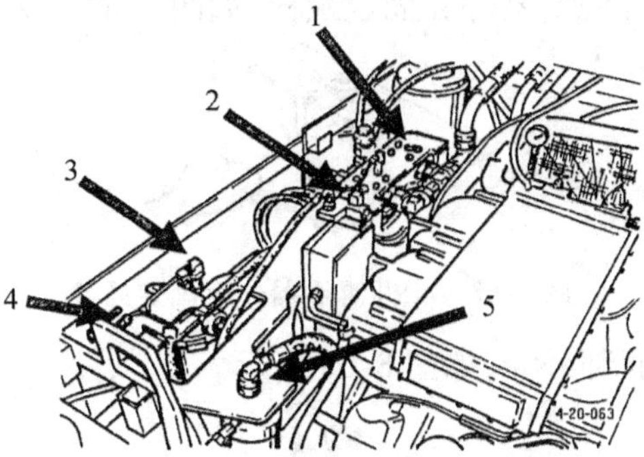

图 8-64　各液压油滤清器的位置

4. 液压油滤清器更换

(1) 液压油滤清器 1 ~ 4 更换

① 用手拧松滤清器下部(见图 8-65),必要时用橡皮锤轻轻敲打来拧松。

危险:当油处于热态时应多加小心,作业时应穿好防护服。

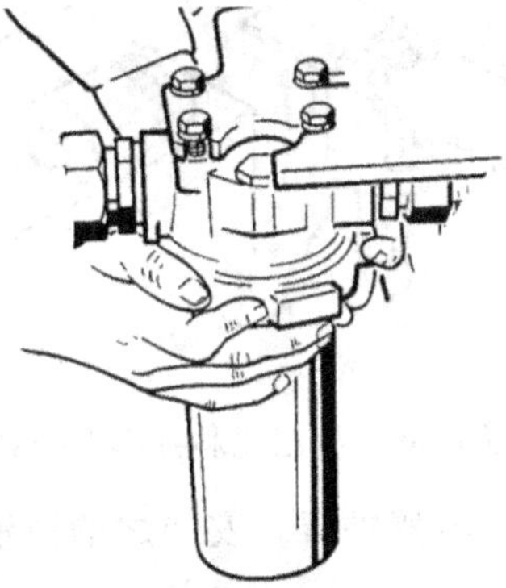

图 8-65　用手拧下滤清器外壳

② 抽出滤清器芯,并换上新品,如图 8-66 所示。

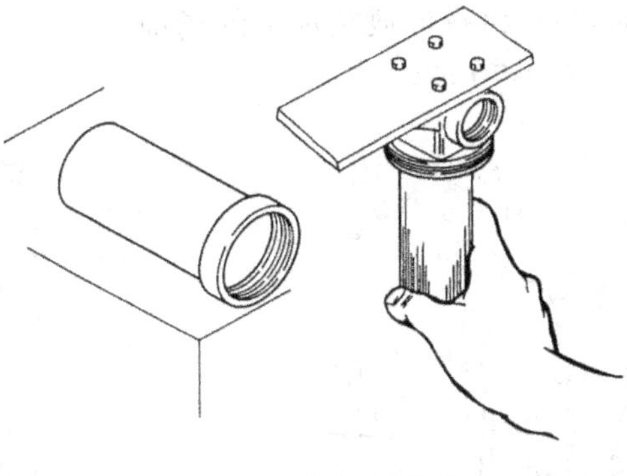

图 8-66　换上新滤芯

注意:装配的过程以相反顺序进行。安装之前,清理过滤器下部并装紧密封圈。

(2)滤清器 5 更换

① 使用开口扳手松开滤清器外壳固定螺栓,如图 8-67 所示。

图 8-67　松开滤清器外壳固定螺栓

② 用手取下滤清器底部外壳,如图 8-68 所示。

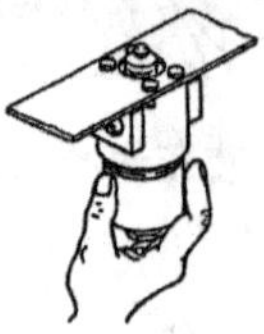

图 8-68　取下滤清器底部外壳

③ 抽出滤芯并换上新品,如图 8-69 所示。

图 8-69　抽出滤芯并换上新品

组装滤清器按与上述相反的步骤进行。安装之前清洗滤清器座,并在 O 形密封圈上稍微抹点油。

5. 检查液压油位与液压油更换

(1) 检查

将在机械所有油缸都回缩,机械停放在水平的场地上。液压油检视窗内的液压油油位至少应为窗体的一半,如图 8-70 所示。

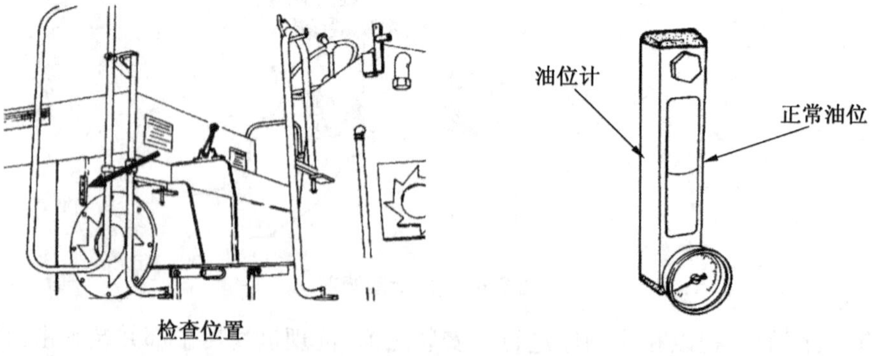

图 8-70　液压油箱油位检查

（2）更换液压油

① 应将机械前端/左侧或后端/右侧稍微落低。

② 卸下排油口螺塞，接上软管，然后打开截止阀，把油排到一个合适的容器中，如图 8-71 所示。排完后，关闭截止阀，拔出软管，拧紧螺塞。

③ 液压油严重污染时，应打开油箱盖，对油箱进行清洗。

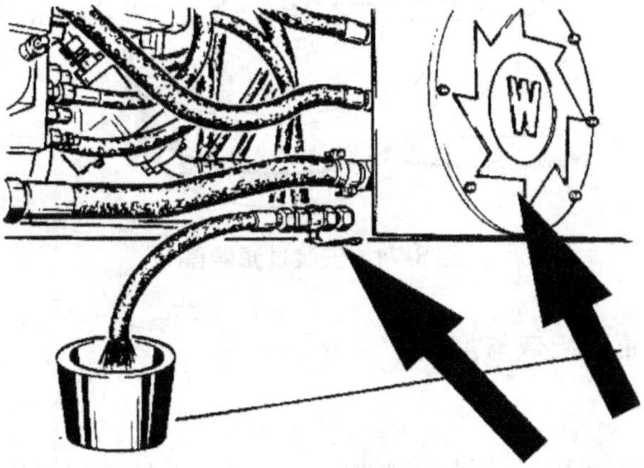

图 8-71　液压油箱放油

④ 卸下加油口/通气滤清器盖（见图 8-72）。抽出滤芯，并对滤清器壳内进行清洗。

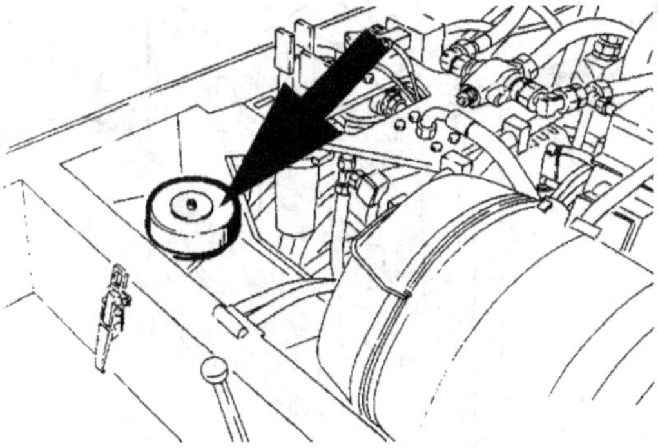

图 8-72　加油口/通气滤清器盖

⑤ 安装新滤芯，如图 8-73a 所示。

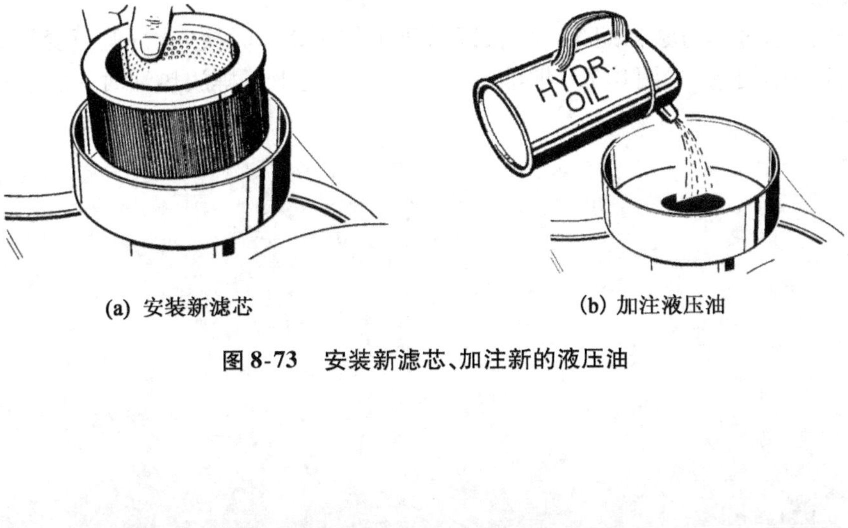

(a) 安装新滤芯　　(b) 加注液压油

图 8-73　安装新滤芯、加注新的液压油

⑥ 加注新的液压油至规定刻度，如图 8-73b 所示。

⑦ 安装过滤器盖子，然后慢慢拧紧，如图 8-74 所示。

注意：当心热油烫伤，应穿好防护服。

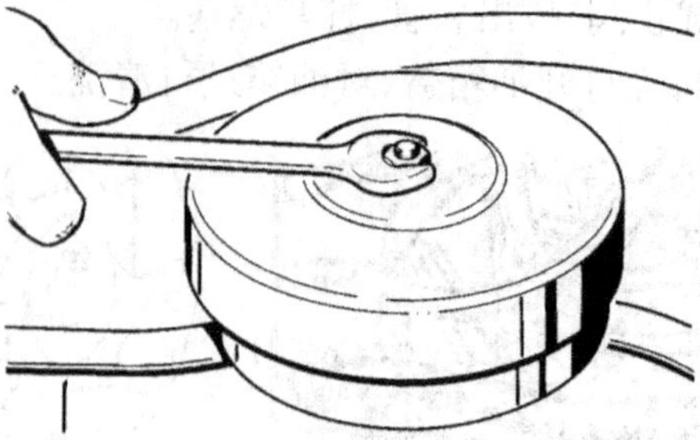

图 8-74　安装过滤器盖

六、泵分动齿轮箱油位检查与换油

1. 油位检查

每日从观察孔检查或用量油尺检测油位。量油尺上的油位必须显示在最高 MAX 和最低 MIN 之间(见图 8-75)。

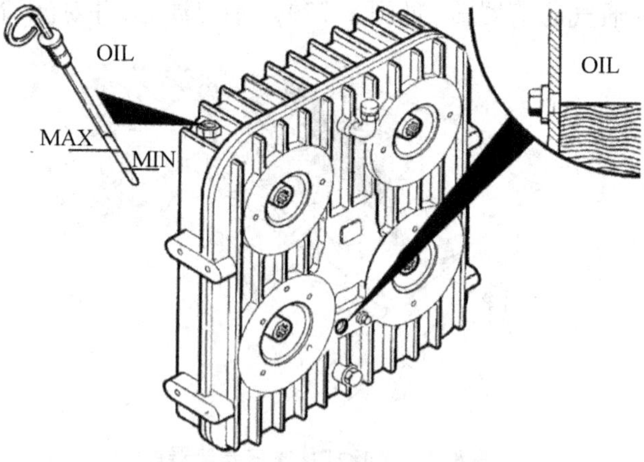

图 8-75　泵分动齿轮箱油位检查

2. 换油

第一次换油时间为磨合期 50 小时，以后每工作 500 小时换一次，但至少每年换一次。

(1) 拧开排油塞(见图 8-76)把油排入适当容器之中。排放热油时一定要小心，应穿好防护服。

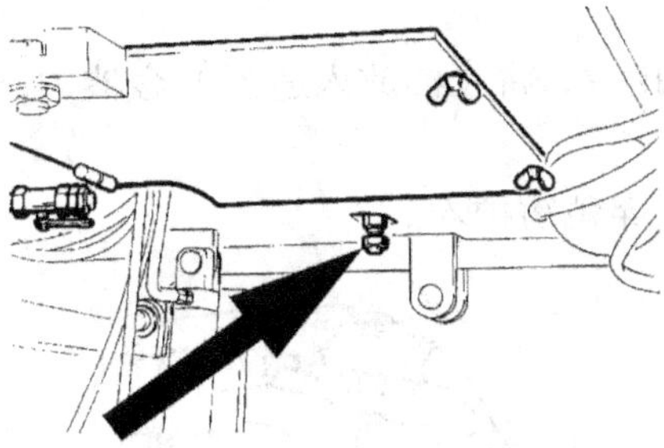

图 8-76 泵分动齿轮箱放油

(2) 卸下加油螺帽(通风过滤器),用清洗剂冲洗清洁齿轮箱。

(3) 拧紧排油塞。

(4) 用漏斗注入新油(见图 8-77)。目测(或用量油尺)油位,然后拧上螺帽。

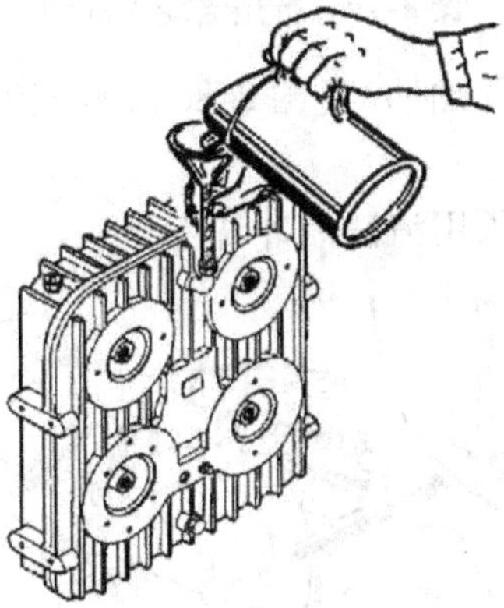

图 8-77 泵分动齿轮箱加油

七、行走系统维护保养技术

1. 行走齿轮箱油面检查和油液更换

每 50 工作小时检查一次齿轮油液面。第一次换油时间为磨合期 50 小时,以后每 500 工作小时换一次油,但最长一年必须更换一次。

(1) 检查齿轮油液面

打开检查孔螺塞,油位应在孔的边缘(见图 8-78),否则应加油。

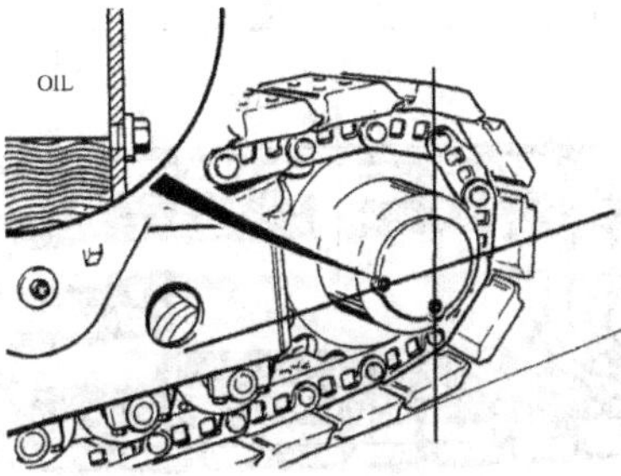

图 8-78 行走齿轮箱油面检查

（2）放齿轮油

拆下检查孔螺塞及放油螺塞，将废油放入适当的容器内，然后装上并上紧放油螺塞，如图 8-79 所示。

注意：小心热油烫伤，应穿戴防护衣。

图 8-79　行走齿轮箱放油

（3）用漏斗和软管从检查孔加油（见图 8-80），直至油面达到规定油位，然后拧紧检查孔螺塞。

注意：加新油前，齿轮箱必须用清洗油冲洗干净。

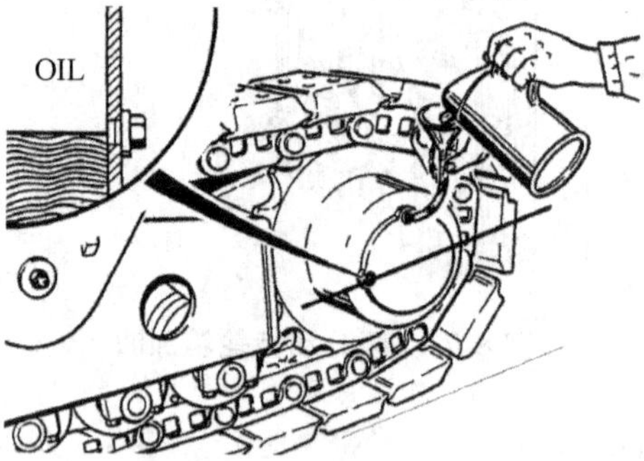

图 8-80　行走齿轮箱加油

2. 履带张紧装置

（1）履带张紧度检查

合适的履带张紧度如图 8-81 所示。履带过紧或过松都会加剧履带、导向轮及驱动轴承的磨损。

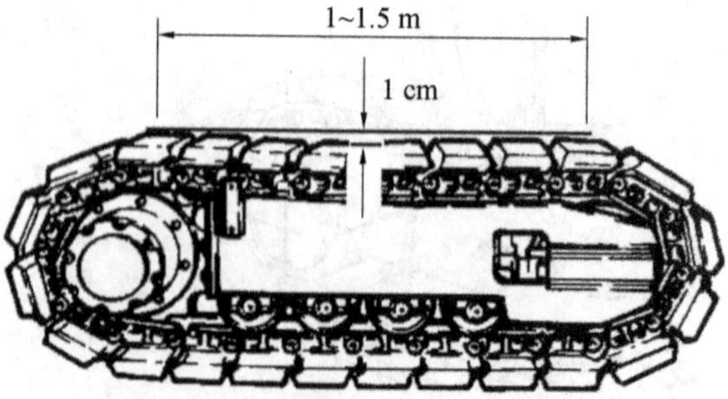

图 8-81　履带张紧度检查

(2) 履带张紧度调整

若履带松弛应张紧履带。取下盖帽,用黄油枪张紧履带(见图8-82),要使用专门的接头来连接黄油枪与履带张紧装置,机器上附带这个专门的接头。履带张紧后更换盖帽。

图8-82 履带张紧度调整

3. 履带

每天检查塑胶履带板是否有磨损,必要时更换新履带板,履带板必须整套更换。

八、输送皮带系统维护保养技术

1. 主卸料装置

输料皮带过于松弛时应被张紧。

放松两侧的张紧螺母(见图8-83),调整张紧器螺杆直至皮带被张紧,然后上紧张紧螺母。检查皮带运转时是否对中。初级皮带和主输料皮带为单独调整。

注意:保证主输料皮带比初级皮带稍微松弛一点。

危险:在进行输料皮带的保养或调整前,确认发动机与输料皮带驱动已经关闭。

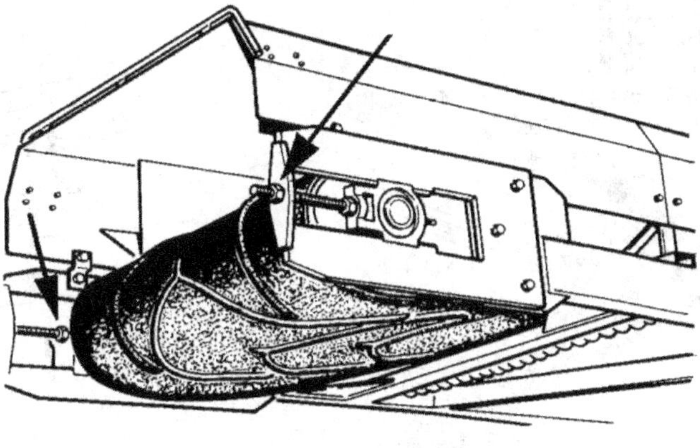

图8-83 输料皮带张紧度调整

2. 钢丝绳

检查钢丝绳是否有破损或断裂(见图8-84)、是否正确安装及防护,如有必要应更换新钢丝绳。

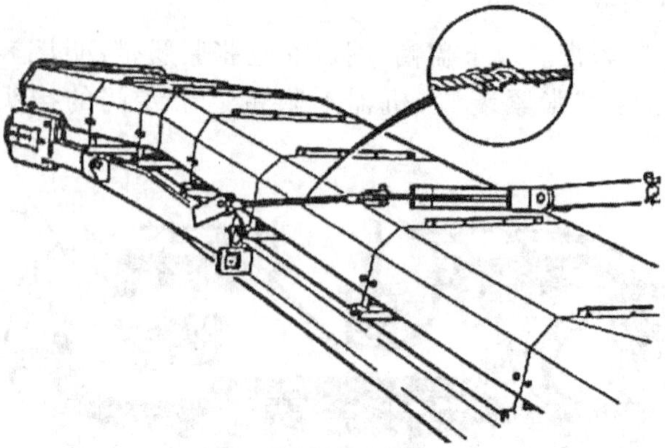

图 8-84 钢丝绳检查

九、供水系统维护保养技术

1. 水箱水位检查

（1）每天检查水位，如有必要则应加水。可以在如图 8-85 所示的透明管上看到水位。

注意：低温环境下，在水箱里应加入适当的防冻液，以防结冻损害水箱及喷水系统。

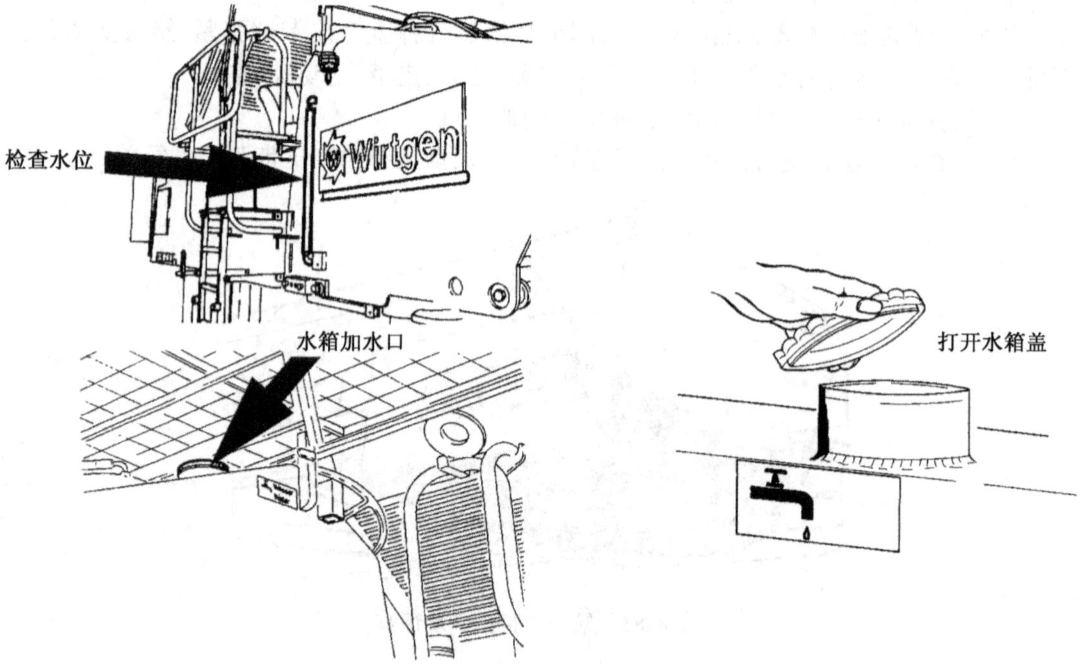

图 8-85 水位检查及水箱盖

（2）在再次加水之前检查水箱内有无脏物，必要时立即清洗。

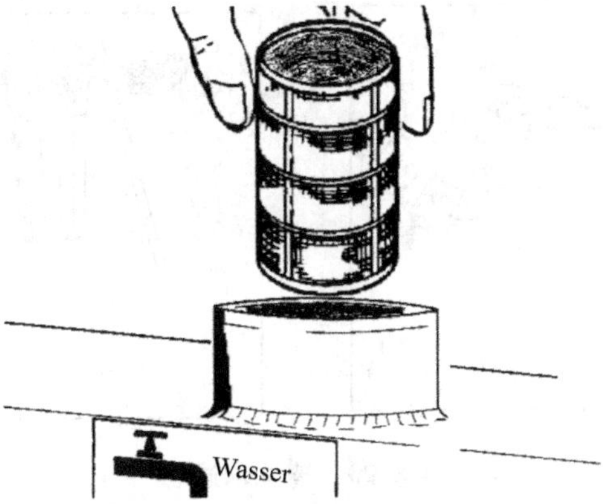

图 8-86　检查水箱内有无脏物

2. 水滤清器检查与清洗

（1）关闭主供水阀门（使手柄与水流方向垂直），如图 8-87 所示。

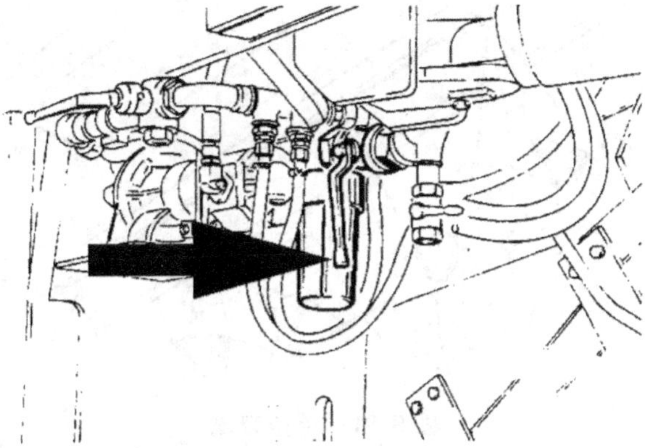

图 8-87　关闭主供水阀门

（2）拧开水滤清器壳体，如图 8-88 所示。

（3）取下滤芯（见图 8-89），检查是否有脏物，必要时立即清洗。

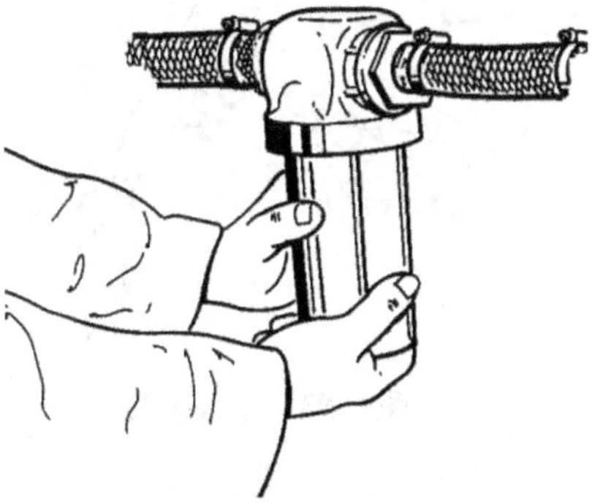

图 8-88　拧开水滤清器壳体

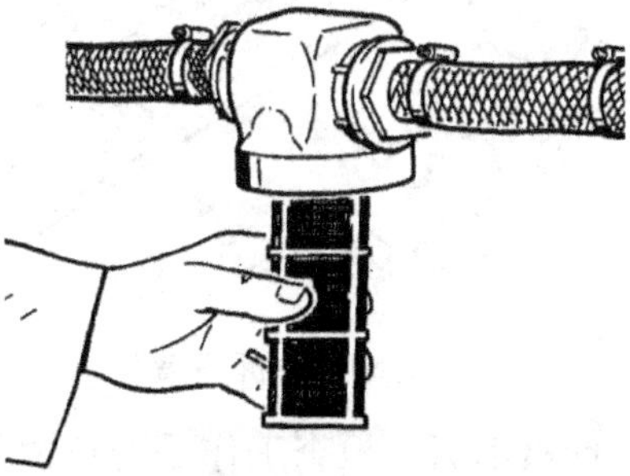

图 8-89　取下水滤芯

（4）清洗滤水器滤芯（见图 8-90）。打开供水阀门，用机器水箱的水来冲洗滤芯，然后关闭供水阀门。

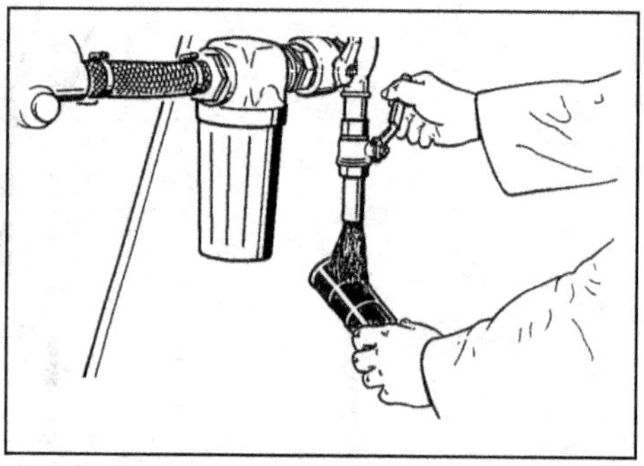

图 8-90　清洗水滤芯

（5）重新安装好滤芯，拧上壳体，打开供水阀门（使手柄与水流方向一致）。

3. 喷嘴

（1）每天开始工作前检查喷嘴是否堵塞（见图 8-91）。

图 8-91　检查喷嘴

（2）若发现有喷嘴堵塞或工作不良，应拆下喷嘴（见图 8-92），用钢丝刷和水彻底清洗（见图 8-93）。

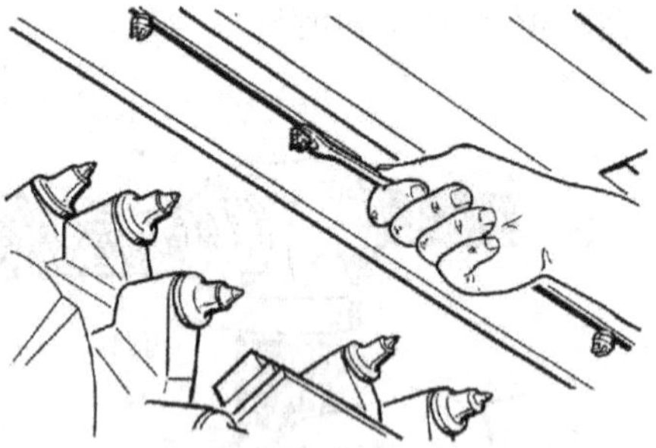

图 8-92　拆下喷嘴

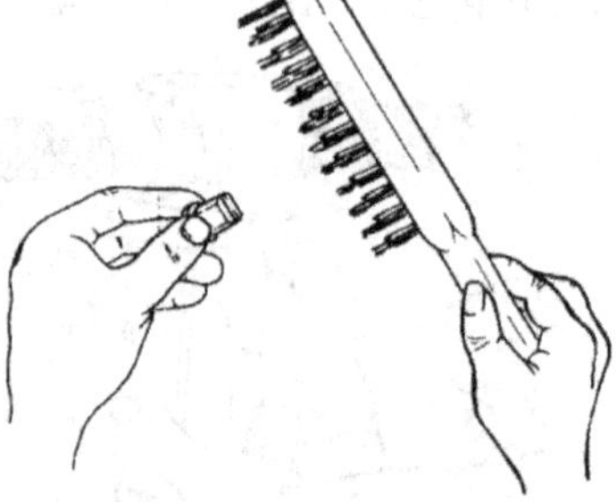

图 8-93　清理喷嘴

（3）拧紧水嘴并检查工作是否正常。

4. 充水泵

（1）换油

充水泵润滑油应至少一年换一次。

① 拧开放油口螺塞，把油排到一个合适的容器里，然后重新拧紧螺塞，如图 8-94a 所示。

② 拧开加油口螺塞，用漏斗注入新油，然后重新拧紧螺塞，如图 8-94b 所示。

(a) 放油

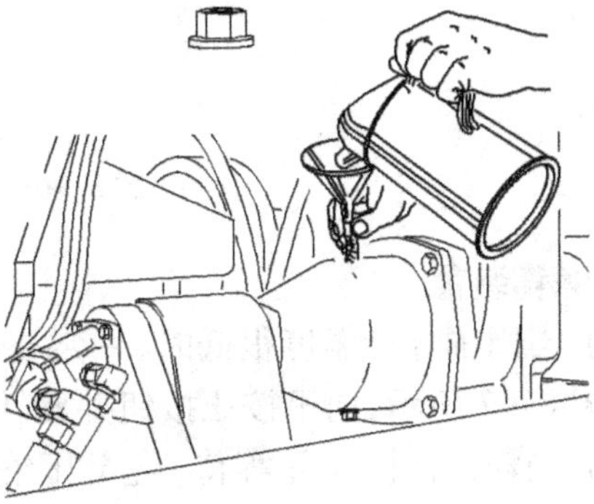

(b) 加油

图 8-94　充水泵换油

（2）防冻

当充水泵可能结冰时，应清空此泵或者灌满防冻液。

5. 备用水箱

通过一根透明软管检查水位（见图 8-95），必要时加满。

当周围环境温度过低时，水里应加入适当的防冻液，以防止损坏水箱喷头。

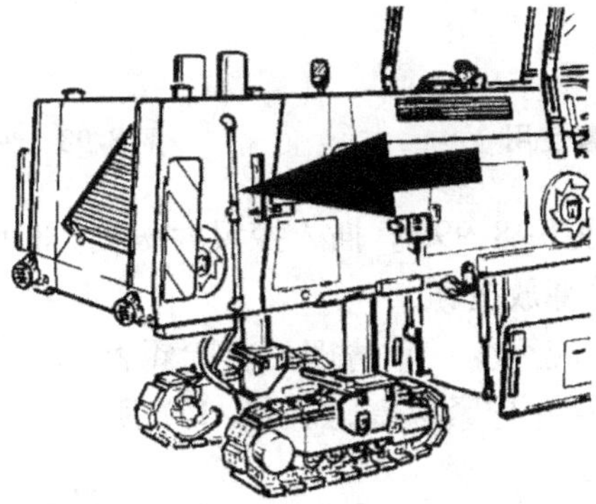

图 8-95　备用水箱水位检查

十、压缩空气系统维护保养技术

1. 压缩空气罐

应经常放出压缩气罐中的冷凝水以防气罐氧化。当发动机停止时，打开放水阀直至空气及所有冷凝物完全排放，如图 8-96 所示。检查是否有污物，必要时立即清洗。

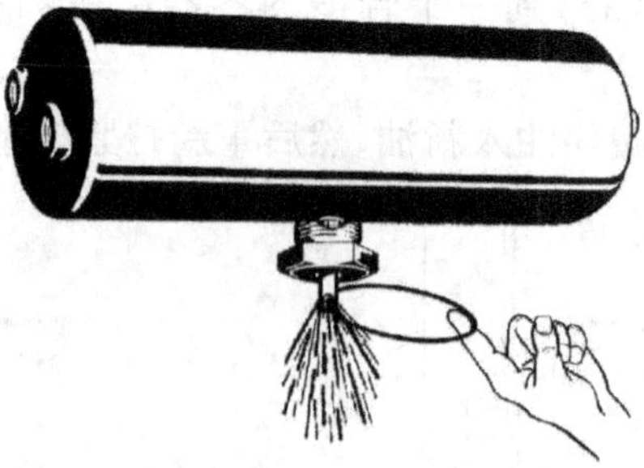

图 8-96　压缩空气罐排污

2. 除霜装置

（1）当周围环境温度很低时，一定要使用除霜器，以防压缩空气系统中的冷凝水结冻。如图 8-97 所示，向里按压按钮并旋转 90°锁定。

（2）轻轻拧松探尺并等待，直至压缩空气完全放空，然后将探尺拧下来，如图 8-98 所示。

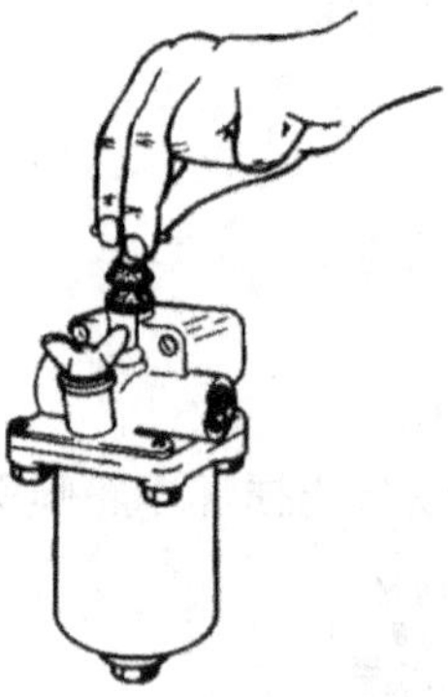

图 8-97　除霜装置使用

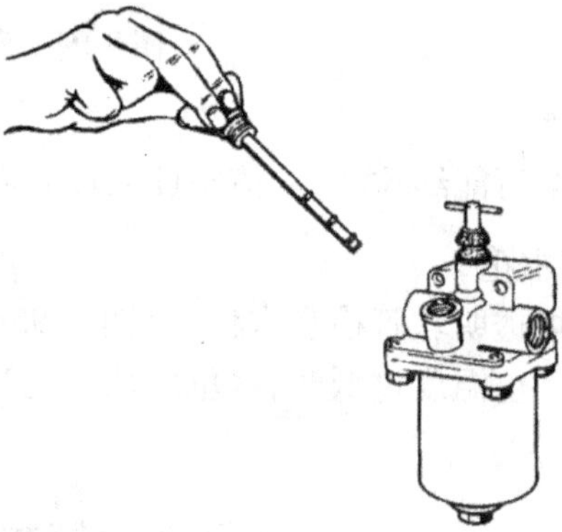

图 8-98　拧下探尺

（3）加入甲基化酒精（见图 8-99）。插入探尺并拔出，即可检查液面，如有必要，添加甲基化酒精。将探尺拧紧并释放按钮。

（4）清理除霜器芯管。应至少一年清理一次除霜器芯管。取下螺塞，取出芯管用甲基化酒精清洗，然后插入芯管并拧紧螺塞，如图 8-100 所示。

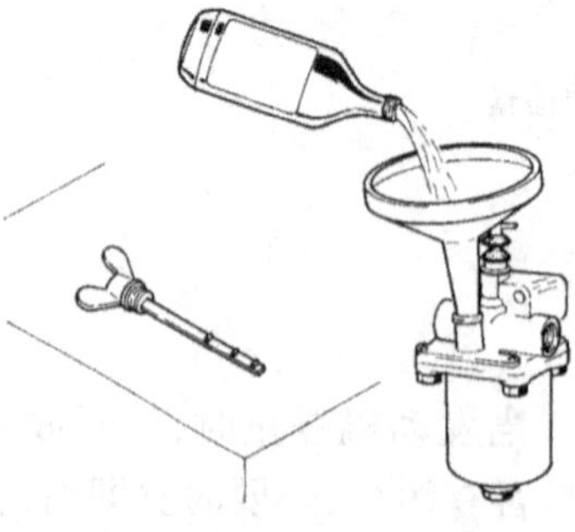

图 8-99　加入甲基化酒精

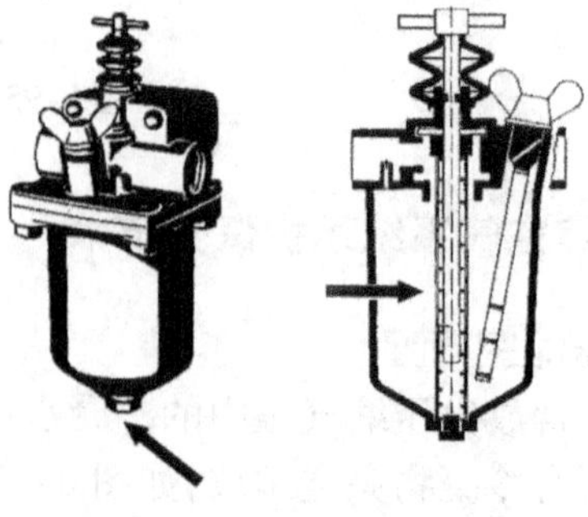

图 8-100　除霜器芯管位置

注意：夏季时除霜器按钮必须按下并锁定；冬季时按钮拔出不锁定。

十二、润滑脂加注

1. 注意事项

（1）除非另有说明，一般情况下所有润滑点都应该用黄油枪打若干下，直至黄油从边上冒出。在打黄油前所有黄油嘴均应清理干净。

（2）除非另有明确说明，一般情况下打黄油时发动机必须停机。

（3）在使用高压喷枪清洗机器后（冷水或热水都可），所有黄油嘴均应重新打黄油。

2. 润滑脂加注点

（1）铣刨鼓轴承（见图 8-101）。每天用黄油枪加注润滑脂。

注意：升高铣刨鼓，并在发动机处于怠速时驱动。

危险：接近铣刨鼓时应格外小心。

加注完成后，启动铣刨鼓转动大约 10 秒。

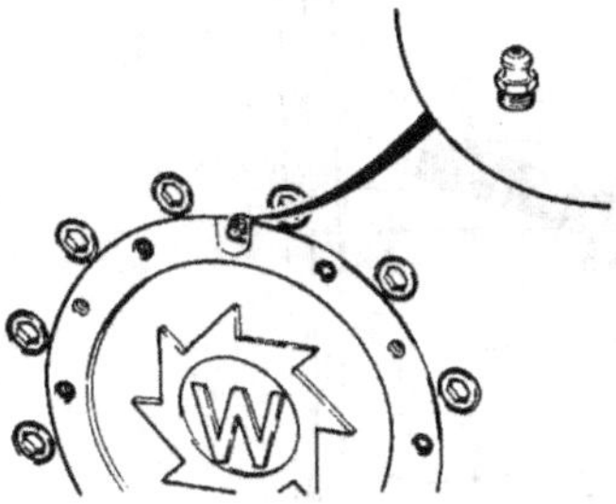

(a)

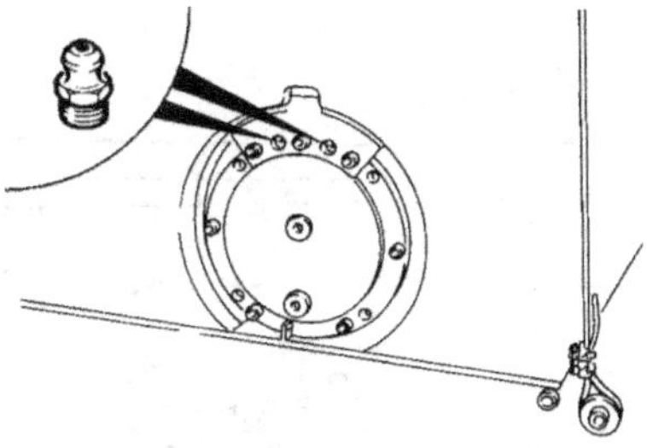

(b)

图 8-101　铣刨鼓轴承润滑

（2）转向装置及前履带支柱（见图 8-102）。每 50 个工作时，打黄油润滑轴承。在很脏的情况下，应每天进行清理（左右侧各有 3 个黄油嘴）。

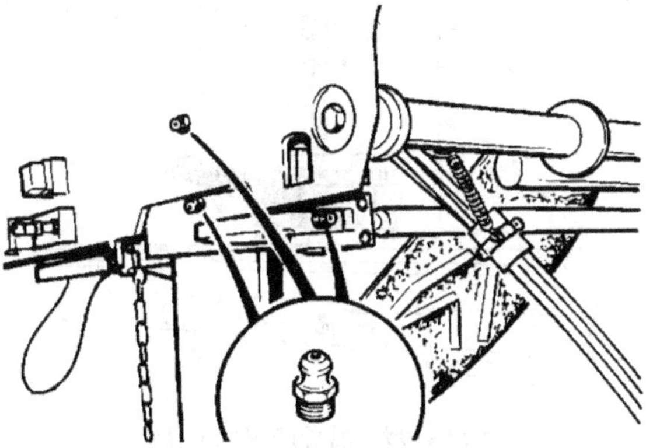

图 8-102　转向装置及前履带支柱润滑

（3）转向装置及后履带支柱（见图 8-103）。每 50 个工作时，打黄油润滑轴承。在很脏的情况下，应每天进行清理（左右侧各有 3 个黄油嘴）。

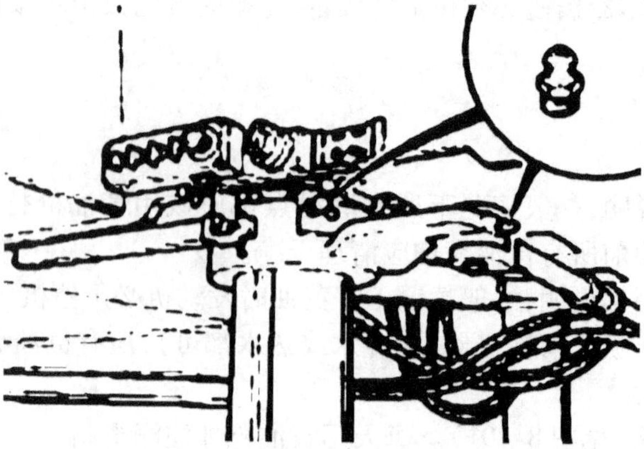

图 8-103　转向装置及后履带支柱润滑

（4）前导座竖筒(见图 8-104)。每天润滑轴承,每侧各有一个黄油嘴。

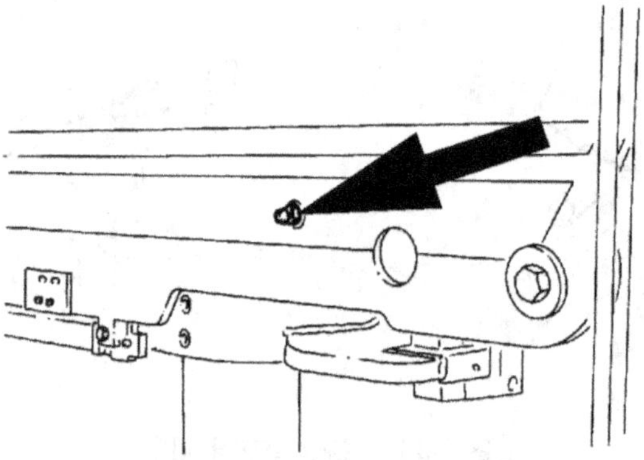

图 8-104　前导座竖筒润滑

（5）后导座竖筒(见图 8-105)。每天润滑轴承,每侧各有一个黄油嘴。

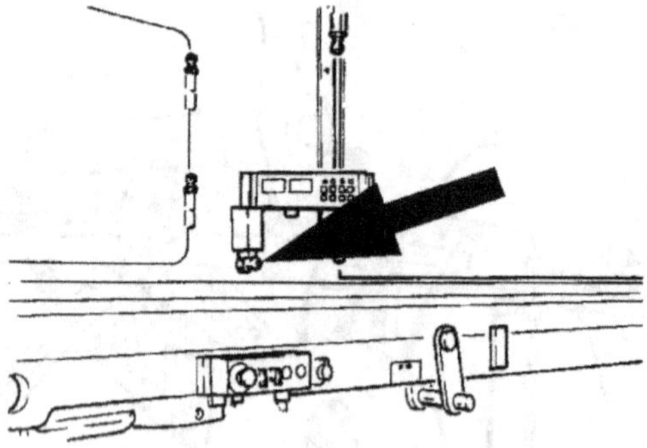

图 8-105　后导座竖筒润滑

（6）驱动皮带张紧轮(见图 8-106)。每天打黄油,每侧各有一个黄油嘴。

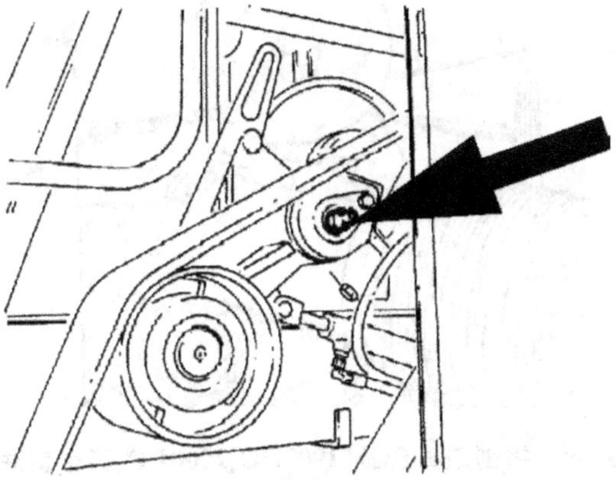

图 8-106　驱动皮带张紧轮润滑

(7) 皮带输送机回转台(见图 8-107)。每天打黄油,上下各有一个黄油嘴。

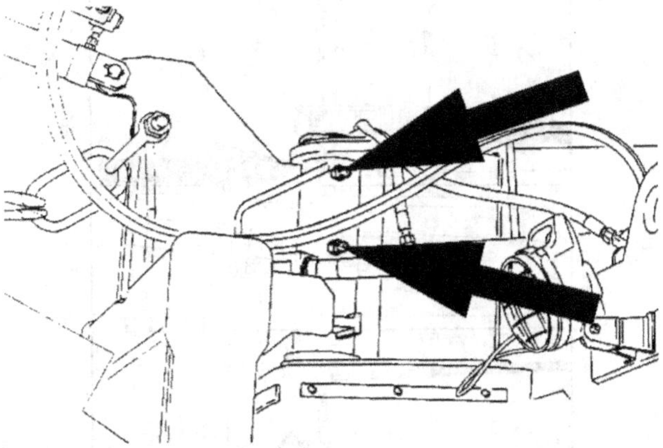

图 8-107　皮带输送机回转台润滑脂加注点

(8) 铣刨鼓离合器(见图 8-108、图 8-109)。每 500 工作小时用黄油枪打黄油 2 ~ 3 下。

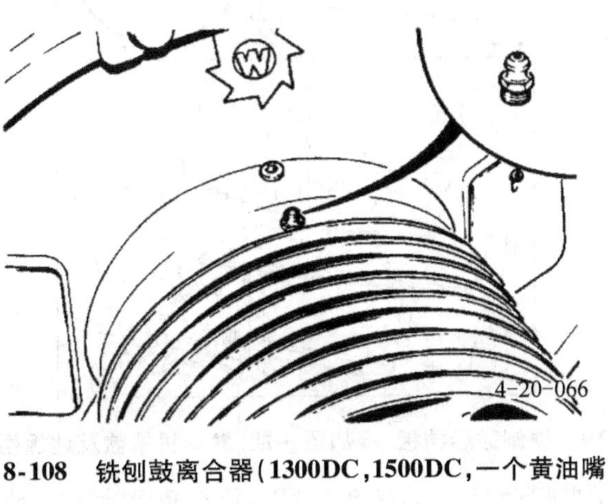

图 8-108　铣刨鼓离合器(1300DC,1500DC,一个黄油嘴)

图 8-109　铣刨鼓离合器(1900DC,2000DC,两个黄油嘴)

(9) 铣刨鼓后挡板、冷却器护罩、发动机罩盖及地板枢轴(见图 8-110)。每 250 工作小时打一次黄油润滑轴承。

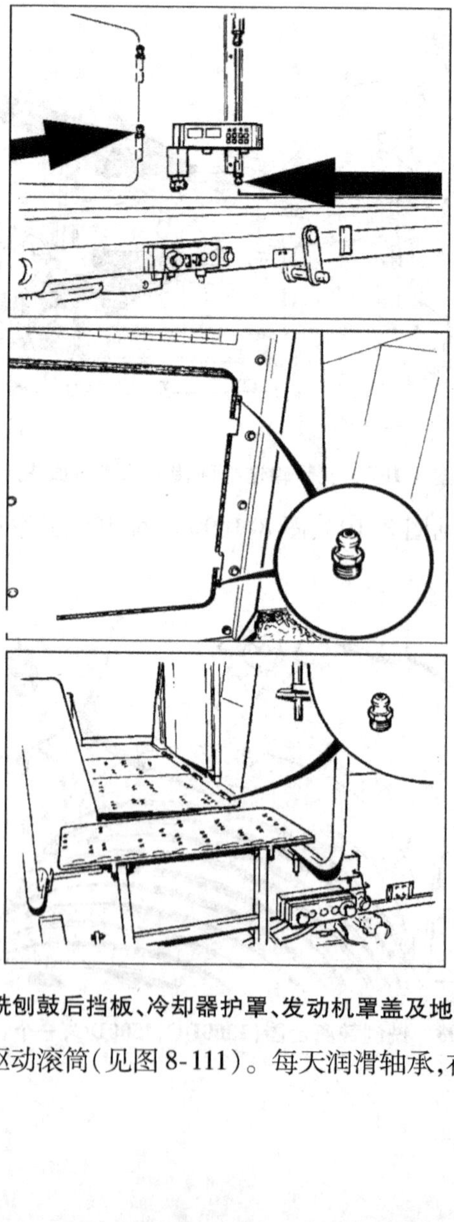

图 8-110　铣刨鼓后挡板、冷却器护罩、发动机罩盖及地板枢轴润滑

(10) 主/卸料输送带驱动滚筒(见图 8-111)。每天润滑轴承,在张紧轮侧有一个黄油嘴。

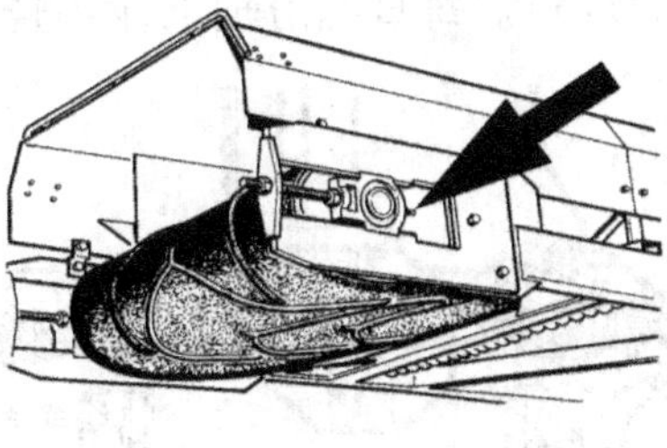

图 8-111　主/卸料输送带驱动滚筒轴承润滑

(11) 主输送带回转滚筒(见图 8-112)。每天润滑轴承,左右两边各有一个黄油嘴。

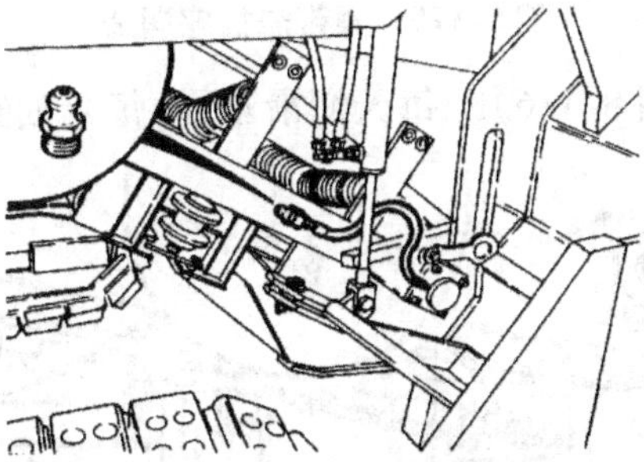

图 8-112　主输送带回转滚筒轴承润滑

(12)卸料输送带回转滚筒(见图 8-113)。每天润滑轴承,左右两边各有一个黄油嘴。

图 8-113　卸料输送带回转滚筒轴承润滑

(13) 输送皮带机导座销轴(卸料输送带止动螺栓),如图 8-114 所示。每 50 个工作时润滑一次,左右两边各有一个黄油嘴。

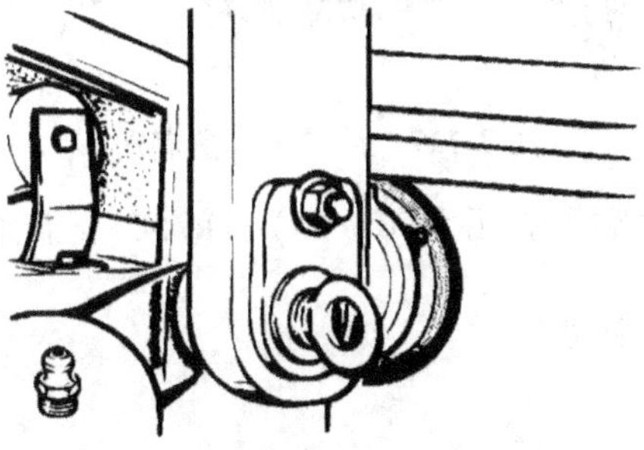

图 8-114　输送皮带机导座销轴滑润

（14）履带悬挂座（见图 8-115）。每日润滑轴承，两侧各有一个黄油嘴。

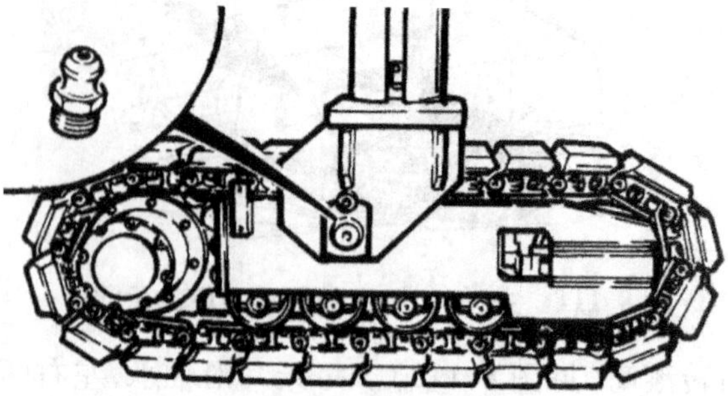

图 8-115　履带悬挂座润滑

（15）前转向装置（见图 8-116）。每天润滑轴承，每个油缸的铰接处有两个黄油嘴。

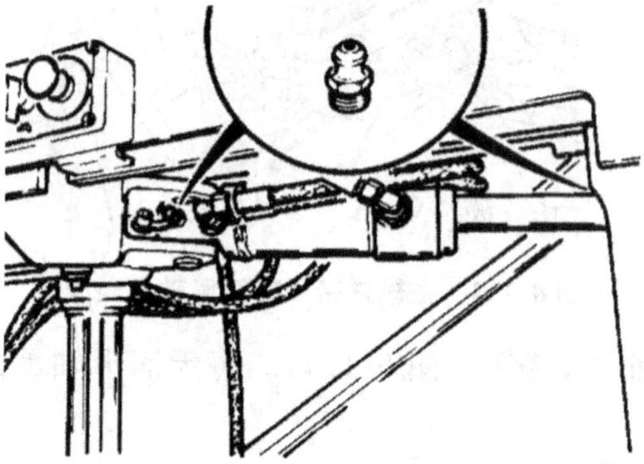

图 8-116　前转向装置润滑

（16）后转向装置（见图 8-117）。每天润滑轴承，每个油缸的铰接处有两个黄油嘴。

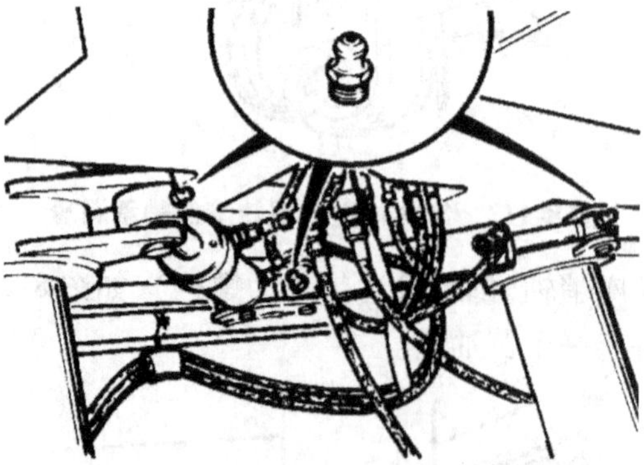

图 8-117　后转向装置润滑

（17）卸料输送带升降液压缸（见图 8-118）。每 50 个工作时打黄油润滑。

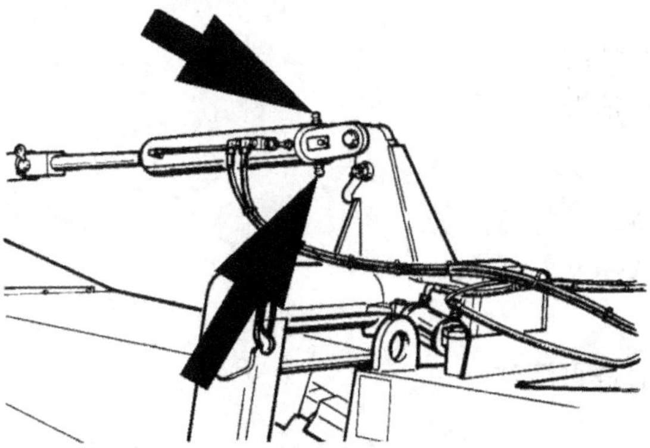

图 8-118 卸料输送带升降液压缸铰接点润滑

课题三 路面铣刨机维护保养周期

一、日常保养

1. 机体部位

进行安全装置检查。

2. 铣刨鼓

(1) 检查铣刨鼓齿轮箱外观是否有泄漏。

(2) 检查铣刨刀头。

(3) 检查刀座。

(4) 拧紧螺丝。

3. 发动机

(1) 检查燃油油位。

(2) 检查机油位。

(3) 检查油水分离器。

(4) 检查冷却器散热片。

(5) 检查冷却液位。

4. 液压系统

(1) 检查液压油油位。

(2) 检查液压泵驱动分动齿轮箱油位。

(3) 检查过滤器是否堵塞。

(4) 检查液压油冷却器散热片。

5. 行走驱动

检查履带板磨损胶面。

6. 输料皮带

（1）检查皮带松弛情况。

（2）检查钢绳破损情况。

7. 供水系统

（1）检查水箱水位。

（2）检查水过滤器滤芯。

（3）检查喷水嘴。

（4）检查高压水枪是否清洁。

8. 空压机系统

检查管线连接及清洁情况。

9. 润滑

各个润滑点打黄油润滑轴承。

二、每工作50小时保养

完成日常保养内容。

1. 机体部位

（1）检查警示灯，并清理触点。

（2）检查工作照明灯，并清理触点。

2. 铣刨鼓

（1）检查铣刨鼓齿轮箱油位。

（2）第一次更换铣刨鼓齿轮箱齿轮油在50小时走合期，以后则在500工作小时和一年更换。

（3）检查铣刨鼓轴承油位。第一次换油在50小时走合期，以后则在500工作小时和一年更换。

3. 发动机

（1）第一次更换机油在50工作小时走合期，以后则在250工作小时和一年更换。

（2）第一次更换机油滤芯在50工作小时走合期，以后则在250工作小时和一年更换。

（3）第一次更换柴油滤芯在50工作小时走合期，以后则在250工作小时和一年更换。

（4）第一次检查V型皮带在50工作小时走合期，以后则在250工作小时和一年更换。

（5）第一次检查气门在50小时走合期，以后则在250小时工作和一年更换。

（6）检查注入泵。

4. 液压系统

（1）第一次更换检查液压泵驱动分动齿轮箱齿轮油在50小时走合期，以后则在500

工作小时和一年更换。

（2）第一次更换滤芯在50小时走合期，以后则在500工作小时、一年和必要时更换。

5. 行走驱动

（1）检查行走驱动齿轮箱齿轮油位。

（2）第一次更换行走驱动齿轮箱齿轮油在50小时走合期，以后则在500工作小时和一年更换。

6. 润滑

各个润滑点打黄油润滑轴承。

三、每工作100小时保养

完成上一级保养内容。

检查蓄电池液面。

四、每工作250小时保养

完成上一级保养内容。

1. 铣刨刀头

拧紧螺丝。

2. 发动机

（1）更换机油滤芯，更换柴油滤芯。

（2）检查V带。

3. 电气系统

蓄电池两极涂油脂。

4. 润滑

各个润滑点打黄油润滑轴承。

五、每工作500小时保养

完成上一级保养内容。

1. 铣刨鼓

（1）铣刨鼓齿轮箱换油。

（2）铣刨鼓轴承换油。

2. 液压系统

（1）液压泵驱动分动齿轮箱换油。

（2）更换过滤器滤芯。

3. 行走驱动

行走驱动齿轮箱换油。

4. 润滑

各个润滑点打黄油润滑轴承。

六、每工作 1 000 小时保养

完成上一级保养内容。

检查、添加、更换液压油,更换液压油滤芯。

七、每一年保养

1. 铣刨鼓

(1)铣刨鼓齿轮箱换油。

(2)铣刨鼓轴承换油。

2. 发动机

(1)更换机油的机油滤芯。

(2)更换柴油滤芯。

(3)更换冷却液。

3. 液压系统

(1)更换液压油,更换液压油滤芯。

(2)液压泵驱动分动齿轮箱换油。

(3)更换过滤器滤芯。

4. 行走驱动

行走驱动齿轮箱换油。

八、必要时保养

1. 铣刨鼓

(1)铣刨鼓齿轮箱加油。

(2)更换刀头。

(3)更换刀座。

(4)更换铣刨鼓皮带。

(5)更换皮带轮。

(6)铣刨鼓体更换冷却液。

(7)后刮板限位开关调整位置。

(8)铣刨鼓轴承加油。

2. 发动机

(1)油水分离器排污、更换。

(2)清理冷却器散热片。

(3)添加冷却液。

(4) 张紧、更换V型皮带。
(5) 调整气门。

3. 液压系统

(1) 添加液压油。
(2) 液压泵驱动分动齿轮箱添加齿轮油。
(3) 清理液压油冷却器散热片。
(4) 更换过滤器滤芯。

4. 电气系统

蓄电池添加液。

5. 行走驱动

(1) 行走驱动齿轮箱加油。
(2) 张紧履带。
(3) 更换履带板。

6. 输料皮带

(1) 张紧皮带。
(2) 更换钢绳。

7. 供水系统

(1) 加水。
(2) 加注防冻液。
(3) 清洗水过滤器滤芯。
(4) 清洗喷水嘴。
(5) 加水泵放水、加注防冻液。
(6) 清洗高压水枪水过滤器。

8. 空压机系统

(1) 储气罐排放冷凝水。
(2) 除霜系统按季节开启(夏季/冬季)。
(3) 加甲基化酒精。
(4) 清理滤芯。

九、较长时间停放机器或冬季停机保养

在较长时间停放机器(如冬季停机)前必须进行以下的保养。

1. 机器的冬季存放

(1) 冬季存放的机器应标注适当的标记。
(2) 将机器内外彻底清理干净,停放在干燥并有良好通风的地方。
(3) 燃料箱内加满柴油。
(4) 用清洗剂清理发动机外部。

（5）在热车时放出发动机机油，用抗蚀油加入发动机并更换滤芯。
（6）按照操作及维护手册的要求对各个润滑点进行润滑。
（7）拆下V形皮带并在皮带轮上涂些抗蚀油。
（8）将发动机的吸气口及排气口紧紧地包扎封闭。
（9）检查发动机水箱是否有足够的防冻液。
（10）如果机器没有装备驾驶室，控制盘应妥善盖好封闭。
（11）拆除蓄电池，并在极桩上涂抹专用隔离油，按照制造商的要求对蓄电池进行充电。
（12）蓄电池应该存放在干燥、通风及温度适当的房间里。
（13）如果机器装备了空压机，应放出储气罐中冷凝水，并用适当的防冻液注入除霜器中。
（14）必须放空以下容器：水箱、高压清洗装置、供水系统。

十、长时间存放后重新启动机器保养

（1）将皮带轮上的防蚀油清理干净，安装并张紧皮带。
（2）将防蚀油从发动机中放出来并加入符合API（MIL）规范的发动机油。
（3）检查蓄电池的酸液及是否充足电，确认没有问题后将蓄电池安装到机器上。
（4）检查发动机油位、各个齿轮箱及所有的油箱油位。
（5）检查冷却液及防冻液液位。
（6）检查确认所有电气操作功能是否正常。
（7）拆开包裹在发动机吸气及排气口的包扎。
（8）启动发动机并检查油压。
（9）检查所有的管线及软管是否有破裂或泄漏。
（10）检查刹车功能是否正常。

十一、焊接工作时的操作

当进行焊接工作时，按以下规则操作：
（1）关闭操作盘上的钥匙开关。
（2）取走钥匙并妥善保管。
（3）断开蓄电池。
（4）断开并拆下深度控制仪。
（5）断开所有可能受到损害的电子部件，可以通过取下相关的保险丝或释放跳闸开关来实现。
（6）将焊机地线夹在离焊点尽可能近的位置，保证焊接电流仅仅通过被焊接的部件。

注意：如果违反上述规则，则可能会造成发动机及其他电气元件的损坏。

单元九 推土机维护保养技术

课题一 推土机概述

一、推土机用途

推土机是一种多用途的自行式施工机械,它能铲挖、移运土壤、砂石。推土机的用途十分广泛,但由于受到铲刀容量的限制,推运土壤的距离不宜太长。通常中、小型推土机的运距为 30 ~ 100 m;大型推土机的运距一般不应超过 150 m。推土机的经济运距为 50 ~ 80 m。推土机的种类很多,但按行走装置可分为履带式和轮胎式,履带式推土机的应用最为广泛,其外形如图 9-1 所示。

图 9-1 履带式推土机

二、推土机总体结构

履带式推土机一般都由发动机、车架、工作装置、传动系统、行走装置、操纵装置、电气系统等组成,其外部结构及名称如图 9-2 所示。

1—推土铲；2—提升油缸；3—燃油箱；4—履带；5—链轮；
6—台车架；7—托轮；8—引导论；9—推杆

图 9-2 履带式推土机外部结构及名称

发动机的动力经过传动系统，驱动基础车行驶。推土机作业时，推土铲切入土壤到一定深度，对土壤边切削、边推运，完成推土作业；推土到达指定地点后停止行驶，提升推土铲，完成卸土作业；然后快速后退到铲土位置，完成返回作业，继续下一个工作循环。操纵升降油缸可以控制推土铲切入深度。很多推土机后部装有松土器，在推运坚硬土壤或风化岩等物料时，可不经爆破而直接用松土器将其顶松。

课题二 推土机维护保养技术

以 SD16 为例介绍推土机维护保养技术。

一、工作装置维护保养技术

1. 润滑脂加注

（1）斜撑与铲刀、铲刀提升油缸与铲刀铰接点，如图 9-3 所示。

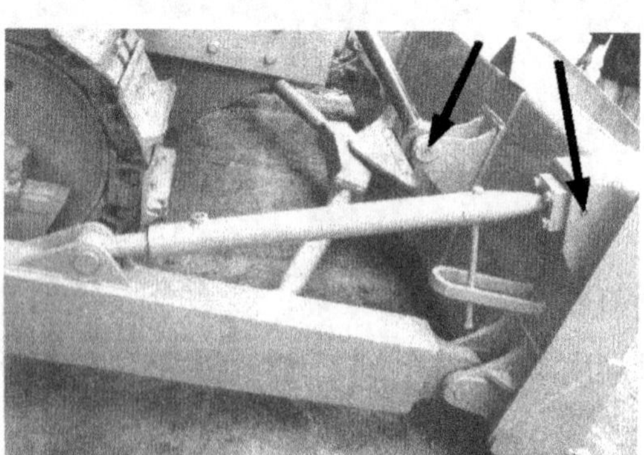

图 9-3 斜撑与铲刀、铲刀提升油缸与铲刀铰接点润滑

（2）油缸支座润滑如图 9-4、图 9-5 所示。

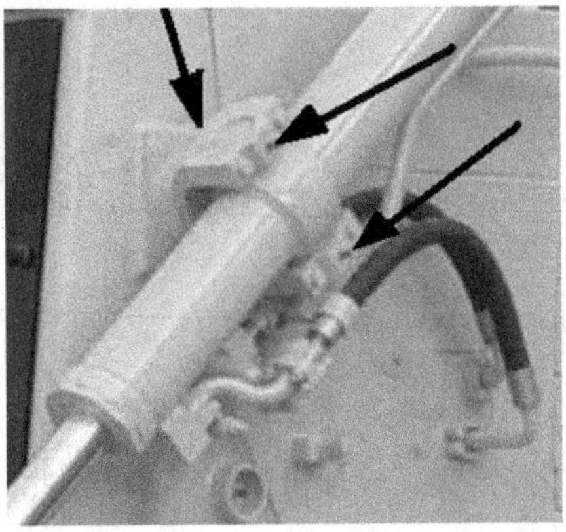

图 9-4　油缸支座润滑（实物图）

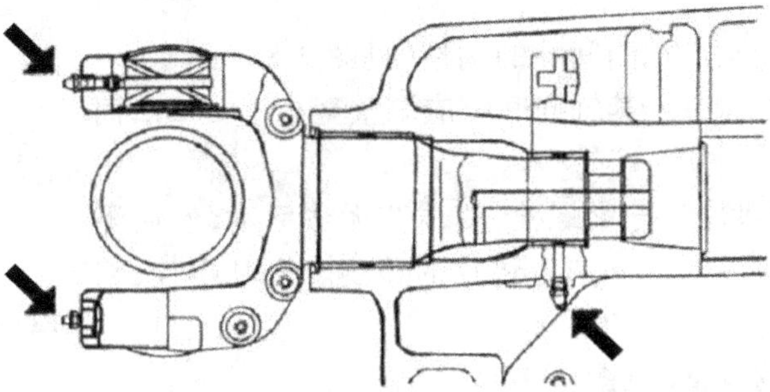

图 9-5　油缸支座润滑（剖面图）

（3）铲刀斜倾油缸与铲刀铰接点，如图 9-6 所示。

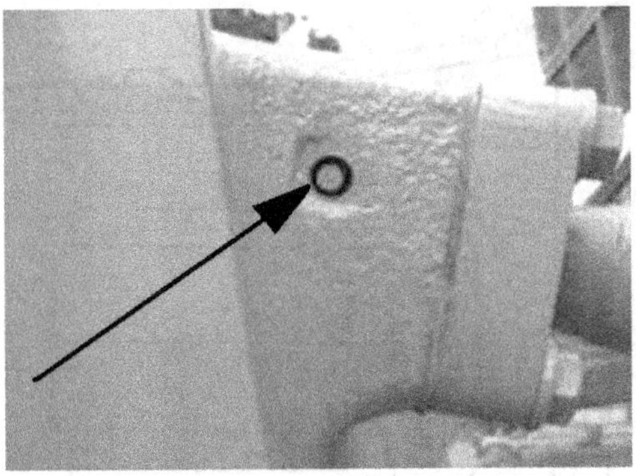

图 9-6　铲刀斜倾油缸与铲刀铰接点润滑

2. 工作装置调整

（1）推土铲倾角的调整

通过调整右斜撑臂（见图 9-7）的长度来改变推土铲倾角。

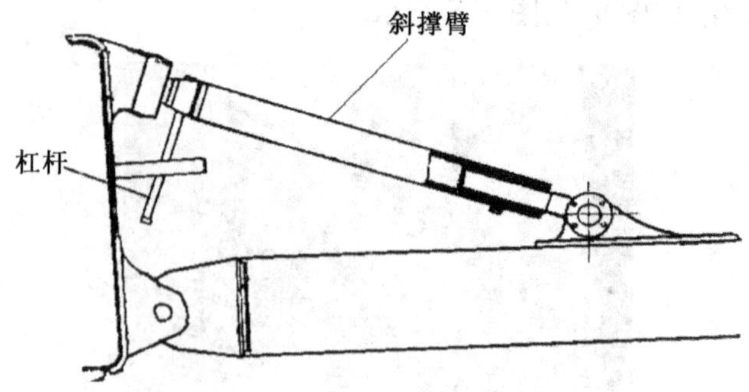

图 9-7 推土铲倾角调整

调整方法：抽出杠杆，使斜撑臂旋转即可改变其长度（此时推土铲应留有足够的离地高度）。

当长度增加时，铲刀右升左降；长度缩短时，铲刀便左升右降。

（2）推土铲球接头部轴向间隙的调整（见图 9-8）

直倾铲共有 7 处球节。其轴向间隙应调整至小于 1 mm，而球头能灵活转动。

调整方法：不加垫片时拧紧螺栓，使球节无法活动，然后测量其间隙 A 值。按（$A+1$）mm选定垫片的厚度。松开螺栓，将垫片插入，紧固螺栓。

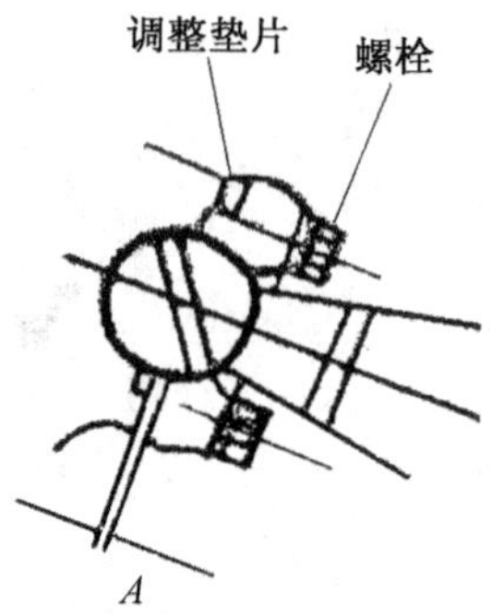

图 9-8 推土铲球接头部轴向间隙调整

（3）角铲角度的调整（见图 9-9）

角铲角度调整时，应把推土铲上升至离地 300～400 mm 高度进行。

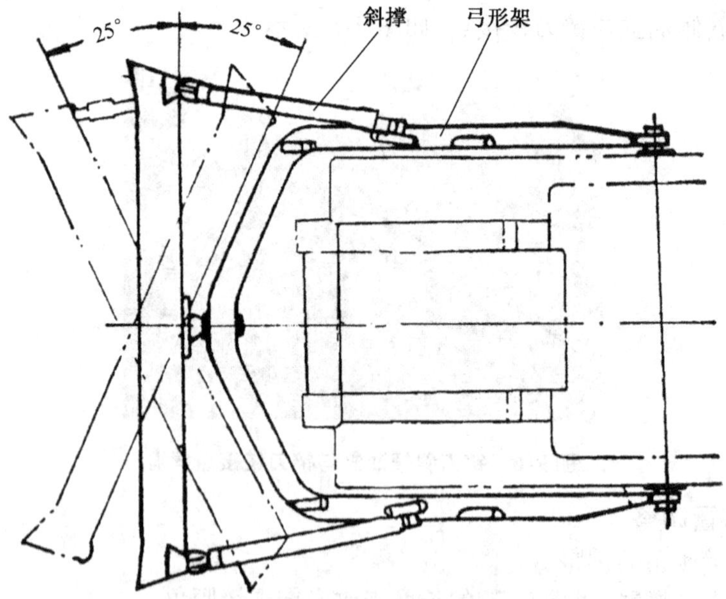

图 9-9 角铲角度调整

水平角度调整时，可以通过改换连接推土铲撑臂和弓形架销位置，以得左右 25°

转角。

倾斜量调整方法与直倾铲相同。

（4）松土器松土深度的调节

松土器松土深度的调节，如图 9-10 所示。松土齿上有两个孔，图 9-10 中使用的是低位孔。

需要增加松土深度时，使用上孔。打出销，便可改变松土齿的安装孔位，使松土齿伸出长度增加。

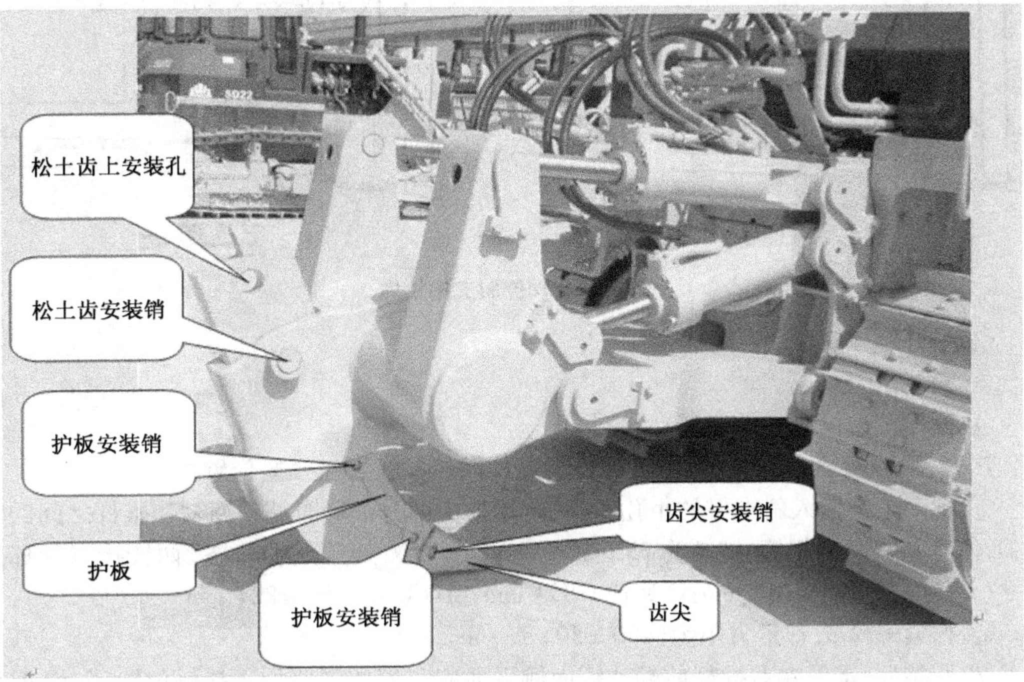

图 9-10　松土器

（5）松土器齿角的齿尖及保护板更换

松土器齿的齿尖及保护板磨损后，应及时更换。

如图 9-10 所示，拆出护板安装销和齿尖安装销，可进行护板和齿更换。可根据三个齿尖的不同磨损程度进行倒换，以延长其使用寿命。

（6）调整斜支撑的拉力（仅针对铲刀可倾斜的推士机）

为了方便运输，铲刀总成被拆下，当铲刀重新装配时，必须调整斜支撑的拉力。如果拉紧程度没有调整，铲刀推杆前端的轴套和推杆连接处的铰接球面将暴露在外，泥土将进入其配合面。这将导致铲刀的损坏和早期磨损，严重时会导致轴套损坏。

① 调整垫片 2，使球头连接处活动范围为 0.2 ~ 0.5 mm，如图 9-11 所示。

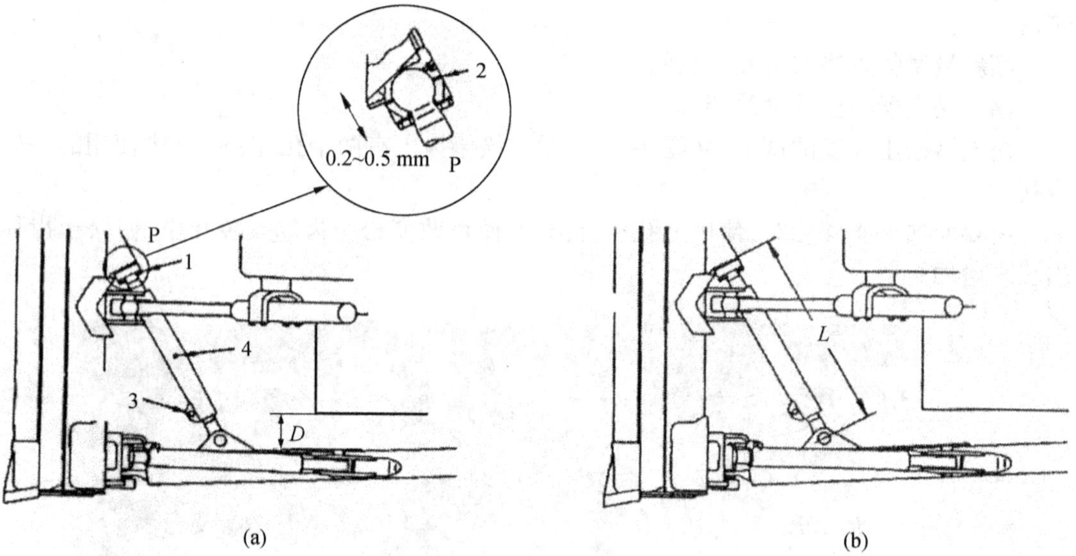

图 9-11　调整斜支撑拉力

② 松开螺栓 3。

③ 安装铲刀总成。

④ 操作铲刀操纵杆处于浮动状态。

注意:除该步骤外,其余操作必须将操纵杆闭锁按钮置于锁紧位置。

⑤ 把一个棒插入斜支撑的小孔 4 内,转动伸出部分。同时调整履带和推杆之间的间隙 D,使其左右两侧相等,转矩为 25 ~ 50 N · m。(铲刀处于浮动状态)两铰接点的标准尺寸(L)为:直倾铲 = 989 mm;U 型铲 = 893 mm;SDl6L 直倾铲 = 884 mm。

⑥ 拧紧螺栓 3,拧紧力矩为(450 ± 50) N · m。

⑦ 调整后,铲刀左右推杆前端球铰内侧平面应与刀体支座处于接触位置,如图 9-12 所示。

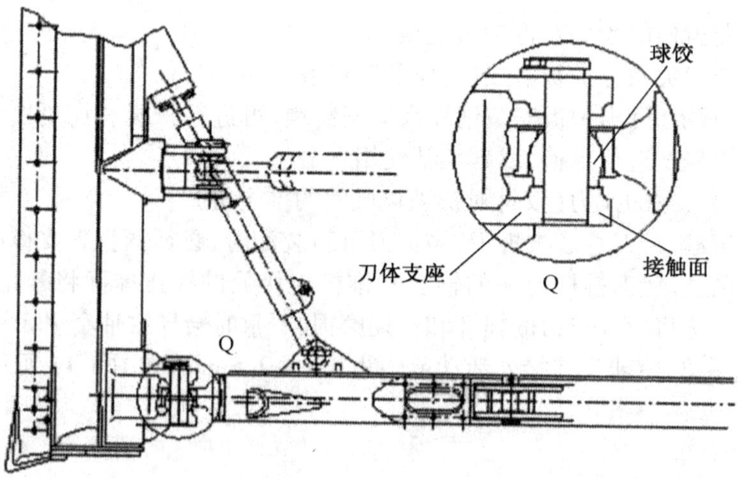

图 9-12　斜支撑拉力调整后状态

3. 倒换或更换刀角、刀片

（1）刀角、刀片若一边磨损后，可翻转或倒换再用，如图 9-13 所示。

（2）刀角、刀片卸下后，清理干净铲刀安装面。

（3）螺母的拧紧力矩为(450 ±10) N·m。

（4）安装好，工作数小时后，重新紧固螺母。

（5）刀角、刀片、螺栓和螺母，磨损严重或损坏后要及时更换，切勿损坏铲刀体。

图 9-13　倒换或更换刀角、刀片

二、制动系统维护保养技术

当制动摩擦片磨损后，会导致制动踏板行程加大，此时应对制动鼓与制动带之间的间隙进行调整。

在制动带与制动鼓之间的标准间隙为 0.3 mm 时，每个踏板的行程为 90 ~ 110 mm（最大行程为 85 ~ 115 mm），如图 9-14 所示。

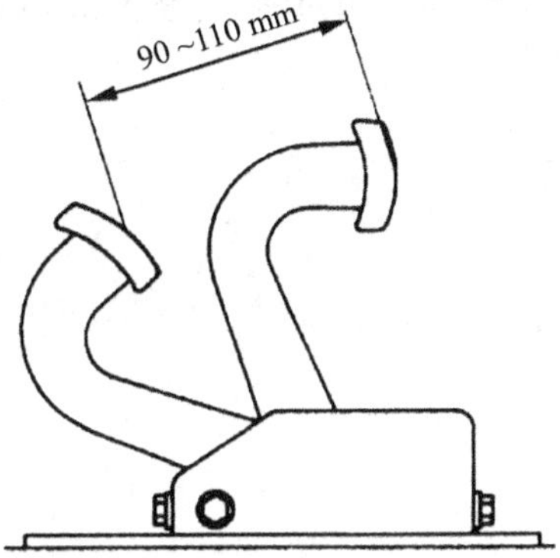

图 9-14　制动踏板行程

1. 调整步骤

（1）取下后盖板。

（2）用 90 N·m 的力矩，拧紧调整螺母 B（见图 9-15），使制动带紧紧抱住制动鼓。

（3）制动带抱紧制动鼓后，再将螺母 B 拧松 1 ~ 5/6 圈，使制动鼓与制动带间的间隙为 0.3 mm。相应地，制动踏板的行程为 90 ~ 110 mm。

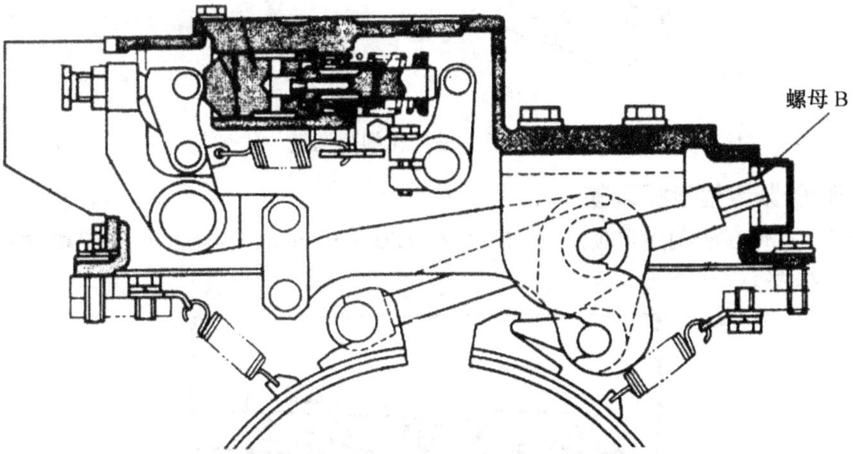

图 9-15　制动踏板行程调整

2. 调整后检查

（1）踩下两个制动踏板（每个用力 150 N），测量制动踏板的行程。

（2）应使两制动踏板的行程相同，否则两侧制动灵活性不一致。

（3）如果制动器未得到相应变动，则需查明原因并进行修理。

三、行走系统维护保养技术

1. 引导轮间隙调整

侧板紧压在台车架上，使引导轮沿台车架导向板前后移动。因此当引导轮移动时，侧板会受到磨损，并引起引导轮左右摆动或倾斜，从而导致引导轮脱出履带，或造成链轨节和引导轮磨损不均匀。为避免这些事故的发生，需调整导向板和台车架之间的间隙。

引导轮间隙调整（见图9-16）步骤：

（1）在平坦地面，让车辆行驶1.2 m，测量导向板与台车架之间的间隙A（左、右、里、外4处）。

（2）如间隙A超过4 mm，可松开螺栓1，卸下导向板，取出垫片2，调整每边的间隙达到0.5～1.0 mm（每片垫片2的厚度为1.0 mm）。

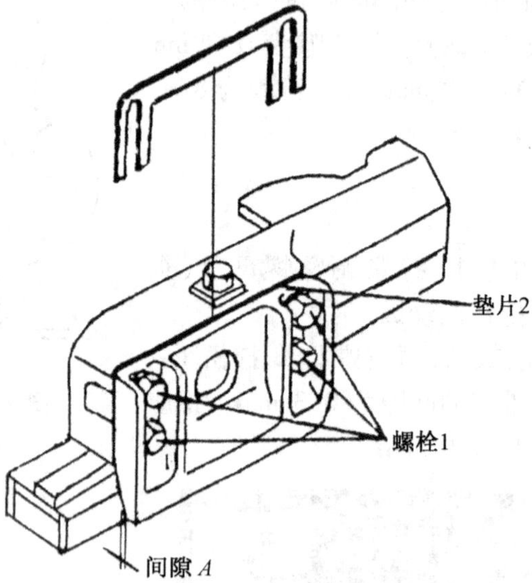

图9-16　引导轮间隙调整

2. 履带张紧度检查和调整

按图9-17的方法测定间隙C，一般为$C = 20 \sim 30$ mm，在岩石地带应稍紧些，在黏土地带稍微放松些。

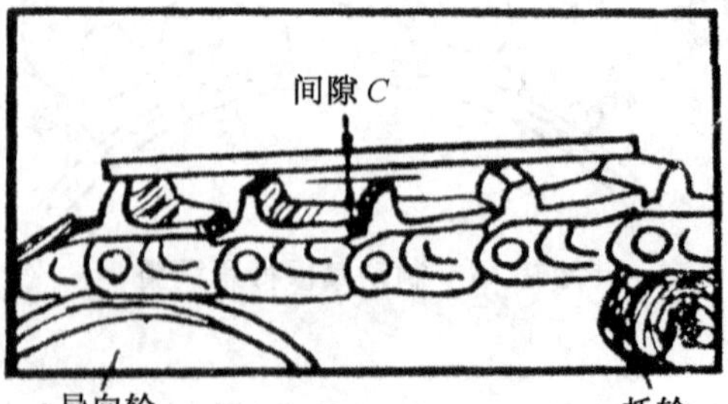

图9-17　履带张紧度检查

检查时，车辆应停放在平整场所，前进一段后自然停车（不用制动器停车），用直尺搁在托轮与导轮之间履齿上测量尺寸。

张紧装置结构及调整部位如图 9-18 所示。

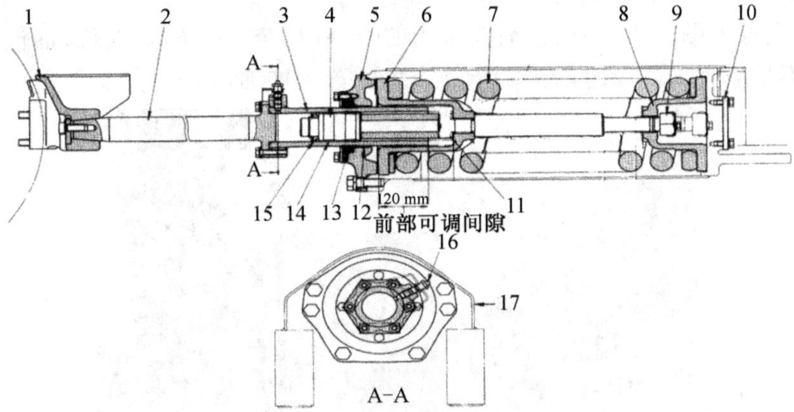

1—扼板；2—杆；3—油缸；4—活塞；5—盖；6—前之撑；7—张紧弹簧；8—后之撑；9—螺母；10—盖；11—套；12—衬套；13—油封；14—耐磨环；15—密封；16—油嘴；17—护板

图 9-18　张紧装置结构及调整部位

在弹簧箱处有注油嘴（见图 9-18、图 9-19），如需张紧，使用黄油枪从注油嘴处打入黄油即可；如要放松，拧松油嘴一圈左右，油便可溢出。

图 9-19　履带张紧油嘴

必要时，在进行上述操作过程中可以稍微活动车体予以辅助。松动油嘴时不要大于一圈，以防高压油脂喷出。

3. 履带

检查、紧固履带板固定螺栓。

4. 支重轮、托轮检查

（1）将车辆停放在平坦地面，逐个检查支重轮、托轮、导轮的耗油情况。

（2）缓缓旋松密封螺栓，若有油渗出，应立即拧紧螺栓。

（3）若螺栓旋出后还不见油流出，则油太少，应加注润滑油。

四、传动系统维护保养技术

1. 最终传动箱齿轮油量检查与油液更换

(1) 检查拧下图 9-20 中白色箭头所指的螺塞(检查口),检查油位,油位应与孔的下边缘平齐,不足应添加。黑色箭头所指的螺塞位置为加油口。

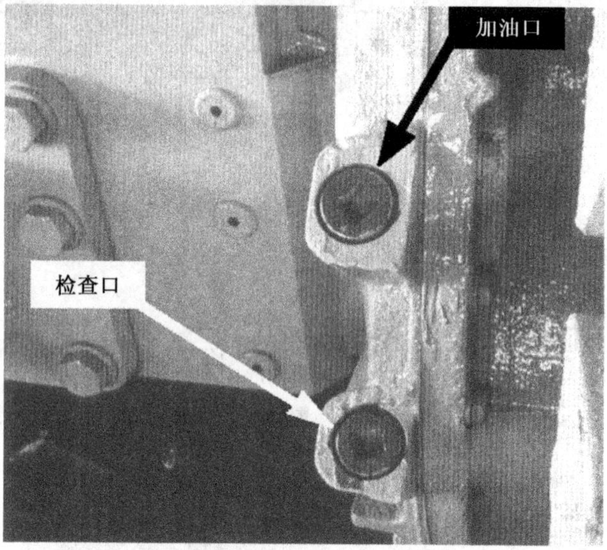

图 9-20　最终传动箱齿轮油量检查

(2) 更换

先拆下加油器口螺塞,然后拆下图 9-21 中的放油螺塞,将油放出并保存在合适的容器中。拧紧放油口螺塞。然后从加油口注入要求的油液,加油时从检查口随时检查油位。

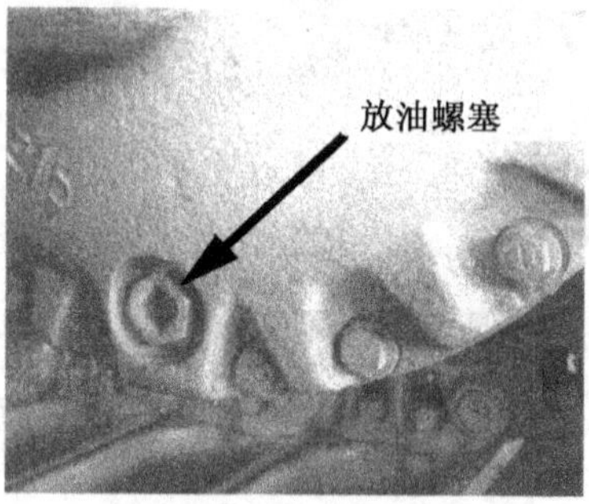

图 9-21　放油螺塞

2. 变速箱(包括变矩器箱)油液更换

(1) 拧下变速箱壳体上的放油塞,放出旧机油后拧紧。

(2) 拧下变矩器壳体上的放油塞,放出旧机油后拧紧。

(3) 经变速箱加油口加入机油至规定油位。

上述内容可参看单元三课题三相关内容。

3. 转向离合器箱(包括锥齿轮箱)油液更换

(1) 卸下机体底部的放油塞,将油放掉后再拧紧放油塞。

(2) 取下左踏板内侧的地板。

(3) 拧松螺栓,取下盖,以便拿出弹簧和滤网。

(4) 清洗滤网和其他拆下的零件后,重新安装。若滤网损坏,换新。

(5) 更换完滤网后加油至规定油位。

五、液压系统维护保养技术

1. 工作油箱油量检查

停机约5分钟后,从液压箱检视窗口检查油量(见图9-22),油量应在窗口的刻线范围内,不足时应予以添加。

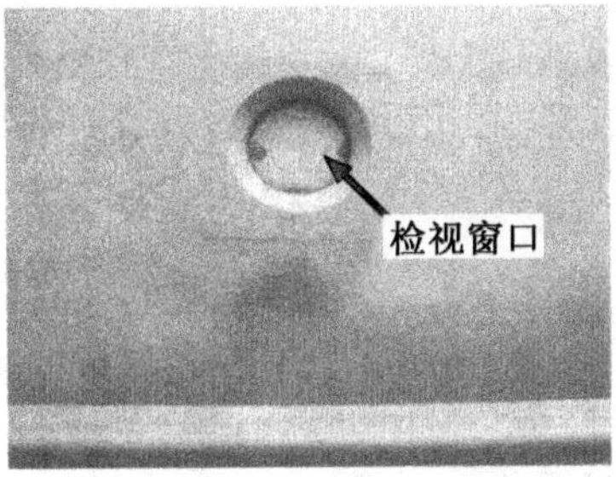

图9-22　工作油箱油量检查

2. 液压油及滤清器芯更换

(1) 将铲刀停放在平坦地面上,停止发动机。前后及左右转动铲刀操纵杆各一次,然后慢慢拧松加油口的盖子,放出箱内空气后再取下盖子,如图9-23所示。

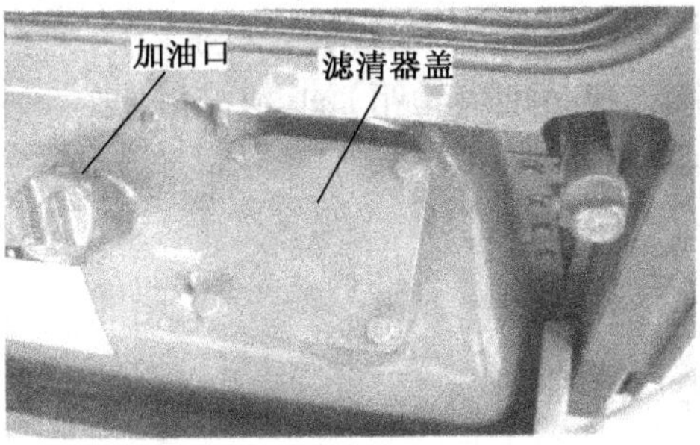

图9-23　液压油及滤清器芯更换

(2) 拧下油箱下面放油塞,将油放入适当容器中,放净后再拧紧放油塞。

(3) 卸下滤清器盖上的4个螺栓,取下盖,清洗拆下的零件,更换新滤芯。

(4) 从加油口加入新油到规定油位。

课题三　推土机维护保养周期

以SD16为例介绍推土机维护保养周期。

一、日常保养

（1）检查是否有漏油、漏水情况。
（2）检查、紧固螺栓、螺母。
（3）检查电路连接情况，必要时予以紧固。
（4）检查冷却水位，必要时添加。
（5）检查燃油油位。
（6）检查发动机机油油位。
（7）检查转向离合器箱油位。
（8）检查变速箱油位（包括变矩器箱）。
（9）检查制动踏板行程。
（10）检查灰尘指示器及仪表。

二、每工作50小时保养

完成上一级保养内容。
放出燃油箱中的水及沉积物。

三、走合保养（最初250小时）

完成上一级保养内容。
（1）更换燃油滤清器滤芯。
（2）更换发动机机油、更换机油过滤器滤芯。
（3）更换变速箱（包括液力变矩器）油、清洗滤网。
（4）更换转向离合器箱（包括锥齿轮箱）油，清洗滤网。
（5）更换最终传动箱油。
（6）更换液压油箱油，更换滤清器。
（7）检查调整发动机气门间隙。

四、每工作250小时保养

完成上一级保养内容。
（1）平衡梁轴润滑，1处。
（2）斜撑润滑，4处。
（3）油缸支架润滑，4处。
（4）油缸支架轴润滑，2处。
（5）活塞杆轴承润滑，2处。
（6）检查补充最终传动箱油量。
（7）检查及补充工作油箱油量。
（8）检查引导轮、支重轮、托轮紧固和运转情况，检查补充油量。

（9）更换转向精滤器滤芯。

（10）更换变速箱精滤器滤芯。

（11）检查电瓶电解液液位。

（12）放出燃油滤清器积水及沉淀物。

（13）检查调整风扇皮带张力。

（14）检查及清理散热器散热片。

（15）检查拧紧履带板螺栓。

五、每工作500小时保养

完成上一级保养内容。

（1）更换燃油滤清器滤芯。

（2）检查及补充引导轮、支重轮、托轮油量。

（3）更换发动机机油，更换机油滤清器芯。

（4）更换防腐蚀器滤芯。

（5）清理通气装置。

六、每工作1 000小时保养

完成上一级保养内容。

（1）万向节润滑，2处。

（2）八字梁座润滑，2处。

（3）履带张紧油缸润滑，2处。

（4）更换变速箱（包括液力变矩器箱）油，清洗滤网。

（5）更换变速箱（包括液力变矩器）油、清洗滤网。

（6）更换转向离合器箱（包括锥齿轮箱）油，清洗滤网。

（7）更换最终传动箱油。

（8）更换液压油，更换滤清器芯。

（9）检查引导轮、支重轮、托轮润滑状况。

七、每工作2 000小时保养

完成上一级保养内容。

（1）更换发动机透气装置。

（2）检查交流发电机及起动电机。

（3）检查及调整发动机气门间隙。

（4）检查发动机减震器。

八、每工作4 000小时保养

完成上一级保养内容。

(1) 检查紧固进排气系统螺栓、螺母。

(2) 清洗、检查、调整喷油嘴。

(3) 检查水泵。

九、不定期保养

(1) 冷却水更换,每年两次(春、秋)或每 1 000 工作小时。

(2) 空气滤清器检查、清洁、更换。

(3) 履带张力检查、调整。

(4) 转向离合器制动踏板轴润滑,5 处。

(5) 制动闭锁杆轴润滑,1 处。

(6) 减速踏板轴润滑,2 处。

(7) 油门操纵机构润滑,1 处。

(8) 铲刀操纵系统润滑,9 处。

(9) 履带板螺栓检查、紧固。

(10) 主链轨节检查、紧固。

(11) 倒换或更换刀角、刀片。

参考文献

[1] 许安. 工程机械运用技术. 人民交通出版社,2009 年。
[2] 中国公路学会筑养路机械学会. 公路筑养路机械机务管理手册,人民交通出版社,2002 年。
[3] 张宏春. 公路机械化施工与管理. 人民交通出版社,2005 年。
[4] 张宏春. 公路工程机械发动机构造与修理. 人民交通出版社,2007 年。
[5] 康明斯发动机(北京)有限公司. B 系列发动机操作与保养手册。
[6] 东风康明斯发动机有限公司. B&C 柴油发动机操作与保养手册。
[7] 山推工程机械股份有限公司. SD16/SD16E/SD16L 推土机操作保养说明书。
[8] 厦门工程机械股份有限公司. XG822LC 履带式挖掘机使用维护说明书。
[9] 陕西建设机械股份有限公司. ABG8620 沥青混凝土摊铺机使用说明书。
[10] 陕西建设机械股份有限公司. VDT121 高密度双夯锤熨平板使用说明书。
[11] 厦工集团三明重型机器有限公司. XG6131D 串联式振动压路机使用说明书。
[12] 浙江新柴股份有限公司. 490B 系列柴油机使用维护手册。
[13] 柳工技术研发部装载机室. 装载机的定期维护保养. http://www. doc88. com。
[14] 柳工技术研发部装载机室. CLG 856 轮式装载机制动系统维修手册. http://www. doc88. com。
[15] 三一重工股份有限公司. PY190 平地机使用说明书. http://wenku. baidu. com。
[16] 三一重工股份有限公司. 三一高等级沥青摊铺机使用说明书. http://www. doc88. com。
[17] 德国维特根公司. 路面铣刨机 2000DC 操作维护及安全手册。
[18] 柳工销售分公司培训部. 柳工挖掘机维护保养. http://wenku. baidu. com。
[19] 柳工机械股份有限公司. 柳工挖掘机说明书. http://wenku. baidu. com。
[20] 一拖(洛阳)建筑机械有限公司. LGS1822B 三轮压路机使用保养说明书。
[21] 三一重工股份有限公司. YZC10Ⅱ/YZC12Ⅱ双钢轮压路机说明书。
[22] 一拖(洛阳)建筑机械有限公司. LRS2O30 轮胎压路机说明书。
[23] 三一重工股份有限公司. YZ18C 振动压路机使用说明书。
[24] 徐国杰,等. 挖掘机械日常使用与维护. 机械工业出版社,2011 年。
[25] 王文兴,等. 装载机日常使用与维护. 机械工业出版社,2012 年。
[26] 王胜春,等. 装载机构造与维修手册. 化学工业出版社,2011 年。

参考文献